生态文明法律制度建设研究丛书

矛盾与协调：
中国环境监测预警制度研究

MAODUN YU XIETIAO
ZHONGGUO HUANJING JIANCE YUJING ZHIDU YANJIU

张真源●著

重庆大学出版社

图书在版编目（CIP）数据

矛盾与协调：中国环境监测预警制度研究 / 张真源
著 . -- 重庆 : 重庆大学出版社，2023.3
（生态文明法律制度建设研究丛书）
ISBN 978-7-5689-3823-5

Ⅰ . ①矛… Ⅱ . ①张… Ⅲ . ①环境监测—环境保护法
—研究—中国 Ⅳ . ① D922.680.4

中国国家版本馆 CIP 数据核字（2023）第 053636 号

矛盾与协调：中国环境监测预警制度研究

张真源 著

策划编辑 孙英姿 张慧梓 许 璐
责任编辑：张红梅 杨 扬　　版式设计：许 璐
责任校对：王 倩　　　　　　责任印制：张 策

*

重庆大学出版社出版发行
出版人：饶帮华
社址：重庆市沙坪坝区大学城西路 21 号
邮编：401331
电话：（023）88617190　88617185（中小学）
传真：（023）88617186　88617166
网址：http://www.cqup.com.cn
邮箱：fxk@cqup.com.cn（营销中心）
全国新华书店经销
重庆升光电力印务有限公司印刷

*

开本：720mm×960mm　1/16　印张：14.75　字数：212 千
2023 年 3 月第 1 版　　2023 年 3 月第 1 次印刷
ISBN 978-7-5689-3823-5　定价：88.00 元

丛书编委会

主　任：黄锡生

副主任：史玉成　　施志源　　落志筠

委　员（按姓氏拼音排序）：

邓　禾　　邓可祝　　龚　微　　关　慧

韩英夫　　何　江　　卢　锟　　任洪涛

宋志琼　　谢　玲　　叶　轶　　曾彩琳

张天泽　　张真源　　周海华

作者简介

张真源，男，1990年5月生，江西赣州人，法学博士，现任西南政法大学人工智能法学院讲师、博士后研究人员，西南法律大数据研究中心副主任。其主要研究方向为环境法学和人工智能法学，研究领域为环境安全与公共安全治理、数据法。其在《中国人口·资源与环境》《中国特色社会主义研究》《交大法学》《北京理工大学学报》《福建师范大学学报》《甘肃政法学院学报》《理论月刊》等核心期刊发表论文十余篇。其获中国博士后科学基金第70批面上资助。其主持司法部、重庆市教委等省部项目，曾作为主研人参与国家社科基金重大项目。

总　序

　　"生态兴则文明兴，生态衰则文明衰。"良好的生态环境是人类生存和发展的基础。《联合国人类环境会议宣言》中写道："环境给予人以维持生存的东西，并给他提供了在智力、道德、社会和精神等方面获得发展的机会。"一部人类文明的发展史，就是一部人与自然的关系史。细数人类历史上的四大古文明，无一不发源于水量丰沛、沃野千里、生态良好的地区。生态可载文明之舟，亦可覆舟。随着发源地环境的恶化，几大古文明几近消失。恩格斯在《自然辩证法》中曾有描述："美索不达米亚、希腊、小亚细亚以及其他各地的居民，为了得到耕地，毁灭了森林，但是他们做梦也想不到，这些地方今天竟因此成了不毛之地。"过度放牧、过度伐木、过度垦荒和盲目灌溉等，让植被锐减、洪水泛滥、河渠淤塞、气候失调、土地沙化……生态惨遭破坏，它所支持的生活和生产也难以为继，并最终导致文明的衰落或中心的转移。

　　作为唯一从未间断传承下来的古文明，中华文明始终关心人与自然的关系。早在 5000 多年前，伟大的中华民族就已经进入了农耕文明时代。长期的农耕文化所形成的天人合一、相生相克、阴阳五行等观念包含着丰富的生态文明思想。儒家形成了以仁爱为核心的人与自然和谐发展的思想体系，主要表现为和谐共生的顺应生态思想、仁民爱物的保护生态思想、取物有节的尊重生态思想。道家以"道法自然"的生态观为核心，强调万物平等的公平观和自然无为的行为观，认为道是世间万物的本源，人也由道产生，是自然的组成部分。墨家在长期的发展中形成"兼相爱，交相利""天志""爱无差等"的生态思想，对当代我们共同努力探寻的环境危机解决方案具有较高的实用价值。正是古贤的智慧，让中华民族形成了"敬畏自然、行有所止"的自然观，使中华民族能够生生不息、繁荣壮大。

中华人民共和国成立以来，党中央历代领导集体从我国的实际国情出发，深刻把握人类社会发展规律，持续关注人与自然关系，着眼于不同历史时期社会主要矛盾的发展变化，总结我国发展实践，从提出"对自然不能只讲索取不讲投入、只讲利用不讲建设"到认识到"人与自然和谐相处"，从"协调发展"到"可持续发展"，从"科学发展观"到"新发展理念"和坚持"绿色发展"，都表明我国环境保护和生态文明建设作为一种执政理念和实践形态，贯穿于中国共产党带领全国各族人民实现全面建成小康社会的奋斗目标过程中，贯穿于实现中华民族伟大复兴的中国梦的历史愿景中。党的十八大以来，以习近平同志为核心的党中央高度重视生态文明建设，把推进生态文明建设纳入国家发展大计，并提出美丽中国建设的目标。习近平总书记在党的十九大报告中，就生态文明建设提出新论断，坚持人与自然和谐共生成为新时代坚持和发展中国特色社会主义基本方略的重要组成部分，并专门用一部分内容论述"加快生态文明体制改革，建设美丽中国"。习近平总书记就生态文明建设提出的一系列新理念新思想新战略，深刻回答了为什么建设生态文明、建设什么样的生态文明、怎样建设生态文明等重大问题，形成了系统完整的生态文明思想，成为习近平新时代中国特色社会主义思想的重要组成部分。

生态文明是在传统的发展模式出现了严重弊病之后，为寻求与自然和谐相处、适应生态平衡的客观要求，在物质、精神、行为、观念与制度等诸多方面以及人与人、人与自然良性互动关系上所取得进步的价值尺度以及相应的价值指引。生态文明以可持续发展原则为指导，树立人与自然的平等观，把发展和生态保护紧密结合起来，在发展的基础上改善生态环境。因此，生态文明的本质就是要重新梳理人与自然的关系，实现人类社会的可持续发展。它既是对中华优秀传统文化的继承和发扬，也为未来人类社会的发展指明了方向。

党的十八大以来，"生态文明建设"相继被写入《中国共产党章程》和《中华人民共和国宪法》，这标志着生态文明建设在新时代的背景下日益规范化、制度化和法治化。党的十八大提出，大力推进生态文明建设，把生态文明建设放在突出地位，融入经济建设、政治建设、文化建设、社会建设各方面和全过程，努力建设美丽中国，实现中华民族永续发展。党的十八届三中全会提出，必须建立系统完整的"生态文明制度体系"，用制度保护生态环境。党的十八届四中全会将生态文明建设置于"依法治国"的大背景下，进一步提出"用严格的法律制度保护生态环境"。可见，生态文明法律制度建设的脚步不断加快。为此，本人于2014年牵头成立了"生态文明法律制度建设研究"课题组，并成功中标2014年度国家社科基金重大项目，本套丛书即是该项目的研究成果。

本套丛书包含19本专著，即《生态文明法律制度建设研究》《监管与自治：乡村振兴视域下农村环保监管模式法治构建》《保护与利用：自然资源制度完善的进路》《管理与变革：生态文明视野下矿业用地法律制度研究》《保护与分配：新时代中国矿产资源法的重构与前瞻》《过程与管控：我国核能安全法律制度研究》《补偿与发展：生态补偿制度建设研究》《冲突与衡平：国际河流生态补偿制度的构建与中国应对》《激励与约束：环境空气质量生态补偿法律机制》《控制与救济：我国农业用地土壤污染防治制度建设》《多元与合作：环境规制创新研究》《协同与治理：区域环境治理法律制度研究》《互制与互动：民众参与环境风险管制的法治表达》

《指导与管控：国土空间规划制度价值意蕴》《矛盾与协调：中国环境监测预警制度研究》《协商与共识：环境行政决策的治理规则》《主导或参与：自然保护地社区协调发展之模式选择》《困境与突破：生态损害司法救济路径之完善》《疏离与统合：环境公益诉讼程序协调论》，主要从"生态文明法治建设研究总论""资源法制研究""环境法制研究""相关诉讼法制研究"四大板块，探讨了生态文明法律制度建设的相关议题。本套丛书的出版契合了当下生态文明建设的实践需求和理论供给，具有重要的时代意义，也希望本套丛书的出版能为我国法治理论创新和学术繁荣做出贡献。

2022 年 9 月 于山城重庆

前　言

　　环境监测预警制度是指依一定的程序由特定组织来制定和实施的，对可能产生的环境问题进行预警监测、评估及其预警后规避、处置、减缓环境风险、环境灾害、突发环境事件和环境危机的一整套规范体系，主要包括环境监测预警标准体系、环境预警监测、环境监测预警评估、环境监测预警信息公开及其预警状态下的环境风险规制措施等内容。生态文明建设提出以来，我国逐渐形成了具有中国特色的环境监测预警制度体系，主要包括农业污染源监测预警制度、资源环境承载能力监测预警制度、环境污染公共监测预警制度、突发环境事件监测预警制度、长江流域水环境质量监测预警制度、自然灾害监测预警制度等。

　　如果说环境监测预警制度能否发挥作用主要取决于监测预警技术的发展程度、制度的完备程度，那么环境监测预警制度体系的整体性功效则不仅需要上述两者，还取决于其外部结构和内部结构间的协同，即监测预警制度在整个环境应急管理循环结构中的协同程度，和不同环境监测预警制度之间的协同程度。在外部结构方面，中国环境应急管理制度的外部运行机制出现了结构上的断裂，信息对外的监测预警制度与信息对内的应急响应机制之间缺乏实质意义上的关联。在内部结构方面，立法对各类环境监测预警制度概念的创设显然缺乏深度的考量和合理的布局，从而使得中国环境监测预警制度的内在标准体系间产生了交叉与重叠。而标准的重叠意味着权利（权力）义务及其法律责任多次、重复的分配。在制度运行的基本要素方面，我国环境监测预警制度存在标准制度不全面、信息发布模式不健全、会商与评估机制不顺畅、监管监督机制不完善、预警状态下"扩权治理"机制不合理及其社会力量参与途径不开放等问题。正是我国环境监测预警制度的内外部结构约束及其制度运行基本要素的缺陷，环境监测预警制度才发生了整体性的功能性偏离——即中国环境监测预警制度体系的结构约束及其构成要素缺陷，导致环境监测预警制度在运行过程有侵犯个人自由与经济自由或者制度失灵的可能。而且，由于环境风险规制领域内基本权利边界的模糊化与环境预警行为的多层次性，传统公法学诸多的权力制约理论无法对制度失灵状态下侵犯个人自由与经济自由的行为进行有效规制。那么，通过对环境监测预警制度体系的"结构－功能"与制度运行要素缺陷的分析，以及传统公法学理论对环境预警制度的整体性透视，如何通过制度的修正与纠偏将环境监测预警制度重新纳入法治化轨道中，并有效发挥制度的正向功能就尤为重要。

从制度失范的因果解释路径出发，环境监测预警制度所要解决的首要问题是制度体系的结构优化。第一，进行纵向到底的外部结构调整。立法应明确监测预警信息报告风险规制措施的环境监测预警制度运行结构，强化预警级别与风险规制措施之间的"对应性架构"。第二，进行横向独立的外部结构理顺。将环境监测预警制度体系分为环境污染公共监测预警、环境资源承载能力监测预警和自然灾害监测预警三大类型。由此，清晰的内部结构分类与稳定的外部运行机制，为解决预警状态下权力的"失语与肆意"奠定了基础。

中国环境监测预警制度的外部结构调整与内部结构理顺使制度本身获得了稳定的运行机制和有序的运行方式。这也使得环境监测预警制度获得了与现有公法学理论对话的基础和前提。基于宪法保护的客观利益的理论视域，环境预警状态下行政权力的张力实质上源于被保护的客观利益的相互衡量，即生态环境利益与经济利益间的衡量。那么，此时的环境行政权力"选择性失语"与"运动式肆意"问题，便转化为预警状态下环境行政权力所保护利益的标准化、制度化缺失问题。因此，要解决这一问题就必须建立在制度规范化和法治化的前提下，以环境预警标准为核心形成利益位阶的基本共识，同时完善利益衡量的妥当性程序。第一，对"载体"环境应急预案进行规范建构。从形式上提高环境应急预案的规范层级；同时对形式层级变化的环境应急预案进行编制程序上的建构。第二，确立"前端"环境预警标准分级原则，划分的准则应当以"污染轻重""时间长短"和"空间大小"三项要素的相互组合为前提。第三，完善"后端"应急措施的审查机制。在外部"控权"方面，主要应由司法机关发挥有效的法律监督职能。对环境预警"强制型"模式而言，"附带性审查"方式是实现权力制约的有效方式；对环境预警"限制型"模式而言，赋予私主体直接针对预警状态下具有"外化"法效力的内部行政行为提起行政诉讼的诉权，扩大私主体权利救济的路径。

制度体系的优化与形式要件的完备为中国环境监测预警制度提供了稳定运行模式和法治化保障。当然，仅凭外在条件和外部环境的变更并不足以保障环境监测预警制度正向功能的有效发挥，而制度的根本内核在于构成要素上的制度机制建构能够与科学技术的更新、发展相互配套。因此，对中国环境监测预警制度的要素补正就尤为重要，应当建立完备的监测预警标准体系与相关程序性规定，实施定期综合与动态单项相结合的信息发布模式，设置开放明晰的会商与评估机制，建立动态协调的监督监管机制，建立灵活有序的"扩权治理"机制，拓展社会力量参与的路径和能力。

随着"研究启动环境法典编纂工作"[1]计划的提出，标志着推进环境法典的研究与编纂已经成为立法机关和学术界共同旨趣。[2]目前，"可持续发展"的逻辑主线，[3]"适度法典化"的基本理念，以及"总则—分编"的基本结构，[4]形塑了环境法法典化的宏观视野；总则编、污染防治编、自然保护编、绿色低碳发展编和生态环境责

[1] 《全国人大常委会 2021 年度立法工作计划》，载中国人大网，2021 年 4 月 21 日。

[2] 吕忠梅. 中国环境法典的编纂条件及基本定位 [J]. 当代法学，2021，35（6）：3-17.

[3] 吕忠梅. 发现环境法典的逻辑主线：可持续发展 [J]. 法律科学（西北政法大学学报），2022，40（1）：73-86.

[4] 吕忠梅. 中国环境立法法典化模式选择及其展开 [J]. 东方法学，2021（6）：70-82. 竺效. 环境法典编纂结构模式之比较研究 [J]. 当代法学，2021，35（6）：31-44. 汪劲. 论中国环境法框架体系的构建和创新——以中国民法典框架体系为鉴 [J]. 当代法学，2021，35（6）：18-30.

任编等五个方面则构成了环境法典的框架体系。[1] 随着环境法典研究与编纂工作的进一步深入，以制度构建为核心的研究命题与编纂议题将逐渐成为环境法典研究与编纂的实质性内容。环境监测预警制度如何在环境法典中予以规范表达就显得尤为重要。从现有的研究可以看出，学界已经初步将资源环境承载能力监测预警制度与生态环境应急管理制度作为环境法典的基本制度，在各分编中也设置了环境监测预警制度的规范条款。与此同时，随着人工智能时代的到来，作为在行政管理体系中具有重要社会稳定价值的公共安全应急管理，已经开始向全新的"人工智能时代"迈进。因此，在即将到来的环境法法典化时代与人工智能时代，环境监测预警制度的法典化表述以及对人工智能技术发展的制度适配，是本书需要回应的重要问题。

本书是在我同名博士学位论文的基础上，经整理、修改后形成。人生的行文就是如此奇妙，在偶然与必然间，书写至此。在我步入重庆大学学习开始，便与环境监测预警制度这一选题结下了不解之缘。我见证它在规范与实践层面的成长，它铺垫了我的学术生涯道路。研究开始极为简单而纯粹。恰逢国家生态文明建设的风口，恰逢导师国家社科基金重大项目的着陆。彼时尚不知学术为何物的我，恍惚间走上了学术研究的道路。

在重庆大学，我遇见了恩师黄锡生教授。至今为止，我都无法准确回想过去的自己，只觉得在黄老师的影响下，我慢慢成长为一个有独立思维能力和方法的人。这种影响是潜移默化的，老师的一言一行都深刻地塑造着我的人格。他治学严谨却又风趣幽默；他学术渊博却又深入浅出；他高瞻远瞩却又脚踏实地；他格局宽广却又细致入微。正是恩师言传身教、以身作则，我才拥有了一颗自由的灵魂。在重庆大学学习的时光里，我还遇见了太多优秀的老师，他们就像一座座灯塔指引我人生的方向。特别是陈德敏教授、秦鹏教

---

[1] 汪劲. 论中国环境法典框架体系的构建和创新——以中国民法典框架体系为鉴 [J]. 当代法学，2021，35（6）18-30.

授、唐绍均教授、陈忠林教授、宋宗宇教授、王本存教授、杜辉副教授、王江副教授、董正爱副教授等。非常感谢我的同学们，无论是在教室或自习室，还是在食堂或运动场，你们的陪伴是我一生宝贵的回忆。我要深深地感谢我的父母。他们的对子女的关怀已经成为一种习惯，有时甚至是一种"坏习惯"。在饭桌上，即便是丰盛的饭菜他们只是尝上一两口，总想着把最好吃的菜留给他们的孩子，以至于陷入新菜变旧菜，新菜不吃吃旧菜的循环往复之间。感谢我可爱的妹妹，是你陪伴父母身边，让多年在外求学的我感到温馨快乐。感谢我的爱人胡玉婷。在美好的大学时光里，你我终走到了一起。你我一起走过了司考，走过了考研，走过了博士生涯。你我共同成长共同进步。无法忘却在考研结束送你上火车的那一刻，即便是短暂的分离却让我难以抑制地流下了眼泪。这份泪水饱含了你我远走他乡，为不知能否达成的目标而共同奋斗的感动；也饱含了对未来的迷茫。何其幸运的是，你我终将携手共度余生。感谢女儿椰子宝贝，你的出现给我的人生带来了无限的欢乐。

谨以此书献给我最敬爱的家人！

2023 年 1 月于毓才楼

目　录

第一章 导 论

第一节 现实与问题

社会经济发展与环境保护在传统哲学"主客二分"的模式下，[1]
一直呈现一种不相融洽的现实状态，即社会经济的发展必然影响生态
环境的保护，而对生态环境的过度保护必然制约社会的经济发展。至
今为止，哲学上对"主客二分"的反思，在环境哲学领域已经表现为
对"主客一体"的讨论。[2]但在实践层面，科学技术水平的局限及社
会经济的发展对环境资源的需求逻辑并未发生变化，理论层面上的转
变并未发生在现实中。环境保护与社会经济发展的惯常逻辑，依旧是
一方的攫取换取一方的崛起，或是一方的抑制换取一方的发展。那么，
在我国经济发展不断发展的同时，环境风险正在不断的累积。

就"灾害""危机""风险"与"突发事件"的逻辑关系而言，
风险潜藏了可能发生损害的不确定，本质上是一种未能发生或即将发

---

[1] 鲁克俭. 超越传统主客二分: 对马克思实践概念的一种解读 [J]. 中国社会科学, 2015 (3): 22-38.

[2] 蔡守秋, 吴贤静. 从"主、客二分"到"主、客一体" [J]. 现代法学, 2010, 32 (6): 3-19.

生的可能性，其发生的概率在一定程度上是可以计算的。突发事件（灾害）的属性则受制于风险的属性，是风险累积至一定程度的外化表现，其所体现的是社会秩序的偶然性，不会根本性地颠覆社会的基本秩序。但风险的不断累积，却又未外化为突发事件，此时某一社会领域的危机就会出现，在一定程度上将引发社会秩序的重塑与变化。也就是说，环境风险作为环境问题链条上的逻辑起点，它的不断累积是环境灾害、突发环境事件及环境危机爆发的根本要素。作为问题链条上的逻辑起点，环境风险的规制成了整个环节的首要目标。无论是环境灾害、突发环境事件还是环境危机，它们的形成、恶化与好转本质上都潜在环境风险的累积与消散。

改革开放以来，中国经济迅猛发展所创造的奇迹，在世界范围内引起了广泛的赞叹和关注。[1] 目前，中国已经完成了从低收入国家向中等收入国家的转变，工业化和城市化的道路正在不断向前推进，但向高收入国家转变的道路并不平坦。[2] 其中，环境风险累积所带来的巨大阻力便成了影响我国经济可持续发展的重要问题。

伴随我国经济的不断发展，不断累积的环境风险以突发环境事件的形式提醒人们要时刻关注生活环境和生态环境保护问题。其中，松花江水污染事件是环境风险累积以突发环境事件形式爆发的典型案例。2005 年吉林石化公司双苯厂一个车间发生爆炸事故，导致约 100 吨的苯类物质流入松花江，沿岸数百万居民的生活受到不同程度的影响。一时间松花江水污染事件成了全国各界关注的焦点。这一在当时造成较大影响的环境污染事件，使得国家开始对环境风险规制"失灵"问题进行反思。其结果是在一定程度上推动了 2006 年的《国家突发环境事件应急预案》的出台，该预案首次确立突发环境事件监测预警制度，同时在确立"早发现、早报告、早处置"的基本原则上，规定

---

[1] 蔡昉.理解中国经济发展的过去、现在和将来：基于一个贯通的增长理论框架 [J]. 经济研究，2013（11）：4–16，55.

[2] 中国经济增长前沿课题组.中国经济转型的结构性特征、风险与效率提升路径 [J]. 经济研究，2013，48（10）：4–17，28.

了开展对国内外环境信息、自然灾害预警信息、常规环境监测数据、辐射环境监测数据的综合分析、风险评估工作。其后，诸如 2006 年河北白洋淀死鱼事件，[1]2007 年江苏无锡太湖水污染事件，[2]2008 年云南阳宗海砷污染事件，[3]2010 年福建紫金矿业溃坝事件，[4]2012 年广西龙江镉污染事件等突发环境污染事件，[5] 无不是在警醒人们对环境风险的预防。

直到 2013 年年底，我国中东部地区爆发的严重雾霾事件。这一雾霾事件涉及我国中东部大部分地区，范围较广，实属罕见。[6]人们发现，我们生存所需要的空气已经受到了如此严重的污染。政府为回应公民对清洁空气的愿景和需求，陆续出台了一系列环境治理政策和方针。此时，环境监测预警制度成了我国大气污染防治的重要手段。全国各地纷纷建立了重污染天气监测预警制度。[7]

随着环境风险的常态化和复杂化，环境问题催生的环境议题和环境主张在社会话语体系中逐步建构，并通过政治意识形态和社会心理的渗透为社会纠偏了旧的价值取向。于是公民的环境保护意识得以凝

[1] 2006 年 2 月和 3 月，素有"华北明珠"美誉的华北平原最大的淡水湖白洋淀，接连出现大面积死鱼。调查结果显示，死鱼的主要原因是湖水水体污染严重、水中溶解氧过低，最终造成鱼窒息。据统计，河北任丘市的 9.6 万亩水域受到污染，水色发黑，有臭味，网箱中养殖的鱼类全部死亡；湖中漂浮着大量死亡的野生鱼类，部分水草发黑枯死。

[2] 2007 年 5 月，江苏省无锡市城区中大批市民家的自来水水质突然发生变化，并伴有难闻的气味，无法正常饮用。而无锡市民的饮用水主要来自太湖。研究显示，无锡水污染事件主要是由于水源地附近蓝藻大量堆积，厌氧分解过程产生了大量 NH_3、硫醇、硫醚以及硫化氢等异味物质。无锡市民纷纷抢购超市内的纯净水，街头零售的桶装纯净水也出现了较大的价格波动。

[3] 2008 年 6 月，环保部门发现阳宗海水体中砷含量异常后，立即展开了调查。在发现阳宗海水质中砷含量超过饮用水标准含量 0.1 倍后，立即要求停止以阳宗海作为饮用水水源地。这直接危及了 2 万人的饮水安全。从 7 月 8 日起，沿湖周边民众及企业全面停止将该水源作为生活饮用水。

[4] 2010 年 7 月 3 日和 7 月 16 日，紫金矿业集团股份有限公司紫金山金铜矿湿法厂先后两次发生铜酸性溶液泄漏。这造成汀江部分河段水体严重污染事故，当地直接经济损失达 3187.71 万元。

[5] 2012 年 1 月 15 日，广西龙江河拉浪水电站网箱养鱼出现少量死鱼的现象被网络曝光，龙江河宜州市拉浪乡码头前 200 米水质重金属超标 80 倍。时间正值农历龙年春节，龙江河段检测出重金属镉含量超标，使得沿岸及下游居民饮水安全遭到严重威胁。

[6] 据统计，此次受雾霾天气影响地区 PM2.5 浓度日均超过 150 微克 / 立方米，部分地区 300 ~ 500 微克 / 立方米，上海局部地区甚至出现了 700 微克 / 立方米的极端污染天气。北京更是经历了 59 年来污染天数最多且雾霾污染最为严重的一个月。

[7] 2013 年 12 月 3 日 15 时，青岛气象台发布气象史上首个霾黄色预警；16 时，发布首个大气重污染橙色预警，启动 II 级应急响应。12 月 23 日，我国中东部地区出现大范围的严重霾天气，河北、天津、重庆、山东、吉林等地的气象台相继发布霾黄色预警，陕西省气象台也发布了霾橙色预警。当天 18 时，中央气象台发布霾黄色预警，称上述大部分地区有中度霾，部分地区有重度霾。参见：中央气象台继续发布霾黄色预警黄金周归途受阻，2013 年 10 月 6 日。

聚，并逐渐上升为国家意志。2012 年年底，党的十八大提出建设"生态文明"的战略方针，并将其纳入"五位一体"总体布局中。故为实现国家生态文明建设的宏伟目标，鉴于环境监测预警相关措施在全国各地的大气污染防治领域已取得的成效，环境监测预警制度应运而生，其发展时间虽然较为短暂，但发展速度却极为迅猛。2014 年 4 月 24 日，我国新修订的《中华人民共和国环境保护法》新增了农业污染源监测预警制度、环境资源承载能力监测预警制度和环境污染公共监测预警制度。2014 年 12 月 29 日，国务院办公厅印发了新的《国家突发环境事件应急预案》，与旧版相比，其更加明确了预警分级、预警信息发布、预警行动和预警级别调整、解除的相关规定。2015 年 8 月 29 日，我国新修订的《中华人民共和国大气污染防治法》设专章规定重污染天气应对的内容，其中要求国家建立重污染天气监测预警体系。随后，各项关于具体落实相关环境监测预警制度的规范性文件逐渐出台，2017 年 9 月 20 日，中共中央办公厅、国务院办公厅印发的《关于建立资源环境承载能力监测预警长效机制的若干意见》，详细规定了资源环境承载能力监测预警制度的基本目标、基本原则及基本架构。2018 年 9 月 28 日，生态环境部办公厅印发了《长江流域水环境质量监测预警办法（试行）》，明确了长江流域水环境质量监测预警制度的基本目标、组织体系、技术方法等规定。由此可见，环境监测预警制度独立已经成为一项常态化的环境污染治理手段。

可以说，环境监测预警制度的形成与实践是我国环境污染治理能力"大跨步前进"的缩影，同时体现了国家防范环境风险，提升风险应对能力的决心。其不仅是保障环境安全、健康安全的需要，也是生态文明法律制度建设的重要内容。

然而，环境监测预警制度的快速发展在社会实践过程中也出现了诸多问题。环境监测预警制度所具有的紧迫性、强制性特征使得环境保护与社会经济发展的制度运行逻辑呈现一种"紧张"的关系。目前，中国环境监测预警制度的最大特征在于，它并不仅仅承载着预报环境风险状况的功能，还有着环境治理的基本属性，以及纠偏社会主体在特殊环境状况下针对环境实行的不当行为的功能。环境监测预警制度的法制化使得一系列环境治理措施透过预警级别获取了合法性外衣。通常情况下的预警是政府以预警状态下适当扩权而形成的"紧急行政权"来快速推动社会秩序正常运行的一种方式。而环境监测预警状态下的政府环境行政行为并非全部归属于紧急行政权范畴，更多情况下是借助于人"趋利避害"的本性，实现对经济活动中"常规性环境风险分配逻辑"的逆化过程。其实，环境监测预警状态下的行政行为具有多层次的法律效力。但是，正是由于它附着了紧急行政权力的外衣，并且并未对不同层次的行为予以区分，现行的环境监测预警制度就有着极强的侵益性特征。无论是对市场经济活动，还是对公民日常的生产生活，预警状态下的环境行政权力均暗藏着"盲目"扩张所带来的威胁，并有可能辐射政治、民生、经济和社会稳定等领域。特别是在制度构成要素并不完备的情况下，环境监测预警制度在应对环境污染时所具有的灵活性特征，将使预警状态下的环境行政权力更难受到法律的制约。可以预见的是，"生态文明入宪"所指向的国家义务，所设定的国家应当保护的环境法益，将扩大预警状态下环境行政权力运行的范围和边界，进而深远地影响"公主体与私主体""公主体与公主体""私主体与私主体"之间的法律关系。

可见，在应对我国环境问题时，环境监测预警制度确实产生了良好的社会效益，但它在制度运行的过程中也为社会带来了一些潜在的风险。特别在目前国家处于经济转型的重要时期，以及面对复杂的国内外形势的情况下，环境监测预警制度所带来的风险可能会引发更大的危机。诚然，环境风险的累积和环境问题的产生受人为和自然力的相互作用，有着较强的偶然性和重大的复杂性、特殊性。然而，遵循法治社会基本原理的环境治理方针，依旧是环境监测预警制度建设的根本方向，也是避免制度运行所产生的社会风险的根本手段。

社会科学研究中有关环境监测预警制度的相关研究较少，主要集中于自然科学领域。而在自然科学领域，基于概念的研究是本书所能参考的基础，但基础概念却呈现不同的表述形式。有学者认为，环境预警是对生态系统与环境质量退化的有效警示和报告。[1] 还有学者认为，环境预警以预防性和前瞻性为主要特点，以尽早查明环境污染为手段，要求提前采取措施防止污染事故的发生或是恶化。[2] 同时，有学者研究了"生态环境预警"的概念，认为其是对可能影响环境的项目建设、资源开发等活动进行环境影响分析与评估，并发布环境恶化信号以及可以采取的相应措施。[3] 有学者将预警目标纳入概念中，如"生态安全预警"，即对生态系统安全进行监测和评估、发布预警信息和建议采取的相应措施。[4] 这些学者都是在自然科学领域对环境监测预警的概念进行界定。但他们的表述并不一致，且有所侧重。

在国外，对环境监测预警技术进行研究时，一般会将监测预警的对象直接纳入概念中。例如，美国学者在研究科学预警与决策的相互关系时使用的便是"环境灾害预警"（Environmental Disaster of Early Warning）一词，是指对可能发生的环境灾害进行监测并及时警戒。日本作为一个自然灾害发生比较频繁的国家，其凭借着自身的经济实力和科技水平，建立了世界一流的预警体系。其所建立的预警系统被统称为"自然灾害预警系统"（Nature Disaster Early Warning Systems），是指对可能发生的自然灾害的及时警报。

目前，国内外对环境监测预警制度的研究主要是在概念界定的前提下，集中于技术性研究，尚未有针对环境监测预警制度构成要素、运行模式、权力结构的分析。

---

[1] 陈国阶.对环境预警的探讨 [J].重庆环境科学，1996，18（5）：1–4.

[2] 田华，刘启.建立环境预警监测体系的探讨 [J].中国环境管理干部学院学报，2008，18（2）：77–78，91.

[3] 苏维词，李久林.乌江流域生态环境预警评价初探 [J].贵州科学，1997（3）：207–214.

[4] 郝东恒，谢军安.关于构建河北省生态安全预警系统的思考 [J].当代经济管理，2005，27（1）：59–62.

第二节 思路与方法

总体来说，本书将环境监测预警制度视为一个能够被科学化和结构化的社会实践问题，当然这一实践问题是能够在理论层面予以探讨的。由于我国环境监测预警制度尚处于初始阶段，这一领域的学术研究主要集中在技术方面，而且对技术的探讨较为分散，难以直接有效对接我国的环境监测预警法律体系。因此，本书以我国环境监测预警制度的实践为考察对象，通过挖掘现象背后所存在的法学问题，在借鉴国内外实践经验的基础上，提出解决我国环境监测预警制度问题的方案。本书的主要研究思路如下：

第一，在理论和整体上，对环境监测预警制度的概念要素、预警对象进行分析，指出了"环境"一词在法学范围内的稳定性和广泛性——可防止因整体监测预警对象边界逐渐扩张而出现的对发展中的概念外延无法包容的风险。其次明确了环境风险、突发环境事件、环境灾害和环境危机是环境监测预警的对象，并进一步揭示了预警对象之间的逻辑关系。在此分析基础上，抽象概括出环境监测预警制度的基本概念。在明确了环境监测预警制度的基本概念后，本书根据环境监测预警制度运行的普遍性原理，整理出了该项制度运行必须具备的基本架构。以上研究为后续分析我国环境监测预警制度廓清了概念边界与结构边界。

第二，面向中国实践，本书探讨了中国环境监测预警制度的发展历程及实践效果。首先，在规范层面分析了中国环境监测预警制度从基本原则到制度雏形再到蓬勃发展的演化过程。在立法层面呈现了环境监测预警制度的规范体系，推演出我国环境监测预警制度的外部结构。其次，在规范分析与实践结合的基础上，探究了我国环境监测预警制度的基本类型，即内部结构，其主要包括农业污染源监测预警制度、资源环境承载能力监测预警制度、环境污染公共监测预警制度、突发环境事件监测预警制度、长江流域水环境质量监测预警制度、自然灾害监测预警制度。再次，通过观察上述环境监测预警制度的实践模式，进一步分析了环境监测预警制度的规制策略。最后，以在大气污染防治领域适用的重污染天气监测预警制度为例，探究了我国环境监测预警制度在实践过程中可能产生的社会效益和社会风险。

第三，立法与实践的现象需要回归理论层面进行探讨。根据上述分析，本书解构了在立法文本中有关环境监测预警制度运行的关键性架构，即"对应性架构"——环境监测预警级别与环境行政权力之间的对应关系。同时将我国环境监测预警制度的基本类型，以权力结构和运行模式为标准进行了类型化归纳，具体分为"控制型"和"限制型"模式，并对不同模式下政府环境行政行为进行了法理上的分析，综合得出预警状态下环境行政权力具有多层次法律效力。

第四，在模式化分析和法理分析的基础上，面向制度实践，本书运用社会学的"结构—功能"分析方法，探究了目前我国环境监测预警制度体系的内外部结构约束和客观功能选择。同时展示了结构要素所存在的缺陷，主要包括环境监测预警标准制度不全面、环境监测预警信息的发布模式不健全、环境监测预警会商评估机制不顺畅、环境监测预警的监督监管机制不完善、预警状态下的"扩权治理"机制不合理及环境监测预警的社会力量的参与渠道不开放等问题。在此基础上，以社会学"结构—功能"分析方法中最有效的解释论为载体，即"中层理论"的分析模式及法学传统公法学权力制约理论，分别对环境监测预警制度的结构和行为进行了检视，解释和分析我国环境监测预警制度潜功能和反功能产生的主要原因。

第五，在上述分析的基础上，本书提出了我国环境监测预警制度规范建构的建议。首先，在结构上，对影响我国环境监测预警制度客观功能表现的内外部结构进行结构优化。其次，在形式上，通过制度修正将环境监测预警重新纳入法治化轨道。最后，对环境监测预警制度的构成要素予以完善，建立完备的监测预警标准体系与程序性规定、实施定期综合与动态单项相结合的信息发布模式、建立动态协调的监督监管机制、建立灵活有序的"扩权治理"机制、拓展社会力量参与的路径和能力。

本书综合运用了法学、社会学等多学科分析框架。在具体方法上，本书从法学规范分析方法的视角，论证我国环境监测预警制度的形成过程、基本架构和基本类型。从社会学"结构—功能"分析方法的视角，论证了我国环境监测预警制度体系的内外部结构约束、构成要素缺失与客观功能选择之间的因果关系。从传统公法学权力制约理论的视角解释了我国法治"失灵"使环境监测预警制度产生反向功能的主要原因。需要特别说明的是，由于环境问题的复杂性、环境监测预警制度的科学技术性，本书注重研究方法的运用以及基于研究方法之上的逻辑推理。

第二章　环境监测预警制度的概念及其基本架构

如果说自然与社会之间的有序运转是实现人类永续长存的基本前提，那么对秩序"异样"[1]的探究、发现与恢复则是降低无序状态下人类社会损失的有效方法，也是保障人类生存基本前提的根本之道。在探寻将"无序"状态引至"有序"状态的过程中，人类经历了从被动承受、事后恢复向主动承担、事前介入的过程，而推动这一过程的因由便是人类对自然与社会相互关系认知的进步与加深，以及基于这一认识的科学技术变革。

本章所要讨论的主题——环境监测预警制度——正是经历了如上所述的发展过程，诞生于应对人类社会生存环境"异样"的认知与科学技术的变革过程。其作为本书研究的基础性要素，已经在世界其他国家的环境治理过程中被广泛运用与发展，并在某种意义上深刻影响了中国环境监测预警制度的整体架构与基本内容。因此，我们有必要在探讨中国环境监测预警制度之前，对已经形成的环境监测预警制度的对象、概念、特征和内容进行准确的分析和判断，进而为中国环境监测预警制度的相关分析提供大致的方向和架构。

---

[1]　之所以用"异样"一词，是因为本书将于后文分析环境监测预警的基础性对象——灾害、危机、风险等概念，而尚未对基础对象进行论证之前，使用更具概括性的词语较为严谨。

第一节　环境监测预警制度的概念解析

近代法学分析方法的发展，受自然科学学科细分方法的影响。[1]在"万物皆物理"思想的影响下，各学科研究的对象都逐渐向事物或现象的本源出发。这种被称为"还原主义"的分析方法论，[2]其由小及大、由内到外的分析模式，适用于对基础性概念的分析。因此，在"还原主义"方法论下研究环境监测预警制度，第一步便是解构环境监测预警的元概念，并以此作为界定环境监测预警制度概念、特征和内容的逻辑起点。

一、生态环境、生态、环境？

在解构环境监测预警制度概念时，应对"环境监测预警""生态环境监测预警"或"生态监测预警"之间有何差别，以及为何选择使用"环境监测预警"这一概念等问题予以回应。从党的十八大提出"生态文明"建设到"生态文明"被纳入宪法法律规范，这是政治术语向法律术语的转化，使得"生态"与"生态环境"概念被普遍运用于环境与资源保护法学的理论研究与社会实践中。而三者概念之间的交错重叠，一直使得相关法学研究笼罩在概念混乱的迷雾中。因此，上述三者哪种更能适应监测预警技术的发展与变化，同时能保证不会因为监测预警技术在这一领域的扩张而丧失对整体对象的包容性，是亟需回答的关键问题。

第一，"生态环境"一词不甚合理且概念模糊。《中华人民共和国宪法》第二十六条规定：国家保护和改善生活环境和生态环境，……从这一概念被纳入我国宪法文本的过程来看，"八二宪法"草案最开始使用了"保护生态平衡"这一概念。但后来在对草案的研讨过程中，

---

[1]　W.C.丹尼尔.科学史：及其与哲学和宗教的关系（上册）[M].李珩，译.北京：商务印书馆，1995：174.

[2]　吕忠梅.寻找长江流域立法的新法理：以方法论为视角[J].政法论丛，2018（6）：67-80.

时任全国人大常委会委员、中科院院士的著名地理学家黄秉维教授认为，草案中所提的"保护生态平衡"并不科学，并建议使用"保护生态环境"一词，由此，现行的宪法文本中便出现了"生态环境"这一概念。而此概念一经提出，便在科学界引起了极大争议。支持者援引英文词汇"ecological environment"在英文文献中被使用的情况，以证明生态环境存在的合理性与可行性。[1] 反对者一方面认为该词的含义因其构成语法问题，存在多种含义混淆不清的问题，不具备作为科学术语的资格；[2] 另一方面则从词义考究，"自然环境"一词才应当是最为准确的表述，我国目前经常使用的"生态环境"一词与国际不接轨，翻译成其他语言很难被国外学术界所理解。[3] 但有趣的是，黄秉维院士自己也曾在文章中否定了"生态环境"一词的提法，认为生态环境就是环境，污染和其他环境问题都应该包括在内。[4] 在环境法学界，也有学者对"生态环境"这一术语进行解释性分析，认为我国的环境法不应单独使用"生态环境"这一表述，而对于相关宪法条文的规定只有将之解读为"生态的环境"，由此方能避免法学研究的逻辑混乱。[5] 然而，诸多争论却并未厘清和界定"生态环境"一词的正确用法，其在学术研究领域与社会实践领域的应用亦是参差不齐。如 2018 年国务院印发的《关于深化生态环境保护综合行政执法改革的指导意见》中，生态环境保护执法既包括生态的环境，也包括人居生活的环境；[6] 而生态环境损害赔偿制度的建立则是以生态和环境的总体作为损害的观察对象。[7] 综上所述，"生态环境"一词本身争议较多不甚合理，

---

[1]　王如松.生态环境内涵的回顾与思考 [J].科技术语研究，2005，7（2）：28-31.

[2]　徐嵩龄.关于"生态环境建设"提法的再评论（第一部分）[J].中国科技术语，2007，9（4）：47-52.

[3]　钱正英，沈国舫，刘昌明.建议逐步改正"生态环境建设"一词的提法 [J].科技术语研究，2005，7（2）：20-21.

[4]　黄秉维.地理学综合工作与学科研究：陆地系统科学与地理综合研究——黄秉维院士学术思想研讨会文集 [C].北京：科学出版社，1999.转引自竺效.论环境侵权原因行为的立法拓展 [J].中国法学，2015（2）：248-265.]

[5]　竺效.论环境侵权原因行为的立法拓展 [J].中国法学，2015（2）：248-265.

[6]　生态环境部行政体制与人事司.生态环境保护综合执法的职责调整 [N].中国环境报，2019-03-14.

[7]　吕忠梅."生态环境损害赔偿"的法律辨析 [J].法学论坛，2017，32（3）：5-13.

且在使用过程中概念内涵模糊不清。

第二，"生态"一词在使用中具有双重样态。"生态"一词的概念内涵需要从生态学理论中去寻求——现代生态学之父 E.P. 奥德姆早于 20 世纪末就指出，生态系统是在一定区域中共同栖居着的所有生物与其环境之间由于不断进行物质循环和能量流动而形成的统一整体，[1] 而生态学则是指研究自然界结构和功能的科学。[2] 国内也有学者对生态学的研究对象予以界定，认为生态学的研究对象是自然界间的相互关系，这种关系是有机体与其周遭环境的关系。[3] 而这种关系其实就正如生态系统定义一般，指的是"彼此间的能量流动与物质循环"。可见，从自然科学的角度来看，"生态系统"与"生态"同义。这与国家在政治层面所提出的"生态文明"中的"生态"存在很大区别。

党的十八大以后，"五位一体"的国家现代化建设格局正式确立。生态文明建设历史性地纳入被经济建设、政治建设、文化建设和社会建设的整体布局中。但是，对于何为"生态文明"这一问题，各领域的学者有着不同的理解。有学者认为，生态文明可以是人与自然相处过程中所产出的积极成果的总和，也可以是超越农业文明和工业文明的另一种文明形态。[4] 有学者认为，生态文明是人类在遵循社会建构规则的情况下，践行人与自然和谐相处之道，以遵循自然规律的方式获取的客观物质世界的财富。[5] 还有学者将生态文明的理念运用于环境法律制度的完善，提出健全环境立法的基本观点，以多元共治体系取代政府单一制治理体系，实行对领导干部的环境责任追究机制。[6] 可见，政治和法律术语中"生态文明"建设中的"生态"包括了人类

---

[1] 奥德姆，巴雷特．生态学基础 [M]．陆健健，等译．北京：高等教育出版社，2009：45.

[2] E.P. 奥德姆．生态学基础：第五版 [M]．孙儒泳，钱国祯，林浩然，等译．北京：人民教育出版社，1981：28.

[3] 孙儒泳，李庆芬，牛翠娟，等．基础生态学 [M]．北京：高等教育出版社，2002：1.

[4] 王灿发．论生态文明建设法律保障体系的构建 [J]．中国法学，2014，（3）：34–53.

[5] 王树义．论生态文明建设与环境司法改革 [J]．中国法学，2014（3）：54–71.

[6] 吕忠梅．生态文明建设的法治思考 [J]．法学杂志，2014（5）：10–21.

社会与大自然的整体关系。其与"生态"在科技术语当中的定义不尽相同。政治术语和法律术语中，"生态"这一概念的内涵，要远远大于科技术语中"生态"的生态系统内涵。

　　第三，"环境"的系统性和科学性。不同类型的学科具有不同的研究视角，因此"环境"这一概念同样存在差异。从自然科学的角度来看，环境是影响人类生存和发展的自然和社会因素的综合，强调以人为中心。[1] 从环境法学研究的角度来看，法学意义上的"环境"与环境科学意义上的"环境"具有相似性，共同指向人类所处的环境（自然与人工）。[2] 从环境立法的概念定义来看，以人群为中心的基本思想与之一样，但定义的方式有所不同，2014 年环境保护法采用了概括和列举的方式，认为环境是影响人类生存和发展的各种天然的和人工的自然因素的总和，包括大气、土壤、海洋、水等。从环境保护基本法的发展过程来看，"生态环境与生活环境"到"环境"的简化，经历了多次审稿和修改，直到 2014 年《中华人民共和国环境保护法》的正式公布。[3]"环境"一词在环境保护基本法中的正式确立，一定程度上解决了"生态环境"一词引发的概念混乱问题。

　　综上所述，一是"环境监测预警"契合了我国环境保护基本法的概念体系，不脱离法律的规则范围；二是"环境监测预警"具有稳定的周延的概念内涵与外延，不会引发语义层面的理解混乱；三是"环境"的系统性与科学性可以防止监测预警技术在环境治理领域发展的过程中，因整体监测预警对象边界逐渐扩大而出现的对发展中的概念外延无法包容的风险。

---

[1]　中国大百科全书总编辑委员会《环境科学》编辑委员会，中国大百科全书出版社编辑部中国大百科全书：环境科学，北京：中国大百科全书出版社，2002：134.

[2]　自然环境主要是指自然条件和资源，它包括水、土壤、矿藏、电磁力等；自然现象：气象、气候、地壳稳定性等；人工环境：城市、乡村、文化古迹、公园、自然保护区等。参见：周珂.环境法 [M].北京：中国人民大学出版社，2013：4.

[3]　竺效.论环境侵权原因行为的立法拓展 [J].中国法学，2015（2）：248-265.

二、灾害、危机、风险与突发事件？

与最为基础的"环境"概念一样，环境治理领域内监测预警的对象及其边界同样需要还原至基础概念的范畴进行区分，这一基本概念的区分主要是为了回应环境监测预警制度的设立。那么，环境监测预警制度的设立是为了应对人类社会与大自然互动过程中的"灾害""危机""风险""突发事件"中的哪一方面，或者四者皆有。

第一，灾害。此处所指的灾害为大自然对人类社会的不利影响。中国古代自然灾害侵袭的对象主要是农业生产，[1] 而由于科学技术水平的落后，人们对自然灾害的应对主要是"向天祈福"，或是部分归因于自身不当行为（不孝、不贞、不勤等）所招致的"神灵"愤怒。[2] 随着社会的发展与进步，人类对灾害的自然属性和社会属性的认识开始趋于平衡，甚至以对其社会属性的认识为主流。而在这一认识下，早期研究将人们防灾减灾的视线从对自然灾害诱因研究和灾害防御体系扩展至人类对灾害的行为反应，即可以通过调整人类行为而减少灾害的损害和影响。[3] 也就是说，这一观点认定了灾害是自然与社会相互作用的结果。[4] 在此基础上，灾害被定义为由于自然或社会的原因而引发的对人类造成损害的自然事件。[5] 由此，根据这一基本概念，灾害可以分为自然灾害和人为灾害，自然灾害包括暴雨、台风、洪水、地震等，人为灾害则包括环境污染、生态破坏、生产事故等。而从灾害的应对角度来看，通常的策略是研究灾害发生的基本原理，并通过科学技术手段对可能发生灾害的致害因子进行监测、预警、预防和应对。在这些方面，日本因国家地理特征发展出了较为先进的地震灾害

---

[1] 卜风贤．中国农业灾害史研究综论 [J]．中国史研究动态，2001（2）：2-9.

[2] 尉馨元．古代治灾"闭环意识"及其对现代"危机终止"的启示 [D]．长春：吉林大学，2018：2.

[3] BEVERE L. Natural catastrophes and man-made disasters in 2013 [J].Swiss Re, 2014（1）：1-3.

[4] 童星，张海波．基于中国问题的灾害管理分析框架 [J]．中国社会科学，2010（1）：132-146.

[5] 陈业新．深化灾害史研究 [J]．上海交通大学学报（哲学社会科学版），2015，23（1）：86-93.

预警技术。[1] 而欧美国家则更擅长飓风、洪水、火灾灾害方面的监测预警技术。[2]

第二，危机。"危机"这一基本概念是由赫尔曼首次提出并纳入学术研究领域，其对危机的概念范畴予以界定：一是作为一种非正常状态对决策者的目标有所威胁；二是在非正常状态改变之前有相应的反应时间。同时有学者提出，危机是一种威胁着社会运行体系和基本架构的事实状态，在时间层面和空间层面均具有不确定性。当然，也有国内学者从后果的角度对危机的概念进行诠释，其将危机视为紧急状态或者突发事件，危机的出现会对人、财、物和环境等社会因素造成严重的威胁，影响社会秩序的有效运行，并且不在政府常规的管理秩序范围内。由上述定义可以看出，危机存在着以下几个基本特征：一是威胁性，危机的出现挑战了正常的社会运行秩序，威胁了人类社会的安全；二是不确定性，环境的不确定性与危机发生时间的不确定性；三是可预测性，危机的发生有一定的反应时间，能够通过经验和技术获知；四是存续性，危机是一种情境，一种状态，它存在着一定的周期。

第三，风险。私人风险的社会分担是保险行业的基本理论，也是风险最初出现的行业概念。其后，著名经济学家富兰克·奈特将"风险"一词引入经济学概念，他认为风险是可以度量的不确定性，风险的特征是概率估计的可靠性，而不确定性则是不可度量的风险。[3] 其后，卢曼将"风险"与"危险"进行比较，认为风险所导致的损失是由人的判断所决定的，而危险是先于人的行为判断所给定的。此后，"政治风险""经济风险"与"自然风险"等概念逐渐进入社会学研究领域。随着贝克风险社会理论的诞生，风险被纳入了学术研究领域的一

[1]　杨程，解全才，刘全，等 . 日本地震预警系统发展历程 [J]. 地震地磁观测与研究，2018，39（4）：126-134.

[2]　胡倩 . 美国应急管理组织间网络研究评述 [J]. 公共管理与政策评论，2019，8（1）：31-39.

[3]　富兰克·H. 奈特 . 风险、不确定性和利润 [M]. 王宇，王文玉，译 . 北京：中国人民大学出版社，2005：10.

般性范畴。贝克在论述风险社会理论的基本特征时，将"社会风险"认定为现代社会的基本逻辑。他认为风险能够系统性地缓解现代化所产生的自我危险和不安，与反思现代化的概念密切相关。[1]并将社会风险的分配与财富分配进行比较，指出了"风险向下，财富向上"的一般性逻辑及风险所特有的"飞去来器效应"。[2]同时，从风险的总体性来，当人们在面对现代文明应对风险全球化的过程之时，虽然在某些生活领域，现代性降低了风险的总量，但是也不免导入一些前所未有却又全然无知的新型风险。[3]可见，现代风险与社会发展是相互并存、相互共生，且相互促进和成就的。

第四，突发事件。事实上，突发事件是并未得到严格界定的学术用语。但是，我国现行立法（即《中华人民共和国突发事件应对法》）已经将其纳入法律规范性术语范畴，并给出了较为明确的定义："突发事件，是指突然发生，造成或者可能造成严重社会危害，需要采取应急处置措施予以应对的自然灾害、事故灾难、公共卫生事件和社会安全事件。"[4]同时，突发事件一词在国家政策性文件中被普遍运用。突发事件可以高度概括为"社会秩序正常运行的例外情形"。其相较于"灾害"这一概念，一是具有高度的盖然性，无论是自然灾害，还是人为事故，甚或是社会发展中影响正常社会秩序的新型事件（如群体性事件），都可以涵盖在其外延项下；二是高度的平缓化，无论天灾或是人祸，都是突发的，且出人意料的，较为符合中国的政治和社会情境，并容易被社会公众所接受。[5]

综上所述，"突发事件"在一定程度上丰富了"灾害"的概念内涵，取代"灾害"一词被纳入法律和政治术语。风险则上升至一般性范畴，

---

[1]　乌尔里希·贝克.风险社会 [M].何博闻，译.南京：译林出版社，2003：19.

[2]　乌尔里希·贝克.风险社会 [M].何博闻，译.南京：译林出版社，2003：36-40.

[3]　安东尼·吉登斯.现代性与自我认同 [M].赵旭东，方文，译.北京：生活·读书·新知三联书店，1998：16-23.

[4]　《中华人民共和国突发事件应对法》（2007）第二条.

[5]　童星，张海波.基于中国问题的灾害管理分析框架 [J].中国社会科学，2010（1）：132-146.

无处不在地渗透于社会事物的方方面面。危机作为社会事物的情境，已然成为人类生活世界的一部分。就"灾害""危机""风险"与"突发事件"的逻辑关系而言，风险潜藏了可能发生损害的不确定，本质上是一种未能发生或即将发生的可能性，这种可能性在一定程度上是可以计算的。突发事件（灾害）的属性则受制于风险的属性，是风险累积至一定程度的外化表现，其所表现的是社会秩序的偶然性，并不会根本性地颠覆社会的基本秩序。但不断累积的风险却又未经突发事件所外化，此时某一社会领域的危机就会出现，一定程度上会引发社会秩序的重塑与变更。在某种意义上，突发事件是消解风险向危机转化的重要节点（图 2.1）。

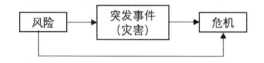

图 2.1　风险、突发事件（灾害）、危机的内在逻辑

　　针对环境治理领域的"灾害""危机""风险"与"突发事件"，监测预警技术的运用需要着眼于各项关联事务发生的逻辑起点。而"风险"作为上述三者的逻辑起点，因具备不确定性在概率上的可计算性，具有了可量化、可磋商及社会性等多种特征，从而可以将自然科学的研究基础应用于社会科学领域，寻找到与社会制度相互嵌套和彼此对话的平台，即科学技术社会运用的制度化。因此，能够对人类生存中潜在的"环境风险"进行监测预警，在逻辑上也就必然能够对与环境相关的"突发事件""灾害"和"危机"进行监测预警。

三、环境监测预警制度的概念

　　在环境监测预警制度中，"预警"一词是首先需要被明确的基本概念。分而析之，在汉语词典中，预是指在事物发生之前，词组表现为预防、预先。[1] 警字则表达一种需要予以关注的突发情况，词组表现为警戒、警备。[2] 在古代汉语词组的使用当中，上述二字往往不会同时出现或者组合成词语使用。但是，"警"字本身就涵盖了一定程度的事先的含义。军事侦察和情报领域是预警制度被正式运用的领域。关于它的早期典故就是"周幽王烽火戏诸侯"——即"烽燧制度"。[3] 春秋战国时期，扁鹊也阐述了相应的预测预警思想。在扁鹊看来，医学的最高境界在于通过"视神"，达至"神未有形而除之"的境界，即通过对外在现象的观察以判断可能发生重大疾病的风险（风险预警），及时对对象进行治疗以消除风险，实现对疾病的有效控制。[4] 发展至现代科学技术，这便是普遍运用于军事领域中的雷达技术和防御系统。当前，随着现代社会事物的快速发展，新的风险类型不断涌现。因此，为了减少风险累积所引发的突发事件、灾害与危机，在经济社会生活的各项领域，预警制度的基本思想就被金融界、经济界、安全卫生界等采用。

对环境监测这一复合概念中"监测"这一要素而言，首先，环境监测的基本目的不在于对应预警级别的评估、发布、调整与解除。根据有关学者的定义，环境监测是在普遍运用了现代生物科学、物理科学、化学科学等现代科学技术的基础上，分析了环境要素中污染物质的浓度及污染物质暴露对生态环境和人体健康的危害程度，从而获取环境质量和基准的基本信息。[5] 从这一基本概念中我们可以看出，环境监测的作用是对现有环境质量状况的分析和评价，而这种分析和评

---

[1] 如唐白居易《和微之诗》："仙亭日登眺，虎丘时游预"，宋司马光《资治通鉴》："预备走舸"中"预"皆是事先准备之意。

[2] 如东汉许慎《说文解字》："警，戒也"，《周礼·宰夫》："正岁，则以法警戒群吏"中"警"皆是戒备、告诫、警示之意。

[3] 汉司马迁《史记》卷四周本纪中记载："褒姒不好笑，幽王欲其笑万方，故不笑。幽王为烽燧大鼓，有寇至则举烽火。诸侯悉至，至而无寇，褒姒乃大笑。幽王说之，为数举烽火。其后不信，诸侯益亦不至。"东汉许慎《说文解字》："烽，有警则举火。""烽"是指白天放烟告警，"燧"则是夜间举火告警。

[4] 汉司马迁《史记·鹖冠子》记载：魏文侯问扁鹊："子昆弟三人，其孰为善医？"扁鹊曰："长兄最善，中兄次之，扁鹊最下。"魏文侯曰："可得闻耶？"扁鹊曰："长兄于病视神，神未有形而除之，故名不出于家，中兄治病毫毛，故名不出闾。若扁鹊者，镵血脉投毒药，副肌肤间，而名出闻于诸侯。"

[5] 舒旻. 环境监测制度构建的重点与难点 [J]. 环境保护，2011，39（8）：41–43.

价实质上是为环境管理，环境行政执法，环境行政、民事、刑事司法及其相关环境立法提供基础性数据。一般而言，环境预警信息的获取和发布包含了一个基础性的前提，即对环境风险、突发事件、灾害和危机的监测及其信息的获取过程。目前，部分学者已经对环境监测预警制度的相关概念进行了界定。

最后，便是对环境预警这一概念的剖析。虽然有些表述并未提及"监测"一词，但是环境预警的整个流程必然包括监测的过程。早期的预警概念是指对于趋向于逐渐退化、负向演化的生态系统或者环境所发布的警报信息。[1] 由于国家政策性文件的影响，该学者后来也采用了"生态环境"一词，但其所定义的"生态环境预警"与此前的"环境预警"在内涵和外延上并不存在实质差别。[2] 有学者从目的出发认为，环境监测预警体系是一种体现风险管理意识的环境监督管理体系，主要作用在于对污染进行控制以降低环境风险的发生概率及降低环境事件发生所造成的损失。[3] 有的学者分析了环境预警系统的具体内容，即包括自然资源预警、生态预警、突发性环境污染事件预警等。[4] 有学者则从特征出发，认为预防性和前瞻性是环境监测预警的主要特征，所以其措施在于强化事前的应急措施。[5] 当然，在概念尚未统一规范的前提下，有些学者则使用了"生态安全预警"或是"生态环境预警"这一概念。使用"生态安全预警"概念的学者，将"生态安全预警"分为两个层次，第一个层次是预警级别的评估、发布、调整和解除，另一个层次则包括预警的监测以及应急措施前中后整个过程。[6] 使用

[1] 陈国阶.对环境预警的探讨 [J].重庆环境科学，1996，18（5）：1–4.

[2] 陈国阶，何锦峰.生态环境预警的理论和方法探讨 [J].重庆环境科学，1999，21（4）：8–11.

[3] 付朝阳，金勤献，孙鹏程.区域环境监测预警体系建设框架研究 [J].环境科学，2008（7）：2077–2080.

[4] 潘红磊，李巨峰，杜卫东，等.环境预警系统的类型和构成 [J].油气田环境保护，2009（1）：33–36，61–62.

[5] 田华，刘启.建立环境预警监测体系的探讨 [J].中国环境管理干部学院学报，2008，18（2）：77–78，91.

[6] 郝东恒，谢军安.关于构建河北省生态安全预警系统的思考 [J].当代经济管理，2005，27（1）：59–62.

"生态环境预警"这一概念的学者将预警的对象限定在建设规划、国土空间开发、自然资源开发等领域对环境的影响，同时强调了对环境恶化的辨识和处理。[1] 在国外，对环境监测预警技术进行研究时，一般会将监测预警的对象直接纳入概念体系中。例如，美国学者在研究科学预警与决策之间相互关系时使用的便是"环境灾害预警"（Environmental Disaster of Early Warning）一词，是指对可能发生的环境灾害进行监测并及时警戒。日本作为一个自然灾害发生比较频繁的国家，凭借强大的经济实力和科技水平，建立了世界一流的预警体系。其所建立的预警系统被统称为"自然灾害预警系统"（Nature Disaster Early Warning Systems），是指对可能发生的自然灾害的及时警报。[2]

综上所述，环境监测预警的概念尚未统一，不同学者在不同的侧面对环境监测预警的概念进行了论述。那么，为了保障环境监测预警制度概念界定的全面性和周延性，使自然科学研究与社会科学研究在概念基础上搭建能够沟通对话的平台，就要在概念中明确环境监测预警共同的话语对象、环境监测预警的基本流程、环境监测预警的基本目的。当然，在将这些技术性的话语纳入制度体系时，要能够符合"制度"本身的基本特性：一是具有稳定重复的观念习性；二是整体上能够赋予相关主体以"身份"；三是能够塑造社会群体的记忆和遗忘功能，即规则替代思维；四是能够对事物进行分类。[3] 因此，就环境监测预警的对象而言，风险、灾害、突发事件与危机能够予以重复、概括和鉴别；就环境监测预警的过程而言，监测、评估、发布、应对是整体流程的基本概括；就环境监测预警的目的而言，防止事故的发生和减缓事故的发展是永恒不变的追求。

综上所述，环境监测预警制度是指在面对可能发生或者恶化的环境风险、环境灾害、突发环境事件或环境危机之时，由法定的组织制

[1] 苏维词，李久林.乌江流域生态环境预警评价初探 [J].贵州科学，1997（3）：207-214.

[2] 姚国章.日本自然灾害预警运行体系管窥 [J].中国应急管理，2008（2）：51-54.

[3] 周雪光.制度是如何思维的？[J].读书，2001（4）：10-18.

定和实施，依照一定程序对潜在的环境风险进行预警监测、预警评估、预警级别发布及其采取相应应急措施以减缓环境风险的一整套规范体系。

第二节　环境监测预警制度运行体系的基本架构

一项制度的构成需要有多项"子制度"的支撑，而"子制度"自身又应当符合制度的规范属性。环境监测预警制度的基本架构实质是其制度运行逻辑链条上的每一段"子制度"，彼此间紧密联系，相互间不可或缺。而如何确定一项制度的基本架构则需要从多方面进行考量：一是应当具有独立的制度品格，一项"子制度"有其特有的价值与功能，即子制度的价值与功能是其他子制度无法替代的；二是应当能够贯穿于制度运行的整个过程或者是衔接不同子制度之间的机能，即该项子制度需要在母制度运行的每一个环节都发挥作用，或是某一项子制度能够在整体运行中起承上启下的作用；三是应当能够脱离于子制度的上位概念，在母制度中单独发挥作用，即一项子制度的上位概念可能适用于更为宽泛的社会命题，但这一子制度本身却仅能在母制度的运行逻辑中发挥作用；四是不同的子制度之间应当能够相互牵制、彼此制约。根据上述标准进行解构，环境监测预警制度的基本架构主要包括：环境监测预警标准体系、环境预警监测制度、环境监测预警评估机制、环境监测预警信息公开制度、环境监测预警后的管控措施。

一、环境监测预警标准体系

监测标准与预警标准是环境监测预警标准的两项基本要素，前者是指对环境影响因子的监测方法、手段、标准与监测的技术性规范，后者则是对现有环境状况的评价标准。

首先，环境监测标准。环境监测数据是承担环境行为技术的信息，在环境行政管理、行政执法和环境司法诉讼经常作为具有证明效力的数据所使用。[1] 所以，环境监测数据获取的方法和手段都必须按照国家颁布的、统一的技术要求和技术规范进行。[2] 而这一系列按照法定程序所制定的技术要求、操作规范即是环境监测标准。

其次，环境预警标准。在自然科学研究领域内，警戒线和指标数值都是环境预警标准的别称。环境质量的警戒线或者临界值应当是反映人类生存环境的底线 [3]，也被称为警情指标和警兆指标，强调环境危害的紧迫性，或是在已经发生的情况下对人们生产生活造成影响的指标。同时也被认为是显示环境风险的状态不断持续变化而对生态系统的服务功能造成永久性损害、危害人类生存环境的指标。[4] 还有学者认为，环境预警标准是通过由一系列能够准确描述环境系统、环境秩序状况的统计指标有机组成的整体。[5]

从国外来看，美国国家环境保护局制定的环境预警标准，考量的是保护生态和人体健康两项标准。如美国的土壤风险管控标准中主要包括了《土壤生态筛选导则》和《土壤环境风险筛选值》，前者是对生态的关注，后者是对人体健康的关注。韩国在土壤环境保护法案里规定了对土壤有害的 21 种污染物，对这些物质，还规定了《土壤污染预警限值》，描述了土壤污染可能破坏人类的健康，财产与动物、植物的生长和发育的程度。同时，其制定了《土壤污染对策限值》，当土壤污染超过警戒范围时，及时采取措施保障人体健康要求并解决污染。可见，环境预警指标在环境科学研究中已成为通用的概念，指代也较为明确，其实质就是对环境风险、灾害、突发事件和危机的一

[1] 黄玉平，苏贤．论环境监测数据的法律地位 [J]．环境监测管理和技术，1995，7（5）：8-9.
[2] 秦承刚，朱大成，周广东，等．现行监测方法标准与监测技术规范中存在的问题与改进 [J]．中国环境监测，2016，32（5）：95-99.
[3] 陈国阶，何锦峰．生态环境预警的理论和方法探讨 [J]．重庆环境科学，1999，21（4）：8-11.
[4] 李俊红，刘树枫，袁海林．浅谈环境预警指标体系的建立 [J]．西安建筑科技大学学报（自然科学版），2000，32（1）：78-81.
[5] 颜卫忠．环境预警指标体系研究 [J]．长沙电力学院学报（自然科学版），2002，17（3）：87-90.

种评判标准。

我国与环境预警标准相关的制度规范中，事态发生的紧急程度、发展势态和可能造成的危害被作为一种原则性的规定，将突发事件预警标准分为不同的等级。[1] 在大气污染防治方面，生态环境主管部门与气象主管部门被认定为重污染天气监测预警标准的制定主体。目前较为明确的指标体系主要是气象灾害预警标准。由此可见，由数值组成的指标体系与客观条件组成的分级标准是环境预警标准的两项基本要素。

根据环境问题的基本分类——原生环境问题与次生环境问题，环境预警标准可大致分为：一是基于原生环境问题预警的标准，包括地质灾害预警和气象灾害预警等。二是基于次生环境问题预警的标准，包括重污染天气预警、资源环境承载能力监测预警、农业污染源监测预警等。前者注重在原生环境问题情况下对人身安全和财产安全的保护，后者则兼顾了对环境本身的保护。那么，我们可以得出的结论便是，环境预警标准是一种能够准确反映环境问题的指标体系与客观批判标准体系，其目的是有效保护环境问题发生或发展时的人身安全、财产安全，及维持生态平衡。

我们有必要对环境标准、环境监测标准与环境预警标准做一个比较。环境标准的概念范围较大，包括环境治理标准、污染物排放标准、环境基础标准、环境方法标准、环境标准物质标准和环保仪器设备标准等。[2] 因此，两者的关系可用图 2.2 来表示。

图 2.2　各类标准重叠

[1]　参见：《中华人民共和国突发事件应对法》（2007）第四十二条；2014 年 12 月 29 日，国务院办公厅以国办函〔2014〕119 号印发《国家突发环境事件应急预案》。

[2]　张梓太 . 环境与资源保护法学 [M]. 北京：北京大学出版社，2007：139.

最后，有必要对环境基准与环境预警标准做一个简要的比较和区分。顾名思义，环境基准是一项基础性标准。在这一标准范围内，环境所受到的不良因素不会对人类的生产生活和生物的生长发育造成明显的影响。也就是说，一旦超过这一标准，危害便开始显现。[1] 由环境基准的定义可以看出，这一"阈值"就是环境预警的标准。所以，环境预警标准与环境基准其实是一种包含与被包含的关系。

二、环境预警监测制度

国外很早就开始了环境监测技术方面的探讨，1980 年，美国已经开始对环境与个人的关系、人口水平进行监测，侧重于研发工业开发与农业、渔业和森林等各种可再生自然资源管理有关的监测系统。在环境监测技术发展的过程中，曾经有一段时间其经常被批评为是不科学，并且代价较大。当然，技术在进步过程中总会出现一些问题。但环境监测技术的发展确实为环境政策的制定提供了非常重要的科学依据和信息。学者们通过总结和分析，得出了有效监测计划的特点，并认为监测应当被视为环境科学和政策的基本组成部分，指出政府机构应当增加环境资金的数量和作为更为长远稳定性的计划。[2]

环境监测数据是反映环境质量状况和污染物排放状况的指标数值，是环境污染和生态破坏的基础。环境监测在技术领域具有监督、服务、保障等重要职能,是实施环境保护总量控制制度、排污收费制度、排污权交易制度、环境监测预警制度、环境司法裁判制度等环境管理措施必不可少的手段。[3] 可见，环境监测包含了环境预警监测。[4] 环境

[1] 周启星，罗义，祝凌燕.环境基准值的科学研究与我国环境标准的修订 [J].农业环境科学报，2007，26（1）：1-5.

[2] Lovett G. M., Burns D. A., Driscoll C. T. et al. Who needs environmental monitoring?[J]. Frontiers in Ecology and the Environment, 2007, 5（5）：253-260

[3] 石欣.海洋环境监测法研究 [D].青岛：中国海洋大学，2010：65.

[4] 田华，刘启.建立环境预警监测体系的探讨 [J].中国环境管理干部学院学报，2008，18（2）：77-78，91.

预警监测所获取的环境信息是环境预警的基础和前提，是环境预警级别发布的基本数据。因此，环境预警监测是指对环境监测数据进行分析，对预测可能存在的环境风险或可能发生的环境灾害、突发环境事件和环境危机进行的准备活动。在制度架构层面，环境预警监测贯穿于环境监测预警制度运行的始终。其监测行为的规范性和有效性是保障环境监测预警这一环境治理手段和相关决策是否科学、合法、合理的关键。

三、环境监测预警评估机制

在环境科学领域内，环境监测评估（Environmental Monitoring and Assessment）是最为常见的学术术语，一般是指对污染风险和自然资源管理数据的分析和评价，主要用于弥补政策决策者与科学家之间的隔阂，建立两者共同对话和互信的平台。国外一项有趣的研究通过对植物中所含毒性物质的监测结果进行评估，从而确定该地区的环境质量状况。[1] 当然，也有学者将环境监测评估作为一个整体进行研究。例如，在一项研究中，科学家使用了一个最新的科学工具对世界海洋环境进行监测评估。这里所指的监测评估就是通过"阿尔戈"技术直接得出海洋环境的基本状况。[2]

就环境监测预警制度而言，环境预警监测所形成的数据需要通过程序性的分析和评价，方能成为最终的结论而对外公示。那么，这一过程便是对环境预警信息定级和发布的一种评估，而这一评估过程有着其特定的制度功能。

首先，环境监测预警评估是对监测数据是否构成预警条件的评估。环境预警级别的生成需要以环境监测数据为基础，以环境预警标准为

[1]　Wang W C，Freemark K . The Use of Plants for Environmental Monitoring and Assessment[J]. Ecotoxicology and Environmental Safety, 1995, 30（3）：0–301

[2]　Freeland H.J., Cummins P. F. Argo: A new tool for environmental monitoring and assessment of the world's oceans, an example from the N.E. Pacific[J]. Progress in Oceanography，2005, 64（1）：31–44.

参考，进行预警级别的确认。[1] 在一般情况下，预警级别的确认都有一整套科学的评估标准体系，无须进行价值论的判断。但是，当环境风险的出现需要去衡量其可能发生的灾害大小、可能威胁的人口数量、可能造成的财产损失等情况时，科学计算与社会经验需要同时纳入考量的范围，此时的环境监测预警评估便需要专业技术人员与决策者之间进行沟通与会商。

其次，环境监测预警评估是对预警信息能否对外公开的评估。环境预警所涵盖的信息具有两面性：一是环境预警级别的发布关涉人身安全和财产安全等重大问题，公权力主体有必要也有义务向社会公众发布预警信息，指导公众规避环境风险；二是因为确保预警信息的客观真实，综合衡量环境信息的社会影响，保障社会秩序的稳定运行，是地方政府的重要职责。虽然这一理性考量的结果可能带来负面影响——当因为信息不畅而消耗的社会成本大于信息筛选和保护所带来的收益时，强制性地规定监测和预警不仅无法有效维护社会稳定，还可能降低政府公信力。然而，环境预警信息的发布与社会稳定密切相关，不正确的评估和引导可能引发社会恐慌。如果存在涉密等相关因素同样不适合对社会公开。例如，地震灾害将引发社会恐慌是非常明显的，如果无法有效准确地对地震灾害进行预警，就使得相关政府部门成了"狼来了"故事里面的小孩，将对社会安全和稳定造成严重的危害。

最后，环境监测预警评估是使科学观察向决策层面上升的常规渠道。环境监测预警的社会后果在一定程度上改变了社会运行的常规秩序。基于知识体系和认识论立场的不同，科学家和决策者对环境监测预警信息时的反应会截然不同。特别是在面临长期性的预警状态的情况下（如气候变化预警），科学家发现了全球气候变化给农业生产力

---

[1] 胥树凡.建立先进的环境监测预警体系的探讨 [J].环境经济，2006（8）：42-45.

以及区域和国家经济带来的重要影响，[1] 甚或是对人类健康和全球经济带来不利影响。[2] 在其发出了全球气温上升的预警信号后，在决策者基于这一信号做出决策前，必然对预警对象进行必要性和可行性的评估，衡量预警后采取哪个种类和何种轻重的环境规制措施更符合成本效益原则和比例原则。

四、环境监测预警信息公开模式

环境监测预警信息的公开是整个制度运行的程序性目标，是自然科学研究基础得以嵌套社会科学治理理论的纽带与桥梁。环境监测预警信息的公开在法律实践方面是对公民环境知情权的一种保障。[3] 而在环境风险规制、环境灾害规避、突发环境事件管理和环境危机管理中，则是架构公权力机构行为与私主体行为之间互动的关键性要素。一般而言，从制度主体来看，环境监测预警制度的目的是通过一种科学环境风险标准体系，规避会对人和自然环境造成损失的社会活动。事实上，在环境风险规制层面，环境监测预警制度与其上位概念——环境治理的效果类似，都受到了公民个人、社会组织和社会群体的相互约束和相互作用，而不同主体间又受到其所在场域制度逻辑的约束，那么，风险控制的成效必然取决于制度逻辑的相应地位及其互动关系。[4] 环境风险规制的制度逻辑可以分为两类：一是"自上而下"的政府规制模式；二是基于人之"趋利避害"本性的公众自我规避模式。从维护社会稳定的角度来看，政府为确保信息的客观真实，需要衡量环境信息的社会影响，从而避免公众不适当介入时，因信息不实或涉

[1] PARRY M. L., Carter T. R. An assessment of the effects of climatic change on agriculture[J]. Climatic Change, 1989（15）：95–116.

[2] Paulo Lázaro Ortíz Bultó, Antonio Pérez Rodríguez, Valencia A. R., et al. Assessment of Human Health Vulnerability to Climate Variability and Change in Cuba[J]. Environmental Health Perspectives, 2008, 114（12）：1942–1949.

[3] 张真源. 土壤污染预警法律制度研究 [D]. 重庆：重庆大学，2017：11–13.

[4] 杜辉. 论制度逻辑框架下环境治理模式之转换 [J]. 法商研究，2013，30（1）：69–76.

密等因素可能引起的猜测与恐慌。另一方面，政府为自身利益的考量自然会有"报喜不报忧"的心态，寄希望于公权力的强势干预，及时、高效地规制环境风险。长期以来，我国采纳第一类模式为主的风险规制逻辑。

从制度模式上看，首先，常规化的信息公开难以适应环境风险突发性、动态性和紧急性等特征，也就无法使公众形成应对类似于天气预报预警那样的风险的自我规避的惯常性思维。其次，我国传统的环境风险规制从风险监测、检查、评估直至采取管控措施都是由法律指定的主体实施，政府行政管制色彩浓重。最后，我国传统的环境风险规制从风险监测、检查、评估直至采取管控措施都是由法律指定的主体实施，政府行政管制色彩浓重。正因如此，环境监测预警信息的公开，借助于预警模式自身的紧迫性和敏感性，提升公众的环境风险意识，辅以指导公众自我规避资源不合理利用与环境污染产生的风险，逐渐形成"预警—应急"的公众自发应对资源环境风险的惯性思维模式，进而破除政府单方面环境风险规制的逻辑闭路，形成政府规制模式与公众自我规避模式间的逻辑互动。[1]

环境监测预警信息公开的基本内容主要包括预警信息发布主体、[2]预警发布的级别、预警信息发布渠道与预警信息的更新机制。[3]

五、预警状态下的环境风险规制措施

预警状态下的风险规制措施是指根据对应预警级别所采取的减缓环境风险累积的手段，也是环境监测预警制度的最后手段。其制度逻

[1] 张真源，黄锡生.资源环境承载能力监测预警的制度功能与完善[J].北京理工大学学报(社会科学版)，2019，21（1）：162-170.

[2] 在我国，灾害性天气警报由各级气象主管机构所属气象台发布；省、自治区、直辖市、设区的市人民政府依据重污染天气预报信息，进行综合研判，确定预警等级并及时发出预警；突发性环境事件预警信息的发布由县级以上人民政府负责。

[3] 环境本身并非一个一成不变的封闭系统，而是永远处于一种正负演化的过程中。环境问题一旦发生，其危害性总会随着自身或人为原因发生变化，要么趋于好转，要么趋于恶化，要么维持不变。因此，发布环境监测预警信息的主体，应当根据事态的发展和采取措施的有效性适时调整预警级别，即环境监测预警信息的发布、调整与解除。

辑在于通过预警后的管控措施纠偏非正常的社会运行秩序，同时规避非正常秩序可能带来的人财物损失。目前，环境监测预警后的管控措施主要分为三种类型。

一是指导型措施。预警后的环境行政指导型措施旨在规制可能受环境风险、灾害、突发事件和危机影响的当事人，以达到一定的目的而做出的行为，主要包括指导、建议、劝告等不具有法律强制性效力的政府行为。[1] 例如，日本的环境危机管理便秉承着"自己的生命自己守护"的基本宗旨，不以单一的政府中心主义为救灾体系，而是注重在环境危机观念里发挥社会各界的能动性，充分动员社会力量。当然，这一成就也是在长期的政府指导和教育下而形成的。[2] 这类指导行为属于政府服务性行为，在效力上并不具有强制性，在作用上则具有示范引导性功能，在实施方式上则具有更为柔性灵活、选择多样性等特征。[3] 这种指导性行为主要是弥补社会对环境风险、灾害、突发事件和危机的认知局限，并依据人本性之"趋利避害"的特征，让公众学会自发应对可能发生的环境问题，或者在身处环境预警状态下学会自救和规避风险。同时，这种指导型措施本身就具有提升公众理性应对环境风险、灾害、突发环境和危机的能力，有利于防止或减少预警信息发布后引发社会恐慌的情况，从而减少公权力在应对环境衍生问题时所要承担的社会成本。

二是保障型措施。预警后的行政保障型措施是政府为了保障公民在环境风险、灾害、突发事件和危机发生时的人身和财产安全，以及基本生活水平，而采取的相关防御性措施。防止环境污染和生态破坏的加剧，保障公民人身和财产安全是政府的公共行政职能。因此，预警后的环境行政机关有职责采取必要的污染处置手段，防止污染的扩散和转移。例如，韩国政府在水污染预警后，发现污染物泄漏到河流

---

[1] 莫于川.行政指导救济制度研究 [J].法学家，2004（5）：130-136.

[2] 桂林.主导与协同：日本环境应急管理及其启示 [J].环境保护，2011，39（8）：67-69.

[3] 莫于川.行政指导救济制度研究 [J].法学家，2004（5）：130-136.

中时，会及时关闭相关阀门，设置临时堤岸和池子，采用大型机械进行阻断溢出，用吸收车将其送至处理站。[1] 俄罗斯在发生环境应急事件后，其所设立的生态警察需要及时到达现场对受灾人员进行抢救，帮助群众进行防护，清理现场。[2] 当然，我国的《国家突发环境事件应急预案》也规定了预警后行政机关应当采取的相关保障型措施。如现场处置污染物、转移安置人员、实施医疗救援、实施市场监管和调控稳定物价及维护社会稳定等。

三是管制型措施。预警后的行政管制型措施是指政府为了防止环境风险、灾害、突发事件和危机的恶化和发展，所采取的限制公民基本权利的行政行为。管制型措施是环境监测预警后最为严格的行政措施，具有较强的法律强制效力，旨在预警期间减少人类社会活动给环境所带来的不利影响。管制型措施的出现适应了"灾害是自然和社会互动的产物"这一理念，即衍生出可以通过调整人类行为减少灾害的影响和损失。因此，在环境预警信息发布后，政府机关基于立法授权采取管制型措施减少可能产生环境污染的社会活动。例如，我国在重污染天气预警状态下，行政机关可以采取机动车限行、禁止燃放烟花爆竹、停止露天烧烤等管制型措施。

---

[1] 周游，曹国志．韩国环境应急制度及其启示 [J].环境保护科学，2015，41（4）：10-14.

[2] 罗楠，何珺，张丽萍，等．俄罗斯环境应急管理体系介绍 [J].世界环境，2017（6）：80-82.

第三章 中国环境监测预警制度的发展历程与实践效果

在经济、风险全球化的时代背景下，一项新型制度的形成本质上是社会矛盾倒逼改革发展的成果体现。[1] 而制度的发展与完善不仅是对先前治理经验的继承和国外先进方法的移植，还是适配一国特有政治体制、经济状况、发展程度和治理策略的结果。以发展的眼光来看，中国的环境治理局势经历"单方面服务于经济发展"向"经济与环境发展一体化"转变的历程。中国的环境监测预警制度也正是在这种时代的风云变幻中逐渐诞生与发展，而它的发展似乎是在经历了漫长等待之后的一次突然的跨越。

中国环境监测预警制度因应国家环境风险、灾害、突发事件和危机治理使命而生。因此在整个制度的基本架构不变的情况下，嵌套了中国特有的环境治理模式，形成了几项基本的环境监测预警制度类型。而不同制度类型代表了中国环境监测预警制度不同形式的治理策略。这些治理策略实质上是国家治理方针在具体领域的表现形式。国家环境治理职责与公民环境权利、社会经济效益与生态环境效益、国家环保意志与社会环保共识得以透过环境监测预警制度的"窗口"寻求一种平衡。当然，中国环境监测预警制度之所以能够在国家环境治理工具中迅速发展，实质上是因为其所起到的良好的环境治理效果，以及能够及时且有效地回应公众对普遍性环境问题的疑问。其与生俱来的

---

[1] 吴忠民.社会矛盾倒逼改革发展的机制分析 [J]. 中国社会科学，2015（5）：4-20，203.

社会公示效果，更是可以让公众看到普遍性的环境保护共识能够在国家环境治理的行动中得以体现，并且让公众感知政府能够及时回应他们的基本诉求。

当然，在看到国家环境保护决心的同时，由于社会发展水平的局限，环境监测预警制度的发展必然通过牺牲部分经济发展的红利去谋求对良好环境的愿望。正如风险社会理论所提及的，在反现代化过程中，社会的发展在使得一项风险被成功消灭时，往往伴随着另一种新风险的产生。[1] 因此，我们必须了解的是，当中国环境监测预警制度在取得良好的环境治理实效的同时，它又给整个社会的发展带来了哪些潜在或实在的社会风险？这些附加或衍生的社会风险是否已然超越了环境监测预警制度所带来的社会实际效益？这些问题值得我们进一步探讨。

第一节　中国环境监测预警制度的演化过程与内外部结构

科学与治理的互动是现代国家治理及其沟通能力发达的重要因素，[2] 制度则是两者互动的平台和载体，其作为社会的产物（非自然产物），是自然环境作用——如资源稀缺性引起的冲突与竞争——的社会结果，展现为一种关于人的社会秩序。[3] 从历史的角度来看，现代社会环境治理制度的生成逻辑一般呈现为"社会问题理论阐述科学工具制度规范"的渐进模式。而我国环境治理制度的生成逻辑则一般呈现为"社会问题技术借鉴科学工具制度规范"的形成过程。需要说明的是，并非我国环境治理制度的形成无须以基础性的理论为基础，或者是我国缺乏基础理论创新的能力，而是因为建立在全球化自由贸

---

[1]　乌尔里希·贝克，安东尼·吉登斯，斯科特·拉什.自反性现代化[M].赵文书，译.北京：商务印书馆，2001：3–5.

[2]　俞可平.治理与善治[M].北京：社会科学文献出版社，2000：127–147.

[3]　顾自安.制度发生学探源：制度是如何形成的[J].当代经济管理，2006，28（4）：12–17.

易的基础上，世界知识的壁垒一定程度上被"自由"所打破。[1] 发达国家环境治理已经走过了我们正在走的道路，这为我国的环境治理制度的发展降低了制度试错的成本。因此，我国环境治理制度生成逻辑中的"技术借鉴"实则是其他国家既有成熟理论发展与技术水平的双重移植。当然，这种制度移植不是机械的原封不动，而是在我国国情和政体下不断变化的新型形态。

　　遵循我国环境治理制度生成的一般逻辑，在追溯中国环境监测预警制度的形成过程时，主要应当考虑的是在社会问题倒逼制度规范形成的基本过程。而技术借鉴和科学工具两方面则包括在制度规范形成的应然逻辑中。

一、历史溯源：原则、雏形与发展

　　第一阶段：环境预防原则的发展与演化。中国的环境监测预警制度是伴随着环境预防原则的发展而诞生的。因此，在考量我国环境监测预警制度的发展过程时，首先应明晰环境预防原则在我国环境保护立法上的历史根源。1978 年，我国的环境保护事业刚刚起步，人们正经受着生态危机给国家带来的严峻考验与环境污染、生态破坏问题给社会带来的严重威胁。从 1979 年版的《中华人民共和国环境保护法（试行）》来看，国家制定了全面规划、合理布局、综合利用……保护环境、造福人民的环境保护方针。从这一时期的环境保护方针中可以看出，我国环境保护工作正处于"问题—应对"阶段，缺乏对环境风险、灾害、突发事件和危机的预防。其后，随着其他国家和国际环境法学理论的发展与实践，"环境预防原则"开始出现在各国的环境立法中。1970 年，联邦德国政府所起草的《清洁空气法（草案）》将之定义为："排除即刻的危害和消除依法的损害并不能涵盖环境政策的全部规制

[1]　弗雷德里希·奥古斯特·哈耶克.自由宪章 [M].杨玉生，冯兴元，陈茅，等译.北京：中国社会科学出版社，2012：44-64

范围。防范可能发生风险的环境政策进一步要求，基于审慎负责的态度和原则来利用自然资源。"20 世纪初期的《伦敦宣言》在北海保护的问题上，提出了关于环境预防原则的基本内容：免受最危险物质的影响，即便是在没有科学充分证明的情况下，也应当采取恰当措施。[1]从此以后，该项原则开始被世界各国采用，并逐步趋于完善。随着环境预防思想的逐渐兴起，我国在 1989 年《中华人民共和国环境保护法》的立法目的中，首次使用了"防治污染和其他公害"的表述，并在该法中多次使用了"防治"一词。可见，在我国环境保护工作中，风险预防的思想正在得到逐步改观。当然，国际社会关于预防原则的发展还在继续，1992 年的《里约环境与发展宣言》所提出的风险预防原则的概念和内涵逐渐获得了世界各国的认可。该宣言认为，风险预防原则是指以保护环境为行动目标，各国应采取与本国实际能力相适应的风险预防措施。当遭遇形势危急或不可逆转损害的威胁时，不应以缺乏现实损害必然发生的充分证据为由，怠于采取具有经济合理性的措施。[2]自此，我国关于环境风险预防原则的理论研究与实践，伴随着风险预防原则进入全新阶段。我国的环境与资源保护法学教材开始将"预防原则"纳入环境与资源保护法的基本原则范畴。[3]直至 2014 年的《中华人民共和国环境保护法》出台，我国正式将"预防为主"纳入环境保护法的基本原则。至此，中国环境保护和治理策略正式由"先污染后治理"转变为"预防为主"。

第二阶段：环境监测预警制度的初级形态。伴随着环境预防原则

---

[1]　亚历山大·基斯. 国际环境法 [M]. 张若思，译. 北京：法律出版社，2000：95.

[2]　《里约环境与发展宣言》原则 15：就此而言，并非任何环境风险均囊括于风险预防原则的射程范围，诸如那些虽然存在环境污染或生态破坏的可能，但发生的可能性微乎其微，又或是即便发生但损害后果并不严重的现实危险，并不属于风险预防原则所指称之"风险"。其次，风险本身具有发生的或然性与不确定性。再次，应当采取具体措施防止环境的恶化。不得因为科学的不确定而延迟采取符合成本效益的措施。第四，以各国能力采取相应措施，不得强迫一国施行超出其能力范围的预防措施。

[3]　例如，黄锡生、李希昆主编的《环境与资源保护法学》（2011 年版）将环保优先、污染者付费、预防原则和民主原则作为环境法基本原则；金瑞林、汪劲主编的《20 世纪环境法学研究述评》（2003 年版）将协调发展、预防为主、防治结合、开发者养护、污染者治理、协同合作与公众参与作为环境法基本原则；蔡守秋主编的《环境资源法学教程》（2000 年版）中，将可持续发展、协调发展、预防为主、防治结合、综合治理、环境责任、环境民主作为环境资源法的基本原则。

的发展，中国环境保护和治理的基本策略开始发生转向。然而，纯粹的理论研究难以从根本上推动社会治理体系的发展。但从环境灾害和环境应急管理的关系来看，越是重大的环境灾害越有可能推动环境应急管理体系的变化。[1]在应对社会灾害的实践中，一是"焦点事件"——媒体关注度和议题显著性的特征，是上升至国家意志层面，触发政策议事程序，推动政策变化的一种机制。例如，"SARS事件"和"'9·11'恐怖袭击事件"都一定程度地推动了不同国家应急管理体系的变化。二是"政策机会窗口"，即当灾害造成了巨大的人身和财产损失时，也为相关政策的变化提供了契机。中国环境监测预警制度的确立亦是如此。针对2005年的松花江水污染事件，[2]有学者撰文指出，在该次突发环境污染事件中，当地政府在早期的监测预警机制中存在严重的错误和失职行为，这导致松花江水污染处置错过了最佳时机。[3]2006年国家出台了《国家突发环境事件应急预案》，该预案首次规定了突发环境事件监测预警制度，同时规定了在"早发现、早报告、早处置"的基本原则上，开展对国内外环境信息、自然灾害预警信息、常规环境监测数据、辐射环境监测数据的综合分析、风险评估工作。在预警标准上，根据突发事件的严重性、紧急程度和可能波及的范围，将突发环境事件的预警级别分为"蓝黄橙红"四级，同时规定了进入预警状态后县级以上人民政府和政府有关部门应当采取的相关措施。此后，在以"SARS事件"和"松花江水污染事件"为代表的突发公共事件的影响下，2007年，我国首部突发事件应对法应运而生。该法设专章（第三章）规定了突发事件的监测与预警制度，且于第四十一条和四十二条中规定，国家要建立健全突发事件监测预警制度，并将预警级别正式通过立法确定为"蓝黄橙红"四级。自此，中国环境监测预警制度

[1] 张海波，童星.中国应急管理结构变化及其理论概化[J].中国社会科学，2015（3）：58-84.
[2] 2005年中国石油吉林石化分公司双苯厂一个车间发生爆炸，导致约100吨的苯类物质流入松花江，沿岸数百万居民的生活受到不同程度的影响。一时间松花江水污染事件成了全国关注的焦点。
[3] 戚建刚，杨小敏."松花江水污染"事件凸显我国环境应急机制的六大弊端[J].法学，2006（1）：25-29，110.

被正式纳入我国的立法体系，只不过需要与特殊性的规范性文件一起构成环境监测预警制度的规范整体，即现阶段的环境监测预警制度并未脱离整体性的突发事件应急管理体系进行单独的规范建构。

第三阶段：环境监测预警制度的确立与发展。同样是灾害推动应急管理体系的变化机制。我国经历了几年未出现焦点环境污染事件和环境"巨灾"事件的平缓期，似乎现行的环境治理制度已经能够适应我国环境保护的基本现状。然而，2013年年底我国中东部地区出现的严重雾霾，打破了人们对环境现状的认知。随着环境风险的常态化和复杂化，环境问题所催生的环境议题和环境主张在社会话语体系中逐步建构，[1]并通过政治意识形态和社会心理的渗透为国家纠偏了价值取向。[2]于是，公民的环境保护意识得以凝聚，并逐渐上升为国家意志。2012年年底，党的十八大提出建设"生态文明"的战略方针，并将其纳入"五位一体"的总体布局。故为实现国家生态文明建设之宏伟目标，环境监测预警制度应运而生，其发展时间较为短暂，但发展速度却极为迅猛。2014年4月24日，新修订的《中华人民共和国环境保护法》新增了农业污染源监测预警制度、环境资源承载能力监测预警制度和环境污染公共监测预警制度。2014年12月29日，新的《国家突发环境事件应急预案》颁布，与旧版相比，更为明确了预警分级、预警信息发布、预警行动和预警级别调整和解除的相关规定。2015年8月29日，我国新修订的大气污染防治法设专章规定重污染天气应对，其中要求国家建立重污染天气监测预警体系。随后，各项关于具体落实相关环境监测预警制度的规范性文件逐渐开始出台。2017年9月20日，中共中央办公厅、国务院办公厅印发了《关于建立资源环境承载能力监测预警长效机制的若干意见》，详细规定了资源环境承载能力监测预警制度的基本目标、基本原则及基本架构。2018年9月28日，

---

[1] 约翰·汉尼根.环境社会学：第三版 [M].洪大用，等译.北京：中国人民大学出版社，2009：67-82.

[2] 杜辉.挫折与修正：风险预防之下环境规制改革的进路选择 [J].现代法学，2015，37（1）：90-101

生态环境部通过了《长江流域水环境质量监测预警办法（试行）》，明确了长江流域水环境质量监测预警制度的基本目标、组织体系、技术方法等规定。

从制度实践方面来看，环境监测预警制度已在大气污染防治领域全面展开，我国各省市均建立了实时、动态的重污染天气监测预警系统。由此可见，环境监测预警制度已然独立成为一种常态化的环境风险、灾害、突发事件和危机的应对形式。

二、立法现状：规范文本的概览

法律规范的形成总是指向特定的社会关系。随着现实社会的发展，国家的法律制度体系必然要对不断变化的社会关系做出回应。与过往部门法之间鲜明的差异性和纯粹性不同的是，20 世纪以来，社会利益与私人利益之间的渗透与融合打破了传统部门法之间的领域性屏障。[1]而环境法就是在这一社会关系的变化中产生的。作为环境法所保护的对象"环境与生态"，其本身就是公共利益与私人利益的混合体。那么，环境法调整环境法律关系的手段应当是综合性的，调整方法必然包括刑事的、民事的、行政的各种方法，其法律措施必然涉及行政的、经济的、技术的各种手段。有不少学者以此作为批判环境与资源保护法学"部门法学说"[2]观点的依据。有学者认为环境与资源法学是利用其他部门法知识去解决环境与资源领域问题的学科，应当属于"领域法学"范畴。[3]当然，无论环境与资源保护法分属哪种法学领域范畴，其中最为明晰的一点是它属于一门交叉各传统部门法技术的学科。所以，在考察我国环境监测预警法律制度时，应当将与制度相关的所有

---

[1] 朱景文.中国特色社会主义法律体系：结构、特色和趋势 [J].中国社会科学，2011（3）：20-39，220.

[2] 蔡守秋.环境资源法学教程 [M].北京：高等教育出版社，200：48-49.

[3] 王明远."环境法学的危机与出路：从浅层环境法学到深层环境法学"研讨会纪要 [J].清华法治论衡，2014（1）：56-80.

法律规范都纳入考察的范围。目前，我国与环境监测预警制度相关的法律规范主要见表 3.1、表 3.2。

表 3.1　我国与环境监测预警制度相关的法律条文

法律名称	具体条文	内容概述
《中华人民共和国大气污染防治法》（2018）	第九十三条、第九十四条、第九十五条、第九十六条、第九十七条、第一百二十一条	明确规定建立重污染天气监测预警体系，预警信息发布途径，预警状态时的应急响应机制等
《中华人民共和国水污染防治法》（2017）	第二十九条	要求组织开展流域环境资源承载能力监测、评价，实施流域环境资源承载能力预警
《中华人民共和国深海海底区域资源勘探开发法》(2016)	第十条、第十三条	规定承包者应对可能发生的海洋环境事故发出警报
《中华人民共和国环境保护法》(2014)	第十八条、第三十三条、第四十七条、第五十四条	要求建立环境资源承载能力监测预警、农业污染源监测预警、环境污染公共监测预警制度
《中华人民共和国草原法》（2013）	第二十五、第五十四条	建立草原生产、生态监测预警系统
《中华人民共和国突发事件应对法》（2007）	第二条、第十五条、第十八条、第三十六条、第三十七条、第四十二条、第四十三条、第四十四条	规定了较为完善的突发事件预警制度。明确了突发事件预警的主体、预警的实施程序及相关主体的责任

表 3.2　我国与环境监测预警制度相关的行政法规、规范文件和司法解释

法规、规范文件、解释	具体条文	内容概述
《气象灾害防御条例》（2017）	第三十至三十四条、第四十三条、第四十六条	明确气象灾害和灾害性天气预警的各项规定及违反该规定应承担的法律责任
《海洋观测预报管理条例》（2012）	第二十一至二十八条、第三十条、第三十六条	明确海洋灾害预警制度的相关规定及违反该规定应承担的法律责任
《太湖流域管理条例》（2011）	第十二条、第十三条	将预警纳入供水安全应急预案及违反该规定应承担的责任
《森林防火条例》（2008）	第十七条、第三十条	将森林火灾预警纳入应急预案，明确预警信息发布主体
《草原防火条例》（2008）	第十六条、第二十五条	将草原火灾预警纳入应急预案，明确预警信息发布主体

续表

法规、规范文件、解释	具体条文	内容概述
《地质灾害防治条例》（2003）	第十四条、第二十六条	要求建立地质灾害监测网络和预警信息系统。将预警纳入突发性地质灾害应急预案
《国家突发环境事件应急预案》（2014）	第三部分	规定了监测和风险分析、预警和信息报告与通报
法释[2016]29号 两高《关于办理环境污染刑事案件适用法律若干问题的司法解释》	第四条第三款	规定了环境污染犯罪的从重情节：在重污染天气预警期间、突发环境事件处置期间或者被责令限期整改期间，违反国家规定排放、倾倒、处置有放射性的废物、含传染病病原体的废物、有毒物质或者其他有害物质的

同时，各省、自治区、直辖市在2014年《中华人民共和国环境保护法》出台后纷纷以制定地方性法规和规范性文件的形式，结合区域生态和环境现状，对环境监测预警制度予以规定。例如，2015年广东省出台的《广东省环境保护条例》第十二条规定："省级人民政府环境保护主管部门对全省环境监测工作实施统一监督……健全环境监测预警机制。"

三、内外部结构的形成：环境应急管理体系与环境监测预警制度体系

我国环境监测预警制度的形成与实践过程是我国环境风险、灾害、突发事件和危机应对"大跨步前进"的缩影。从规范形成面来看，在2014年环境保护法修改之前，环境监测预警制度尚未成为一项独立的法律制度。其主要见诸于《中华人民共和国突发事件应对法》的预警制度规范，部分融合在自然灾害、事故灾害、公共卫生事件和社会安全事件预警过程中，以一种非常态化的公共事务管理形式呈现。2014年环境保护法修改以后，环境监测预警制度开始蓬勃发展。在实践中，环境监测预警制度已在大气污染防治领域全面展开，我国各省市均建

起了实时、动态的重污染空气监测预警系统。

　　环境监测预警制度在我国环境治理体系中发展时间极为短暂且发展迅速。而且在发展的过程中逐渐形成具有中国特色的环境监测预警制度体系。相较于具体的环境监测预警制度本身，基于其所形成的制度体系与之有何不同？简而言之，其就是中国环境监测预警制度体系的内部结构和外部结构属性的不同。那么，如何明晰中国环境监测预警制度体系的内外部结构属性呢？本书尝试将环境监测预警制度置于综合的环境应急管理体系及整体的环境监测预警制度体系中，探寻中国环境监测预警制度体系的内在逻辑。

　　第一，综合的环境应急管理体系建构。2007 年，《中华人民共和国突发事件应对法》的生效标志着中国应急管理体系的形成，其循环结构表现为：预防与准备、监测与预警、处置与救援、恢复与重建。[1]从 2006 年和 2014 年两个版本的《国家突发环境事件应急预案》来看，环境应急管理体系的策略结构为应急体制、监测预警和信息报告、应急响应、应急保障。2014 年，环境保护法修改所采取的增量改革方式，促使环境监测预警制度在规范层面开始抽离于综合的环境应急管理体系，进行单独建构。但在实践过程中，中国环境监测预警制度并未完全独立于应急管理体系的循环结构单独发挥作用，而是与应急体制层面的组织体系、应急响应层面的综合协调机制、应急保障层面的综合保障体系相互关联和相互依托。在制度运行逻辑上，环境监测预警制度始终处于环境应急管理体系的前端，充当环境应急管理程序的"启动器"角色，呈现出一种先后继起的逻辑关系。因此，规范建构上的独立与实践层面上的逻辑关联便形成了中国环境监测预警制度的外部结构，新的环境监测预警制度如果脱离了环境应急组织体系，脱离了应急响应层面的综合协调机制及应急保障层面的综合保障体系，便难以单独发挥作用。这便意味着，中国的环境监测预警制度体系必将受

---

[1] 张海波，童星. 中国应急管理结构变化及其理论概化 [J]. 中国社会科学，2015（3）：58–84，206.

制于综合的环境应急管理体系。

第二，整体的环境监测预警制度体系建构。党的十八大以来，国家提出生态文明建设，此后各种新型环境治理手段被写入国家规范性文件。2014 年修订的《中华人民共和国环境保护法》确立了三项新型的监测预警制度，分别为环境资源承载能力监测预警制度、农业污染源监测预警制度和环境污染公共监测预警制度。2015 年修订的《中华人民共和国大气污染防治法》确立了重污染天气监测预警制度，并取得了较好的实施效果。2017 年修正的《中华人民共和国水污染防治法》也确立了流域环境资源承载能力监测预警制度。国家层面出台或修订的关于环境监测预警的规范性文件还有《生态文明体制改革总体方案》《国家突发环境事件应急预案》《关于建立资源环境承载能力监测预警长效机制的若干意见》《长江流域水环境质量监测预警办法（试行）》。同时，科学技术的进步和自然灾害的发生推动了我国自然灾害监测预警制度的发展。例如，在"5·12"汶川地震之后，我国逐步推进地震灾害监测预警技术的发展。[1] 伴随不断面临的环境风险、灾害、突发事件和危机的现实问题，我国环境立法在不断更新的过程中生成了中国环境监测预警制度体系的内在结构。由于污染物质能够在环境要素之间渗透及在环境要素相互联系的影响下，不同的环境监测预警制度就必然存在交叉和重叠，从而在制度间的内在结构上相互联系。

环境监测预警制度体系与制度本身的作用方式取决于中国环境监测预警制度体系的结构属性。如果说环境监测预警制度能否发挥作用主要取决于监测预警技术、管理者对制度的执行，那么环境监测预警制度体系的整体性功效则不仅需要上述两者，更取决于其外部结构和内部结构，即监测预警制度在整个环境应急管理循环结构中的协同程度，和不同环境监测预警制度之间的协同程度。

---

[1]　参见：中国新闻网，中国首都圈地震预警系统启用。

第二节 中国环境监测预警制度的基本类型

我国在整体的环境监测预警制度体系建构过程中，不同的环境监测预警制度构成了环境监测预警制度体系的内部结构。而构成内部结构的这些基本制度便是中国环境监测预警制度的基本类型，其中包括农业污染源监测预警制度、资源环境承载能力监测预警制度、环境污染公共监测预警制度、突发环境事件监测预警制度、长江流域水环境质量监测预警制度、自然灾害监测预警制度。这些具体的类型便构成了我国应对环境风险、灾害、突发事件和危机的制度场域。

一、农业污染源监测预警制度

面源和点源污染是农业污染的两种形式。面源污染是一种分布式的污染形态，在农业污染上表现为农药残留的直接污染或经自然要素传播造成的间接污染。[1] 点源污染则是以工业污染为主，表现为特定点位的污染物排放。[2] 作为农业大国，中国在实现农业现代化和工业现代化的过程中，农业污染问题越来越严重。根据相关调查，我国近五分之一的耕地点位受到了不同程度的污染，显然我国的农业污染问题已经较为严重。[3] 同时，农业污染治理和监管面临着资金投入不足，监管体系建设不规范，农民环保意识较低等问题。[4] 因此，为防止农业土壤污染、土地沙化、盐渍化、贫瘠化、地面沉降等问题，[5] 农业污染源监测预警制度的出台就显得尤为重要。农业污染源监测预警制度是监测预警在农业污染防治领域的应用，规定了监测、预警及规避等程序的一系列法律规范。

[1] 崔键，马友华，赵艳萍，等 . 农业面源污染的特性及防治政策 [J]. 农业资源与环境科学，2006，22（1）：335-340.

[2] 邓小云 . 农业面源污染防治法律制度研究 [D]. 青岛：中国海洋大学，2012.

[3] 参见：2014 年 4 月环境保护部和国土资源部发布全国土壤污染状况调查公报。

[4] 祝洪芬 . 论如何加强对农业污染源的监测预警 [J]. 中国农业信息，2015（5）：113-114.

[5] 余晓洁，顾瑞珍 . 加强对农业污染源的监测预警 [J]. 农村·农业·农民（A 版），2013（11）：6.

　　2014 年《中华人民共和国环境保护法》的颁布标志着农业污染源监测预警制度正式成为一项独立的法律制度。该法第三十三条规定："各级人民政府应当加强对农业环境的保护，促进农业环境保护新技术的使用，加强对农业污染源的监测预警，统筹有关部门采取措施，防治土壤污染和土地沙化、盐渍化、贫瘠化、石漠化、地面沉降以及防治植被破坏、水土流失、水体富营养化、水源枯竭、种源灭绝等生态失调现象，推广植物病虫害的综合防治。"2015 年 4 月，农业部（现农业农村部）发布的《关于打好农业面源污染防治攻坚战的实施意见》，对农业污染源监测预警制度做了详细规定。其强调，要实现农业污染面源污染监测预警的常态化和规范化，特别是流域范围内的农业面源污染监测预警，进一步加强队伍机构建设，提升监测预警能力等。目前，我国在农业面源污染领域已经初步形成了监测网络框架，与之相关的监测预警方法及内容也越来越完善。

　　经过多年努力，我国已经构建了农业面源污染监测网络的初步框架，相关制度内容和监测方法的常态化机制日臻完善。[1] 洛阳市积极实施农产品产地土壤安全普查工作，为土壤环境预警标准的确定打下坚实的基础。[2] 此后，各省市逐步将农业污染源监测预警制度纳入地方的环境保护规划。例如，山东省 2019 年 1 月实施的《山东省环境保护条例》，[3] 要求本省建立农业污染源监测预警体系。[4] 由此可见，虽然我国的农业污染源监测预警制度趋于完善，但目前来看，制度建设依旧处于规划和基础设施的建设阶段，实践运用方面尚未全面铺开。

---

[1] 建成了国家四级耕地质量监测网络，并定期发布年度监测报告；初步形成了覆盖我国近海海湾、岛礁、滩涂、自然保护区、水产种质资源保护区及增养殖水域的环境监测网络体系，定期发布《中国渔业生态环境状况公报》。建立了农产品产地污染国控监测网，开展产地重金属污染调查。全国各地就加强农业污染源监测预警展开积极的准备和实践。

[2] 从 2012 年开始，扎实推进全市农产品产地土壤安全普查，共采集土壤样品 3499 个，农产品样品 135 个，初步摸清洛阳土壤安全基本情况底数，启动重点地区加密调查和农作物与土壤的协同监测，为进一步控制洛阳市的面源污染和防治奠定了坚实基础。

[3] 该条例规定，县级以上人民政府应当建立农业和农村环境保护协调机制，建立农业污染源监测预警体系，加强对农业和农村环境统一规划和综合治理，推广生态农业技术，防治农业面源污染。县级以上农业农村部门应当会同有关部门定期组织对农业灌溉水、农产品进行监测和评价。

[4] 李宝．山东将建农业污染源监测预警体系 [N]．农资导报，2019-01-08.

二、资源环境承载能力监测预警制度

　　经济社会的发展需要以物质为基础，而物质主要包括两方面内容：一是自然资源，二是环境容量。物质的有限性已经成为制约我国经济社会发展的重要因素。虽然，科技所带动的经济现代化在一定程度上提高了资源利用的效率，但人们对物质生活的追求，使得资源消耗量急速增加。长时间的资源与经济的反向关系，成为经济社会可持续发展的阻碍。此时，承载力理论开始出现在人们的视野。早在 18 世纪末期，马尔萨斯便在其《人口论》中系统地论证了粮食数量与人口增长的关系，这是承载力理论的初步理论模型。[1] 其后，《生态学基础》将承载力理论运用到了生态学领域。[2] 随着工业化进程的推进，生态危机、资源耗竭和环境污染等社会问题，使得承载力理论逐渐开始向资源环境的全面化发展。[3] 从《寂静的春天》[4] 到《增长的极限》[5]，从《人类处于转折点》[6] 再到《世界的未来——人类未来一百页》[7]，都是承载力理论的进步。尤其以《增长的极限》为标志——尽管未直接适用"承载力"一词——成为承载力理论的转折点。该书的出版引起了社会激烈的讨论，主要观点包括消极和积极两个方面。[8] 不断摩

[1]　马尔萨斯. 人口原理 [M]. 朱泱，胡企林，朱和中，译. 北京：商务印书馆，1996：10-18.

[2]　生态学家 Odum 第一次将承载力概念定义为"种群数量增长的上限"。参见：张林波，李文华，刘孝富，等. 承载力理论的起源、发展与展望 [J]. 生态学报，2009（2）：878-888.

[3]　刘文政，朱瑾. 资源环境承载力研究进展：基于地理学综合研究的视角 [J]. 中国人口·资源与环境，2017，27（6）：75-86.

[4]　该书描述了被普遍使用的农药 DDT 可能对生态环境造成的损害，一经问世就引起社会激烈的讨论，并将人类的视角转向了对生态危机的关注及对自身实践活动的反思，同时推动了美国环境保护运动的发展。参见：蕾切尔·卡逊. 寂静的春天 [M]. 吕瑞兰，李长生，译. 长春：吉林人民出版社，1997.

[5]　该书旗帜鲜明地指出人类应当关注自身所造成的各类环境危机，提出人类无限制的索取必将超越地球所能承受之极限，届时人类必将遭受一场"世界性的崩溃"。参见：丹尼斯·米杜思. 增长的极限：罗马俱乐部关于人类困境报告 [M]. 李宝恒，译. 长春：吉林人民出版社，1997.

[6]　该书指出人类所面临的危机：人口危机、粮食危机、环境危机、能源危机等。老的危机尚未消除，新的危机又在出现。如环境危机："人类基于自身的利益考量而驯服环境，致使环境危机的出现。"参见：米依哈罗·米萨维克，爱德华·帕斯托尔. 人类处于历史转折点 [M]. 李木平，等译. 北京：中国和平出版社，1987.

[7]　该书指出：人已被物质革命的引诱降服了。他们的抱负和理想再也不是根据大自然的规律，再也不听从预言家的教导，而只根据物质革命给予的权力行事了。总之，物质革命使人类失去了平衡。参见：奥尔利欧·佩西. 世界的未：人类未来一百页 [M]. 汪帼君，王恩光，译. 北京：中国展望出版社，1984.

[8]　美国马里兰大学 J. L.Simon 是乐观派代表人物，以他为代表的西方经济学家从历史的经验推论技术增长的无限性，资源环境问题均可通过科学技术得到解决。参见：彭松建，朱利安·西蒙的人口经济理论 [J]. 北京大学学报（哲学社会科学版），1985（1）：114-121. 悲观派的代表人物为保罗·R. 埃利希，其认为世界人口的增长必将使资源更加短缺，那么资源的价格也要上涨。

擦和碰撞的观点激发了人类对地球是否会接近承受极限的讨论。[1] 在承载力理论不断进步的同时，承载力理论实践也在不断发展，数学模型的建构被运用于生态学领域。在国内，资源环境承载能力作为一项衡量标准已经被运用于多个领域，[2]包括旅游业、水产业和城市开发等。我国最早运用这一理论是在土地资源方面。[3] 随后又在水资源承载能力和北方干旱地区推广。[4] 随着我国环境资源问题不断出现，承载力理论的研究开始向综合方面发展，包括人口、资源、环境与经济各个方面。[5] 资源环境承载能力的量化研究开始逐渐兴起。

　　科学技术的成熟使得资源环境承载能力监测预警制度被纳入环境治理制度体系。2013 年，十八届三中全会首次提出要建立资源环境承载能力监测预警机制。[6]2014 年《中华人民共和国环境保护法》正式将环境资源承载能力监测预警制度纳入环境保护法律制度的范畴。[7]2015 年中共中央、国务院印发的《生态文明体制改革总体方案》对资源环境承载能力监测预警制度进行了详细规划。[8] 规范性文件的出台推动了其在实践领域的发展。[9] 经过前期的探索和努力，2017 年

---

[1] 《增长的极限》明确提出 "持续增长" 和 "合理的持久的均衡发展" 的概念。参见：丹尼斯·米都斯，等.增长的极限：罗马俱乐部关于人类困境报告 [M].李宝恒，译.长春：吉林人民出版社，1997；1987 年，以挪威首相布伦特兰为主席的联合国世界与环境发展委员会发表了一份报告《我们共同的未来》，正式提出可持续发展概念，并以此为主题对人类共同关心的环境与发展问题进行了全面论述，受到世界各国政府组织和舆论的极大重视，在 1992 年联合国环境与发展大会上可持续发展要领得到与会者共识与承认。参见：世界环境与发展委员会.我们共同的未来 [M].王之佳，柯金良，等译.长春：吉林人民出版社，1997.

[2] 资源环境承载能力的研究主要包括评价指标、技术流程　及其评价方法等。参见：樊杰，王亚飞，汤清，等.全国资源环境承载能力监测预警（2014 版）学术思路与总体技术流程 [J].地理科学，2015（1）：1–10.

[3] 竺可桢.论我国气候的几个特点及其与粮食作物生成的关系 [J].地理学报，1964（1）：1–10.

[4] 施雅风，曲耀光，等.乌鲁木齐河流域水资源承载力及其合理利用 [M].北京：科学出版社，1992：94.

[5] 许联芳，杨勋林，等.生态承载力研究进展 [J].生态环境，2006，15（5）：1111–1116.

[6] 对水土资源、环境容量和海洋资源超载区域实行限制性措施。

[7] 2014 年修订通过的《中华人民共和国环境保护法》第十八条规定："省级以上人民政府应当组织有关部门或者委托专业机构，对环境状况进行调查、评价，建立环境资源承载能力监测预警机制。"

[8] 2015 年 9 月，中共中央 国务院印发的《生态文明体制改革总体方案》中规定，创新市县空间规划编制方法，并将资源环境承载能力评价结果作为规划的基本依据；要求研究资源环境承载能力监测预警的指标体系和技术方法，数据库和信息技术平台，定期编制资源环境承载能力监测预警报告，实行预警提醒和限制性措施。

[9] 2015 年 9 月 6 日，由国家发改委牵头就 "全国资源环境承载能力监测预警"（2015 年版）开展技术方法论证会。其主要内容被国家发改委并国土、环保、林业等 12 部委（局）共同采纳，并报请国务院同意后联合印发了《建立资源环境承载能力监测预警机制的总体构想和工作方案》。"全国资源环境承载能力监测预警"（2015 年版）技术方法通过论证，2015 年 9 月 9 日。

9月20日，中共中央办公厅、国务院办公厅正式印发了《关于建立资源环境承载能力监测预警长效机制的若干意见》，其详细规定了该项制度的总体要求、基本原则、管控机制、管理机制及保障措施。根据资源环境承载能力监测预警机制近几年的发展趋势，其势必成为我国环境治理的重器。

资源环境承载能力监测预警是指在一定时期和一定范围，为了维持区域资源结构符合可持续发展需要，保证区域环境功能仍具有维持其稳态效应的能力，依法由有关部门对区域资源环境系统所能承受的人类的各种社会经济活动能力进行监测，并及时发布预警信息的活动。而资源环境承载能力监测预警制度[1]则是指国家制定或认可的用于调整上述活动过程中形成的社会关系的一系列法律规范的总称。[2]

三、环境污染公共监测预警制度

《中华人民共和国环境保护法》第四十七条规定，县级以上人民政府应当建立环境污染公共监测预警机制。也就是说建立环境污染公共监测预警机制是地方政府重要的环境保护责任。有学者认为环境污染公共监测预警制度是指一套保障地方政府及各部门及时收集和发现环境污染与生态破坏信息，并对信息进行综合研判评估，对环境污染的可能性做出判断，并及时做出是否发布预警信息的规定。[3]环境污染公共监测预警制度仅在环境保护法中的一个条文中出现，对于如何建构尚未有其他文件予以明示，而与之相关的研究也是凤毛麟角。因此，仅能从文义上对该项制度进行解释。

环境污染公共监测预警制度的关键点在于"公共"一词。其实，

---

[1] 其主要包括水资源承载能力、土地资源承载能力、区域环境承载能力、生态环境承载能力及海洋环境资源承载能力监测预警制度等.

[2] 张真源,黄锡生.资源环境承载能力监测预警的制度功能与完善[J].北京理工大学学报(社会科学版),2019,21(1):162-170.

[3] 邓水平.环境污染公共监测预警机制探析[J].环境保护,2015(11):58-60.

无论是环境风险、环境灾害、突发环境事件还是环境危机，其本身都是公共事件，四者统一于公共性理念层面。[1] 也就是说，环境污染所引发的风险、灾害、突发事件和危机均会对社会公共利益造成不同程度的威胁。公共行政的政治化需要地方政府在保障经济发展的同时规避环境污染或生态破坏可能引发的合法化危机。[2] 那么，环境污染公共监测预警就是对环境要素中潜在的因子进行监测，通过分析评判，对可能造成社会公共利益损失的情况进行预警，并以此采取相应的措施。从制度责任主体的层级来看——县级以上人民政府，制定相关制度的本意应当是要求地方各级人民政府，对与公众密切相关的生活环境可能存在的风险、灾害、突发事件和危机的监测和预警。以环境风险规制为例，不在正常秩序范围内的风险总是被社会公众认为是一种意外，这类风险的处置往往是在事态发生之后。而人们经常面临的风险——常态化风险——才是环境污染公共监测预警的规制对象。

常态化的风险是通过社会过程形成的，是集体建构的产物，是需要人们认知和理解的过程。[3] 常态化风险治理制度的形成往往需要以严重损失为形成成本。因此，环境污染公共监测预警制度的形成就是建立在较为常态化的环境风险之上的，旨在解决与公众直接相关的环境问题，从而防止因环境污染引发的社会不稳定。

四、突发环境事件监测预警制度

《国家突发公共事件总体应急预案》（2006）、《中华人民共和国突发事件应对法》（2007）、《国家突发环境事件应急预案》（2014）等规范性文件的形成过程，也是突发环境事件监测预警制度的规范建构过程。在此基础上，各地方政府又根据地区的特殊情况和需求制定

---

[1] 童星，张海波. 基于中国问题的灾害管理分析框架 [J]. 中国社会科学，2010（1）：132-146.

[2] 戴维·H. 罗森布鲁姆，罗伯特·S. 卡拉夫丘克，德博拉·戈德曼·罗森布鲁姆. 公共行政学：管理、政治与法律的途径 [M].5 版. 张成福，等译. 北京：中国人民大学出版社，2012：588-591.

[3] N.Luhmann.Risk: A Sociological Theory[M]. Berlin: Gruyter Press，1993：62-67.

了符合地方特色的与突发环境事件预警制度相关的规范性文件。

《国家突发环境事件应急预案》（2014）将突发环境事件定义为：因污染排放、生产安全、自然灾害等导致环境致害因子进入环境要素中，突然造成或者可能造成环境质量逆态演化，危害公众人身安全和财产安全，或者造成生态系统损害，或者造成社会重大影响等，需要采取相关紧急措施进行应对的事件，主要包括大气、水、土壤、辐射等污染事件。在组织机构方面，环境保护主管部门负责突发环境事件的日常监测工作，其他行政级机关、企事业单位和生产经营者发现存在环境风险应及时向环境保护主管部门报告。在预警分级方面，突发环境事件预警分为四级，并规定具体的分级标准由生态环境部负责制定。地方政府负责突发环境事件监测预警信息的发布、调整与解除。在预警后的应急措施方面，其规定了地方人民政府在预警信息发布后视情况采取如分析研判、防范处置、应急准备和舆论引导等措施。

突发环境事件直接关涉社会公众人身安全和财产安全。因此，突发环境事件监测预警制度的建构非常迫切且重要。2014 年兰州水污染事件的处置不当，导致了兰州市民的"抢水潮"，矿泉水价格进而飞涨，并出现断货危机等不良后果。[1]可见，突发环境事件监测预警制度在突发环境事件的处理过程中具有非常重要的功能。

五、长江流域水环境质量监测预警制度

万古奔腾的长江如横贯整个中国东西的轴线，孕育了中华民族数千年的历史文明。2018 年 4 月，习近平总书记在察看了长江沿岸的生态环境和发展建设情况后，主持召开了深入推进长江经济带发展座谈

---

[1]　在 2014 年甘肃兰州自来水苯含量超标事件中，兰州市威立雅水务（集团）公司在检测时发现，水厂出水端口苯含量严重超标（达到 118 微克／升，后升至 200 微克／升）。从政府新闻发布会和媒体各方面的报道看，当地政府并未对此次事件发布突发环境事件预警信号，仅于 2014 年 4 月 11 日下午举行新闻发布会，建议市民在 24 小时内不要饮用自来水，受影响较为严重的兰州市西固区已经停水。在信息公开方面，甘肃省相关环境监测站、兰州威立雅水务（集团）公司自来水厂均发布了各自监测点收集的监测数据。纵观此次自来水苯含量超标事件，兰州市政府虽成立了应急处置小组，但并未依法发布监测预警信息，导致舆情危机的出现。

会，并在会议中强调了"共抓大保护，不搞大开发"的十字方针，确立了生态优先、绿色发展的长江经济带发展道路，指出了长江水环境质量只能变好、不能变差的基本要求。[1] 为贯彻落实会议精神，生态环境部于 2018 年 11 月 5 日印发了《长江流域水环境质量监测预警办法（试行）》，将长江流域水环境质量监测预警制度确立为保护长江生态环境的重要制度场域。随着保护长江立法工作正式进入立法实施阶段，[2] 长江流域水环境质量监测预警制度也成为长江保护立法的重要内容。

　　一般而言，长江流域水环境问题实质上属于流域水污染治理范畴。之所以对其进行单独立法并予以规范，是因为长江在我国流域生态系统中处于极其重要的位置。同时，我国"治水"任务自古以来就具有重要的政治意义，是获取政治合法性的重要领域。目前，监测预警制度是世界各国普遍使用的流域水污染治理措施。例如，在莱茵河治理的成功经验中，保护莱茵河国际委员会（ICPR）制定了"国际警报方案"，将其作为沿岸各国信息互通的平台，并在瑞士、法国、德国和荷兰等国家总共设置了 7 个警报中心。该方案的设立使得沿岸各国能够及时有效应对随时可能发生的污染威胁，并在实践中取得了很好的效果。[3] 又如多瑙河污染治理借鉴了北河与莱茵河的预警模式，开发了多瑙河事故应急预警系统（Danube Accident Emergency Warning System）。其在 1997 年投入使用后，能够迅速为下游地区和有需要的上游国家发布预警信息，获取预警信息的国家则及时启动相应的应急措施，有效应对可能发生的污染事件。[4] 国际上"治水"的成功经验可以被运用于我国长江流域水环境治理过程中。

---

[1]　参见：新华社.永葆母亲河生机和活力——习近平总书记在深入推动长江经济带发展座谈会上的重要讲话引起强烈反响.

[2]　周荔华.中国加紧推进《长江保护法》立法 [N]. 中国日报，2018-08-05.

[3]　王凯，张婷婷，高宇，等.莱茵河流域综合管理和生态修复模式及其启示 [J]. 长江流域资源与环境，2018，27（1）：215-224.

[4]　L. Jansky, N. I. Pachova, M .Murakami . The Danube: a case study of sharing international waters[J]. Global Environmental Change，2004（14）：39-49.

从生态环境部发布的《长江流域水环境质量监测预警办法（试行）》来看，长江流域的水环境质量监测预警工作是由生态环境部统一负责，并组织开展相关监测工作。生态环境部每个季度根据各地的水环境质量状况，向出现预警的地级及以上城市的人民政府通报预警信息，同时向社会公众公开。长江流域预警所在地人民政府则是水污染治理的责任主体。长江流域水环境质量监测预警等级划分为一、二两级，一级为最高级别。预警标准所考量的主要是水质类别的变化情况。[1]可见，我国长江流域水环境质量监测预警制度已经形成较为完善的制度模式。

六、自然灾害监测预警制度

自然灾害伴随着整个人类文明的发展，其产生的原因在认识论上经历了自然变异向自然与人为交互的转变。自然灾害是指导致社会经济系统失衡、人类生存危机和环境危机的自然现象。[2]目前，我国有关自然灾害的监测预警主要在气象灾害和地质灾害两个方面。

第一，气象灾害监测预警制度。气象灾害（Meteorological Disasters）是指大气运动和演变对人类生命财产和国民经济，以及国防建设等造成直接或间接损失的现象。[3]气象灾害种类繁多，主要包括大风、暴雨、高温、低温、雷暴、洪涝等。目前，在预警信息发布主体方面，气象主管部门所属的气象台负责向社会公众发布气象灾害的预警信息。当然，也包括各级政府网站转载的相应气象灾害预警信息。气象灾害预警信号一般分为蓝黄橙红四级。[4]而且在《气象灾害

[1] 参见：生态环境部印发《长江流域水环境质量监测预警办法（试行）》.

[2] 夏凌燕 . 自然灾害监测预警系统科技成果转化模式研究 [D]. 大连：大连海事大学，2012.

[3] 刘彤，闫天池 . 我国的主要气象灾害及其经济损失 [J]. 自然灾害学报，2011，20（2）：90-95.

[4] 各级主管部门均是依据气象灾害可能造成的危害程度、紧急程度和发展态势被划分的四个等级：Ⅳ级（一般）、Ⅲ级（较重）、Ⅱ级（严重）、Ⅰ级（特别严重），依次用蓝色、黄色、橙色和红色表示。如北京市气象局 2016 年 3 月 5 日对北京市各区发布或解除各类气象状况的预警信号共 32 条，其中包括　西城区发布大风蓝色预警、海淀区解除大风蓝色预警等。数据来源：北京市气象局 - 预警信息

预警信号及防御指南》中，对气象灾害预警级别的指标体系和客观标准均有明确的规定。[1] 在预警信息的发布和传播方面，传播途径主要包括视频传播、网络传播、通信传播等，目前在传播途径上较为注重传统媒体与新兴媒体的互通融合。[2] 可见，气象灾害监测预警已经形成了较为完善的制度体系和模式，并在保护人身安全和财产安全方面起到了极为重要的作用。

第二，地质灾害监测预警制度。地质灾害（geological disasters）是指地球岩石表层和地壳活动的影响，地质环境由于自身或人为作用，而产生的山体滑坡、泥石流、地面塌陷、裂缝、沉降及地震等给社会经济和人身、财产造成损害的灾害事件。[3] 由于地质灾害主要发生在较为偏远的地区，所以我国有关地质灾害的监测预警发展较为缓慢。在"5·12"汶川地震后，我国的地震灾害监测预警技术快速发展。[4] 时至今日，我国的地震灾害预警系统已经覆盖了将近九分之一的国土面积。[5] 在制度成效方面，现阶段地震灾害预警系统已准确预测并成功发布包括雅安芦山 7 级地震在内的多次预警信息。[6]

---

[1]　如台风蓝色预警信号。蓝色预警标准：24 小时内可能或者已经受热带气旋影响，沿海或者陆地平均风力 6 级以上，或者阵风风力 8 级以上并可能持续。黄色预警标准：24 小时内可能或者已经受热带气旋影响，沿海或者陆地平均风力 8 级以上，或者阵风 10 级以上并可能持续。橙色预警标准：12 小时内可能或者已经受热带气旋影响，沿海或者陆地平均风力 10 级以上，或者阵风 12 级以上并可能持续。红色预警标准：6 小时内可能或者已经受热带气旋影响，沿海或者陆地平均风力 12 级以上，或者阵风达 14 级以上并可能持续。

[2]　参见：中国气象局 2014 年政府信息公开重点工作任务完成情况汇总表。

[3]　F.Wenzel，J. Zschau.Early warning for geological disasters[J]. Advanced Technologies in Earth Sciences，2014（6）：263-288.

[4]　2012 年 5 月 14 日青川地震后第 9 秒，汶川县防震减灾局及时向社会民众发布青川县的地震相关信息地，由于地震波到达汶川约需 50 秒，该信息发布行为为汶川民众节约了约 40 秒的宝贵避险时间。这是中国第一次发布地震预警信息。

[5]　据统计，目前我国建成的地震预警系统已覆盖近 100 万平方千米的国土面积，省级行政区划达到 15 个，包括南北地震带、郯庐地震带，均属于该地震预警系统的监测范围。

[6]　参见：中国新闻网 .中国首都圈地震预警系统启用。

第三节 中国环境监测预警制度的规制策略

整体而言，中国环境监测预警制度的作用是应对环境可能发生的风险、灾害、突发事件和危机。作为问题链条上的逻辑起点，环境风险的规制成为整个环节的首要目标。无论是环境灾害、突发环境事件还是环境危机，它们的形成、恶化与好转本质上都是潜在环境风险的积累与消散（图 3.1）。

图 3.1　环境风险的运行逻辑

因此，监测预警制度在环境灾害、突发环境事件和环境危机中的运用，实质上是对暗含于其中的环境风险的规制。环境风险的不确定和高科技背景，使得对其规制的重点不在于修改或追求稳定的立法体系，而注重操作层面的环境行政执法。[1] 而环境监测预警制度正是公共行政领域应对环境风险的重要行政执法手段，区别于传统民事和刑事对社会行为的调控。其建基于市场的自我调控在环境保护公共领域的"失灵"状态下，形成于中国特色政治体制下。这意味着其可以通过公权力的干预调整自然与社会互动过程中的人为因素，从而降低人们的行为对环境的不利影响。中国的环境监测预警制度诞生于普遍性环境公共危机应对的难题，适配了当下的政治体制与治理模式，成为我国环境风险规制的必然手段。

一、规制背景：市场失灵、理性不足与分配不公

（一）市场调节在环境风险规制领域的失灵

众所周知，在传统自由市场理念的指导下，合理的市场机制能够

---

[1]　刘超. 环境风险行政规制的断裂与统合 [J]. 法学评论，2003，31（3）：75–82.

有效地配置社会资源，减少交易成本。价格、供求、竞争与风险分担都是自我调节、供给和配置资源的有效手段，具有较为灵活和自主的调控机制。[1]个人会通过利益判断和相关机制，在整体行为上自觉调整自身需求。例如，对高污染、大排量的汽车实行一定税收，市场机制的自我调整就会将这一负担表现为市场中低污染、小排量、新能源的汽车需求量的增加，从而缓解社会对石油能源的依赖，增加新能源发展的动力，减少汽车尾气对环境的污染。资本主义国家在崇尚自由市场并将一切问题交给市场解决的理念下，出现了经济危机的循环往复与"公地悲剧"的问题，这打破了市场万能主义的论调。在环境保护领域，尤其以哈丁"公地悲剧"的生动描述为例，即在一个向社会公众开放的公共牧场上，每一位牧主都会基于自身的利益需求去获取公共牧场的资源，而因自身利益最大化的需求疏于对公共牧场保护，进而导致牧场的退化和废弃。[2]这一理念深刻影响了人们对市场与环境保护之间相互关系的印象。法学界渐渐形成了市场在环境保护领域失灵的基本认知。尤其在中国特色社会主义市场经济与西方资本主义市场经济差异显著的情况下，环境保护在中国特色社会主义市场经济的语境下表现得更为复杂。由于西方资本主义市场在不断试错的过程中积累了丰富经验，具备了更为成熟的市场运行机制，它们的市场环境所存在的缺陷更多是市场与生俱来的缺陷。而中国正处于社会主义初级阶段，市场经济模式尚处于发育期，还存在许多不完善、不健全和不成熟的地方，特别是产权机制的不健全对中国环境资源问题有直接影响。[3]例如，在自然资源国家所有的情况下，自然资源国家所有权的行使未能得到充分保障；市场法治环境尚不健全，权法矛盾、新官不理旧账的情况依旧存在；产权机制不健全，表现为排污权交易市场运行的不顺畅。可见，在对环境公共事务处理的过程中，市场难以

---

[1]　杜辉.环境治理的制度逻辑与模式转化[D].重庆：重庆大学，2012：36.

[2]　陈德敏.资源法原理专论[M].北京：法律出版社，2011：201.

[3]　吕忠梅.环境法新视野[M].北京：中国政法大学出版社，2000：78.

保证环境负外部性负担能够在社会主体间得到合理分配。此时，政府的环境行政规制便成为市场失灵的替代性措施。

（二）公众对环境风险理性认识的不足

环境监测预警制度在于通过科学的环境风险标准，规制能够使环境和资源耗竭的社会生产活动，本质上属于环境风险规制行为。环境风险规制的效果与环境治理的成效类似，受制于个人和组织群体的相互作用，而不同主体间又受制于其所处场域的制度逻辑，那么，风险规制的成效就必然取决于制度逻辑的相应地位及互动的关系。[1] 前文已经讨论过政府和公民主体在环境监测预警制度中的两类制度逻辑，即政府规制和公众自我规避。两种制度逻辑的串联是实现环境风险有效规制的最优选择。虽然我国已经出台了《中华人民共和国政府信息公开条例》和《环境信息公开办法（试行）》，公众也可以依法获取与自身有利害关系的环境风险信息。但从实际效果来看，由于地方政府过于"理性"和公众"个人理性"不足（公众个人理性的不足，一方面是中国人民经历了生存和发展危机考验，长期以来未过多关注环境问题所致；另一方面是计划经济时期形成的凡事依赖政府的惯性思维所致），公众在应对环境风险时往往通过一种极端的方式进行表达。例如，在甘肃兰州自来水苯含量超标事件中，由于政府信息公开的不及时，兰州市民出现"抢水潮"，一箱矿泉水价格甚至涨至百元，并开始断货，不少市民甚至驱车至周边城市买水。又如2007年厦门的"PX事件"，"邻避运动"成了公众反对可能产生环境风险项目的主要手段。据统计，2007—2015年，中国发生的具有较大影响力的邻避事件就有10起，严重威胁了社会的安全和稳定。[2] 其实许多项目建设引发的事件都是基于公众"理性"不足产生的。

---

[1] 杜辉.论制度逻辑框架下环境治理模式之转换 [J].法商研究，2013，30（1）：69-76.

[2] 杜建勋.论我国邻避风险规制的模式及制度框架 [J].现代法学，2016，38（6）：108-123.

（三）社会对环境风险分配的不公

风险社会理论将现代社会的进程比喻为"压缩的饼干"，快速发展的科技水平与日益增进的财富是现代社会的正面表现形态。贝克对财富分配与风险分配的逻辑分析表明，掌握了社会多数资源的人群享受着科技进步和社会发展给其带来的越来越多的财富。而财富的聚集使得他们具备了更强的抵御现代化风险的能力。而现代化进程中产生的风险却越来越多地向掌握社会少数资源的人群中蔓延。也正是因为这些人掌握着较少的社会资源，更容易接触且更难以抵抗社会所产生的风险。[1]于是，社会财富的分配逻辑与社会风险的分配逻辑背道而驰，偏离了社会公平正义的基本理念。其实，社会财富的分配与环境风险分担亦是如此。生产者在制造产品过程中积累了大量的财富，同时给环境带来了大量的风险。虽然在"污染者付费"和"损害担责"基本原则下，我们一定程度扭转了社会对环境负外部风险承担的过程。但对于潜在的、长期的，可导致环境灾害、突发环境事件和环境危机的风险却无法通过污染者付费的方式公平分配。环境风险的主要承担者依旧是掌握社会少数资源的人群。此时，常规模式下的污染者付费与损害担责在环境风险分配领域难以发挥应有的作用。因此，环境监测预警制度作为政府环境行政规制的有效手段，出现在环境治理的制度场域中。

二、政府行为导向：规制的目的与方法

既然环境风险规制是环境监测预警制度中的基本策略，其在环境灾害、突发环境事件和环境危机的应对中就有应用的必要，而政府对环境风险规制的根本目的是什么？

---

[1]　乌尔里希·贝克. 风险社会 [M]. 何博闻，译. 南京：译林出版社，2004：36-40.

（一）规制的目的

第一，减少累积的环境风险，保障区域环境资源与经济的协调发展。"一个地区的经济发展是该区域发展的重要内容，区域的协调发展是在一定生态环境条件下的发展，资源利用和环境状况将会影响区域经济发展的进程和质量。"[1] 从系统论的观点来看，环境资源作为经济系统发展的承载体，不断为经济生产过程提供原料。因此，环境资源与经济发展间便存在着物质循环与交互制约的关系，两者要素间的关联耦合成一种高级系统。[2] 协调发展则是在整体系统相互促进、自我调整、良性循环的基础上，在环境资源承载能力的范围内，实现经济社会的较快发展。[3] 其表现为环境资源与经济发展复合的系统整体，且这样的系统整体随着时间、空间和科学水平的变化而变化，具有动态性特征。在实际操作过程中，协调发展的关键在于：一是对再生能源使用的速率不得超过其再生能力；二是对不可再生能源的使用速率不可超过其可替代能源的开发速率；三是污染物的排放不得超过相应的环境容量。[4]

长期以来，以高消耗、高环境代价为特征的粗放型经济增长模式带给中国几十年的强经济增长劲头。[5] 其伴随的资源耗竭与环境污染问题同样触目惊心。资源消耗方面，虽然中国地大物博，但是作为一个资源大国，相应也产生了许多依赖资源推动经济发展的城市。据统计，我国目前共有 118 个资源型城市，而资源枯竭型城市已达 83 个。[6] 在环境污染方面，大气污染、水污染、土壤污染问题日益突出。资源环境承载能力超负荷的现状已然成为制约我国经济发展的重要因素，

[1]　钟世坚.区域资源环境与经济协调发展研究：以珠海市为例 [D]. 长春：吉林大学，2013：56.

[2]　G.Munda.Measuring sustainability:A multi—criterion framework[J]. Environment Development and Sustainability，2005，7（1）：117–134.

[3]　Norgaard Richard B. Economic indicators of resource scarcity: a critical essay[J]. Journal of Environmental Economics and Management，1990，19（1）：19–25.

[4]　刘胜芬，刘斐.资源环境与社会经济协调发展探析 [J]. 地域研究与开发，2002，21（1）：78–80.

[5]　王小鲁，樊纲，刘鹏.中国经济增长方式转换和增长可持续性[J].经济研究，2009，44（1）：4–16.

[6]　温晓琼，周亚雄.我国资源枯竭型城市经济发展的制约因素 [J].城市问题，2013（1）：40–44.

而更令人担忧的是资源环境承载能力超负荷后的不可恢复性。由此可见，我国区域经济已然面临严重的发展不协调问题。面对上述问题，我国环境监测预警制度中环境风险规制的目的就是降低潜在的环境风险，在监测预警设置的标准范围内，通过设置相对理性的科学标尺，在与制度规范相互结合的作用下实现环境资源与区域经济的协调发展。

第二，促进公众自我规避环境风险。从制度模式上看，常态化的信息公开已然无法适应环境风险的突发性、动态性和紧急性等特征，也就无法使公众形成类似于应对天气预报预警一般的风险自我规避的惯性思维。加之我国传统环境风险规制从风险监测、检查、评估直至采取管控措施都是由法律指定的主体实施，政府行政管制色彩浓重，导致公众对环境风险的认知缺失。因此，"自上而下"的政府规制模式与"趋利避害"的公众自我规避模式的逻辑互动是决定环境风险规制成效的关键。我们有必要通过环境监测预警制度这样强制性的信息公开模式，借助于预警模式自身的紧迫性和敏感性以提升公众的环境风险意识，指导公众自我规避资源不合理利用与环境污染所产生的风险，逐渐形成"预警—应急"的公众自发应对资源环境风险的惯性思维。进而破除政府单方面环境风险规制的逻辑闭路，形成政府规制模式与公众自我规避模式的逻辑互动。

第三，进行环境风险的第二次分配，实现风险分配的公平正义。其旨在扭转环境风险依风险社会中惯常分配的逻辑——占有社会多数资源而享有社会多数财富的人，创造了环境的多数风险，却承担了环境的少数风险。环境风险的第一次分配是市场经济自由竞争下的运行逻辑，一定程度上表现为环境风险承担的"马太效应"。然而，环境监测预警制度中的环境风险规制，是在"污染者付费""损害者担责"的原则上，增加了"污染者"和"施害者"承担所创造的环境风险的责任，即在环境监测预警信息发布后与解除前，限制或暂停"污染者"与"施害者"制造环境风险的社会行为，并通过利益转移的方式减少"被污染者"与"被施害者"所受到的环境风险的影响，以此方式实现环境风险分配的公平正义。

（二）规制的方法

在讨论完政府环境风险规制的基本目的后，要进行的下一步讨论便是"政府将通过何种方式达到相应的环境风险规制目的"这个问题，即环境风险规制的方法问题。一般来说，环境监测预警制度中环境风险规制有三种基本类型：一是引导社会主体自我规避环境风险；二是保障社会主体在环境风险状态下的基本生产生活；三是限制社会主体的生产生活行为，减少环境风险的增加，即"引导型""保障型"和"控制型"。

第一，引导型。引导型环境风险规制是通过建议和指导的方式，引导社会公众规避环境风险。长期以来，这种模式是环境监测预警制度的主要规制手段。这种模式一方面要求政府基于信息收集的优势主体和公共行政优势地位，公布环境监测预警信息的具体情况，并告知社会公众规避环境风险的具体方法。另一方面要求企业基于对环境监测信息的了解情况，及时向行政机关报告环境要素中潜在的环境风险，并对规避环境风险提出相应的建议。

在自然灾害的监测预警中，引导型措施最为显著。例如，台风预警信息发布后，政府制定的防御指南指出：建议受影响的地区加固门窗、围板、棚架等容易被台风吹动的搭建物，并及时切断危险的室外电源；确保老人小孩留在家中最安全的地方，危房人员要尽早转移；减少或者停止露天集体活动和高空等户外危险作业。在大雾预警方面，机动车驾驶人员要注意雾的变化，小心驾驶，注意户外活动的安全；严格控制驾驶速度，减少户外活动；机动车驾驶应根据环境条件的变化采取合理行使方式，尽快寻找安全停放区域停靠。在霾预警状态下随着程度的变化，一般人群减少户外活动，儿童、老人及易感人群减少外部活动；一般人群减少户外活动，儿童、老人及易感人群应尽量避免外出；一般人群避免户外活动，儿童、老人及易感人群应当留在室内，驾驶人员谨慎驾驶。[1]

可见，引导型的环境风险规制模式本质上是利用了人的"趋利避害"的本性，却又克服社会公众对环境风险和相关规避措施认知局限，同时克服了行政救济无法时刻顾及每一个人的问题。在整个环境监测预警过程中，社会公众都能够寻求自我的保护。

第二，保障型。保障型的环境风险规制是政府通过公共行政维持环境监测预警状态下社会秩序的正常运行，保障社会公众的生产生活正常进行。这种模式依赖于政府的行政行为，但对公众行为却不具有直接的法律强制性效力。其建基于政府的环境保护义务与公共服务职能。这一模式主要在于纠偏因环境风险造成的失序的社会环境，同时加强对潜在环境风险的预防措施，防止风险在常规秩序下的无限制扩张。

在森林火险预警过程中，政府行政行为主要以保障型措施为主，如加强森林防火宣传教育，加强巡山护林和野外用火监管工作，做好灾后扑救准备，在重点火险区设卡点，加强值班调度，组织巡山护林等。[2] 在突发环境事件预警过程中，《国家突发环境事件应急预案》所规定的主要措施均属于保障型措施。例如，保障预警信息准确性的措施，即预警信息评估与研判，组织有关部门和机构、专业技术人员及专家对预警信息进行分析，预估可能影响的范围和程度；预警防护措施，即迅速采取有效处置措施，控制事件苗头，在受影响区域设置注意事项提示或危险警示标志，增加宣传频次，采取必要健康防护措施；应急准备措施，即提前疏散、转移可能受害人群，相关部门和人员随时做好应急救援和处置工作的准备。[3] 而《中华人民共和国突发事件应对法》中的相关规定也主要以保障型措施为主，如启动应急预

---

[1] 参见：《气象灾害预警信号发布与传播办法》（2007）。

[2] 参见：《气象灾害预警信号发布与传播办法》（2007）。

[3] 参见：《国家突发环境事件应急预案》（2014）。

案，加强环境监测工作，保障交通、通信、供水电气等公共设施安全和正常运转，调集应急救援所需物资、设备、工具等。[1]

可见，保障型的环境风险规制模式是政府应对环境风险、灾害、突发事件和危机的主要手段，也是政府维持社会稳定的基本方式。其次，中华人民共和国应急管理部的成立标志着我国应对社会突发事件的保障性工作进入了一个全新的阶段。

第三，控制型。控制型的环境风险规制是环境监测预警制度中一套强有力的制度，这种制度安排基于社会意识上升至国家意志，由政府机构强制实施的行为。控制型的环境风险规制措施显著的特点是其具有法律的强制性效力。这种具有强制性效力的措施使得环境"污染者"和"施害者"从事的生产经营活动附上环境行政权力的监管，政府行政机关也因此具有了强力干预可能产生环境风险行为的正当性手段，且这种手段在社会中获得了可接受性。在自然与社会的互动过程中，人们对自然的控制能力终究有限，而对自身行为的把握才是应对问题的关键。因此，在累积的环境风险转爆发的情况下，需要通过控制型措施对人们的行为进行及时管理，实现在短时间内达到减少人们行为对环境的不利影响，从而减少环境风险的累积和突发环境事件、环境危机的发生。

近年来我国对大气污染防治的攻坚战中，大多数涉气企业被纳入污染控制名录中。每当出现重污染天气预警时，这些涉气企业就要面临无条件限产停产。同样的情况，我国对烟花爆竹产业、对机动车所有者和使用者、露天烧烤营业者、建筑施工单位等也采取不同程度的控制型措施。而在资源环境承载能力监测预警制度中，预警状态下的区域则将面临区域限批、水资源管控、土地资源管控、环境管控、生态管控及其海域管控等强制性措施。

可见，控制型的环境风险规制模式对环境自身变化而言属于最具

---

[1] 参见：《中华人民共和国突发事件应对法》（2007）第四十四、四十五条。

实效性的措施。其对人们行为的控制是由政府基于环境监测预警的
状态而产生和变化的，并且是公众皆获知状态下的环境行政干预。

第四节　中国环境监测预警制度的实践效果

通过上述分析可知，中国环境监测预警制度已然发展成型，并且
具有了独特的内部结构和运行逻辑。当然，中国环境监测预警制度是
应时代对环境治理的紧迫性而产生的，其发展时间较短且发展速度较
快。从环保历史的发展过程来看，一项措施或制度被采纳会在其发展
的过程中获得良好的效益，但也会显露出此前未曾预料的风险。1980
年，美国在应对汽车尾气污染的实践中，大多数石油公司选择了一种
加入"甲基三丁醚"（MTBE）的措施以降低二氧化碳的排放量。但是，
该项措施在被实践时，甲基三丁醚逐渐开始被发现可能对健康产生严
重的危害，其比汽油更具毒性，并且高度溶于水中，进而会造成水环
境污染。于是，美国环保署开始呼吁国会逐渐停止使用甲基三丁醚，
并主张采取加入其他物质的方式达到降低排放量的标准。[1] 在某种程
度上，这一事件告诉我们，一项制度和措施在环境保护领域的实施可
能造成不同环境要素保护的相互矛盾，当然也可能造成其他保护对象
之间的矛盾。基于此，在判断一项制度和措施是否可行时，一般会引
入一项基本方法，即"成本收益分析法"。美国形成了支持这种方法
的一致性意见，并形成了有关"成本收益分析法"的三点基本共识：
一是政府应当通过量化评析方法评估自己试图解决问题的规模，即政
府在颁布一项新规则时，应详细考虑规则能给解决某个问题带来多大
的效益；二是政府应当通过分析规制措施的成本，做好权衡，即新规
则的采取本身需要多大的成本；三是政府应当使用既有效又便宜的调
节工具，即在新规则的众多措施中政府应确保所采取的规制工具价格

---

[1]　孙斯坦.风险与理性：安全、法律与环境[M].师帅，译.北京：中国政法大学出版社，2005：1-4.

较为便宜，能够弱化对降低风险政策的抵制。[1] 因此，我国环境监测预警制度在运行过程中产生了多大的社会效益，而又附带了多少潜在的社会成本与风险？这一问题将深刻地影响中国环境监测预警制度的进一步发展与变革。

一、效益分析：以大气污染防治领域的制度治理效果为例

一般而言，环境政策的效益评估中应包括直接效益评估和间接效益评估，表现为实物产出增加、环境条件的改善和社会公众满意度提升。[2] 在中国环境监测预警制度运行效益的考察中，实物产出的增加很难与单项制度本身产生直接的因果关联，由此无法准确认定环境监测预警制度的社会实践能够为社会生产带来怎样的效益。但环境监测预警制度在应对生态环境、生存环境与地方对环境治理上的态度转变和公众对政府改造环境满意度的提升是显而易见的。因而对后者进行考察可知，环境监测预警制度在应对中国环境风险、灾害、突发事件和危机的社会实践过程中获得了良好的社会效益。当然，中国环境监测预警制度的社会实践并未在其基本架构每个方面进行，许多制度尚处于技术培育和区域试点阶段。目前，从制度的实践面来看，环境监测预警制度已经在大气污染防治领域全面展开，我国各省市均建立了实时、动态的重污染天气监测预警系统。例如，2017 年 1—12 月，北京市共计发布重污染天气预警 11 次，其中仅 1 月就发布了 4 条预警信息。[3] 成都市共发布 10 条重污染天气预警信息，主要集中在大气污染较为严重的 1 月和 11、12 月。[4] 因此，拟分析中国环境监测预警制度的社会效益应以具有充分社会实践的重污染天气监测预警制度为对

[1] 孙斯坦.风险与理性：安全、法律与环境 [M].师帅，译.北京：中国政法大学出版社，2005：5-7.
[2] 李忠魁，宋如华，杨茂瑞.流域治理效益的环境经济学分析方法 [J].中国水土保持科学，2003（3）：56-62.
[3] 数据来源：北京应急网（预警信息）。
[4] 数据来源：成都市环保局（重污染天气预警公告）。

象。而分析的主要内容则应侧重于地方环境治理意识、公众满意度及环境治理实效。

第一，2013 年全国发生的规模雾霾事件以后，借助于气象灾害监测预警的前期技术手段，我国政府迅速开展了对重污染天气监测预警系统的开发和研究。2013 年国务院迅速颁发了《大气污染防治行动计划》，要求建立新标准体系下的环境空气质量监测预警应急体系，妥善应对重污天气和大气污染管控及防治。同年，国家环境保护主管部门在初步探索下，于 2013 年 9 月 24 日成立了环境质量预报预警中心，并逐渐开始向环保部（现生态环境部）和京津冀环保厅（局）[现京津冀生态环境厅（局）]、省市监测站提供大气质量的监测预报预警分析，对各地进行技术指导。伴随重污染天气监测预警技术的运用与发展，全国各地的预警中心数量不断增加，预警中心的职能不断被明确与细化，报警体系也在不断完善。[1] 在行动计划的部署下，2014 年，京津冀、长三角、珠三角等区域已经完成了区域、省市级重污染天气监测预警系统的建设，并在当年预警了多起大气污染事件。到 2015 年年底，全国其他省（区、市）、副省级市、省会城市均完成了重污染天气监测预警系统的建设。当前，从国家到县级人民政府均制定了重污染天气应急预案。[2] 因此，经过从上至下的共同努力，国家—区域—省级—城市的多层次监测预警体系逐渐建立与完善，县级政府也制定了涉及重污染天气监测预警制度的应急预案。

重污染天气监测预警制度的建立源于严重的环境问题与政治合法性之间的相互关系，是政府对环境现状的一种回应。而重污染天气监测预警制度从上至下的推进则源于科层制体制下的压力传导，及重污染天气监测预警信息公开所形成的公众监督。在制度扩张的机理上，频繁出现的重污染天气预警使得大气污染治理迅速成为政治话语下的主流议题，社会意志的凝聚催生了重污染天气监测预警制度，且其立

[1]　赵建芳.环境监测预警在重污染天气应对中的作用和启示 [J]. 节能，2019，38（2）：120-121.
[2]　重庆市綦江区生态环境局关于印发《重庆市綦江区空气重污染天气应急预案》。

刻成为回应政治性议题的制度载体。由此，基于该项制度应对大气污染问题的公开性、及时性和有效性，地方政府在政治任务和公众监督的双重压力下迅速建立了应对大气污染的监测预警制度。在大气污染防治领域，基于重污染天气监测预警制度，地方政府与社会公众之间由上至下的治理互动，在一定程度上提升了地方政府环境治理的主体意识，增加了政府回应环境问题的反应时间。

第二，在大气污染防治的效果方面，政府机关借助重污染天气预警后的应急响应措施，在较短时间内减少人们生产生活影响大气环境质量的行为。在重污染天气监测预警制度尚未成熟运转时，政府对雾霾污染的应对略显缓慢。大气污染物扩散主要依赖于空气的自我净化与流动。甚至在一段时间内，有媒体人曾尖锐地发声：在治理雾霾污染面前，到底是风更厉害还是环保工作者更厉害？[1]直指行政机关在治理大气污染时的无奈与乏力。在重污染天气监测预警制度逐渐运行成熟后，行政机关透过预警级别，通过行政强制力对人们的生产生活行为予以规制，从而将人们的行为对大气环境质量的影响降至最低。在具体案例中，从早期的重污染天气监测预警制度的实际效果来看，从 2017 年第一季度的空气质量状况来看，无论是全国 338 个地级市及以上行政级别的城市平均优良天数比例，还是京津冀地区 13 个城市平均优良天数比例，或是北京市优良天数比例，均同比提高了10%。[2]2017 年 12 月，全国 338 个地级市及以上行政级别的城市平均空气质量与去年同期相比均有所提升。[3]在重污染天气监测预警制度越发成熟的情况下，2019 年 2 月 22 日，北京市生态环境局发布了维持两天的空气重污染橙色预警信号，并且基于预警级别实施了机动车限行、全市停止室外建筑工地污染施工作业、涉气企业停产限产、禁

[1] 参见：白岩松.面对雾霾到底是环保工作者厉害还是风厉害.人民政协网。

[2] 参见：2017 年 3 月和第一季度全国和京津冀、长三角、珠三角区域及直辖市、省会城市、计划单列市空气质量状况 [J]. 节能与环保，2017（5）：14.

[3] 优良天数比重上升 8.5 个百分点，重度及以上污染天数比重下降了 3.7 个百分点.参见：中国环境监测总站.京津冀、长三角、珠三角区域及直辖市、省会城市和计划单列市空气质量报告。

止燃放烟花爆竹等一系列禁止性措施。而在经历了一天的严格管控后，第二天凌晨北京市部分地区的空气污染状况开始好转，PM2.5 的浓度已经回落到轻度至中度污染水平。[1] 而在重污染天气应对的整个过程中，2018 年 7 月，全国人民代表大会常务委员会执法检查组在大气污染防治的情况报告中指出，全国空气质量总体改善，重点区域明显好转，在应对重污染天气的过程中，人民群众的获得感明显提升。[2] 重污染天气监测预警制度作为大气污染防治法中重要的制度，其在大气污染防治领域对人的行为的控制作用是不容忽视的。

可见，在大气污染防治领域，环境监测预警制度的社会实践无论是在提升地方政府环境治理意识，还是在提升环境治理实效与公众满意度方面都取得了良好的社会效益。

二、风险分析：以重污染天气监测预警制度的社会风险为例

社会经济发展与环境保护在传统哲学"主客二分"的模式下，[3] 一直呈现出一种不相融洽的现实状态，即社会的发展必然影响环境的保护，而对环境的过度保护必然制约社会的经济发展。至今为止，哲学意义上对"主客二分"的理论反思，在环境哲学领域已经表现为对"主客二分"向"主客一体"范式转变的讨论。[4] 但是在实践层面，科学技术水平的局限及社会经济发展对环境资源需求逻辑保持不变，理论层面的转变并未表现于实践中。因此，在环境治理中环境保护与社会经济发展的惯常逻辑，往往是一方的攫取换取一方的崛起，抑或是一方的抑制换取一方的发展。中国环境监测预警制度具有的紧迫性、

[1] 参见：《提醒！北京今日启动重污染天气橙色预警，将持续至 24 日》。

[2] 2017 年，全国 338 个地级市及以上行政级别城市可吸入颗粒物（PM10）平均浓度比 2013 年下降 22.7%；京津冀、长三角、珠三角等重点区域细颗粒物（PM2.5）平均浓度分别下降 39.6%、34.3%、27.7%，珠三角区域细颗粒物（PM2.5）平均浓度连续三年达标。全国人民代表大会常务委员会执法检查组关于检查《中华人民共和国大气污染防治法》实施情况的报告。

[3] 鲁克俭. 超越传统主客二分：对马克思实践概念的一种解读 [J]. 中国社会科学，2015（3）：22–38.

[4] 蔡守秋，吴贤静. 从"主、客二分"到"主、客一体" [J]. 现代法学，2010，32（6）：3–19.

强制性特征使得环境保护与社会发展在制度运行的逻辑中越发呈现一种紧张的关系。也就是说，环境监测预警的法制化使一系列的环境治理措施透过预警制度获取了适法性"外衣"。基于此，环境监测预警是政府在预警状态下适当扩权而形成"类紧急行政权"或"紧急行政权"，从而快速回应公民良好环境诉求的一种方式，更是借助于人"趋利避害"的本性实现对经济活动中"常规性环境风险分配逻辑"[1]逆化的过程。然而，环境监测预警制度同时伴随着极强的侵益性特征，无论是对市场经济活动抑或是对公民日常的生产生活，均暗藏着预警状态下环境行政权力"盲目"扩张所带来的威胁。可以预见的是，"生态文明入宪"直指国家义务，设定国家应保护的环境法益，由此将扩张环境监测预警状态下环境行政权力运行的范围与边界，并表现出"国家—个人"或"个人—个人"间的法律关系。[2]因此，现实中的环境监测预警制度在应对我国环境问题时确实产生了良好的社会效益，但其在制度运行的过程中对社会造成了一些现实的和潜在的风险。此处同样以在社会实践较为丰富的重污染天气监测预警制度为例进行分析。

目前，中国环境监测预警制度的最大特征在于其并不仅仅承载着告知环境风险状况的功能，还有着环境治理的基本属性及纠偏特殊环境状况下社会对环境的基本行为模式的功能。根据各个地方政府公布的重污染天气应急预案可知，各地在重污染天气预警期间的管控措施主要分为以下几类：建设施工管制、机动车限行禁行管制、企业限产停产停业管制、禁止燃放烟花爆竹管制和露天烧烤管制。

第一，在建设施工管制方面。北京市在重污染天气黄色预警状态下便开始要求停止室外建设工地喷涂粉刷、建筑拆除、切割等影响空气质量的施工作业；[3]重庆市在最初级的四级响应阶段就开始限制可

---

[1] 乌尔里希·贝克.风险社会[M].何博闻，译.南京：译林出版社，2004：15-57.

[2] 张翔.环境宪法的新发展及其规范阐释[J].法学家，2018（3）：90-97，193-194.

[3] 参见：《北京市空气重污染应急预案》（2018版）。

能污染空气的建设施工；[1] 其他地区大多是预警初级阶段开始进行建设施工管制。第二，在机动车限行禁行方面。北京市和陕西省需要于橙色预警级别以上才能启动限行措施，河南省于黄色预警以上即可启动，上海市则宽泛地授权在任何预警级别内均可启动。[2] 第三，在企业限产停产停业管制方面。河南省无论是何种级别的重污染天气预警，均对 1.2 万家企业实行不同程度的污染管控措施。[3]2017 年北京市重污染天气黄色预警，对区域内近 700 家企业实行停产限产措施。[4] 第四，在禁止燃放烟花爆竹和露天烧烤方面。目前各地区在任何级别的重污染天气预警情况下，都不允许燃放烟花爆竹和限制露天烧烤。上述不同监测预警状态的措施，或是对建设工程行业的限制，或是对公众交通出行的限制，或是对涉气企业的限制，或是烟花爆竹行业和涉气餐饮行业的限制（选取部分地区重污染天气监测预警管控措施对比，具体见表 3.3）。诸多管控措施均来源于重污染天气监测预警状态下公权力的合法扩张。最为重要的是，地方政府可以通过对应急预案的调整，以重污染天气监测预警制度为抓手适应国家对环境治理目标的要求。例如，北京市就 2016—2017 年对其重污染天气预警标准及其相对应的应急措施进行了调整，升级了蓝色预警时对应的强制性减排措施。而 2018 年北京市应急预案为适应经济形势的发展，又取消了重污染天气蓝色预警级别。[5] 又如，资源环境承载能力监测预警制度中，预警级别的逆向演化随之而来的便是对区域内相关项目的限制审批。且不说受自然力或人口影响所引发的资源环境承载能力的变化。若是存在因某一企业的不当行为引起了预警级别的变动，而使得区域内的其他企业受到项目限批的影响，这种形式的项目限制显然是不甚

[1] 参见：《重庆市空气重污染应急预案》（2018 版）。
[2] 参见：《北京市重污染天气应急预案》（2018 修订）、《陕西省重污染天气应急预案》（2017 版）、《河南省重污染天气应急预案》（2016 版）、《上海市重污染天气应急预案》（2016 版）。
[3] 赵力文. 河南省也建立污染天气信息管理系统，根据不同预警级别对全省 1.2 万家涉企业进行管控 [N]. 河南日报，2017-11-20.
[4] 参见：《北京市空气重污染应急工业分预案》（2017 版）限产企业 712 家（附名单）。
[5] 参见：《北京市空气重污染天气应急预案》（2016 修订）、《北京市空气重污染天气应急预案》（2017 修订）、《北京市空气重污染天气应急预案》（2018 修订）。

公平的。

表 3.3　2019 年部分地区启动重污染天气监测预警应对措施的级别对比

措施 地区	建设施工管制	机动车限行禁行	企业限产停产 停业管制	禁燃放烟花爆 竹和露天烧烤
北京	黄色	橙色	黄色	橙色
上海	蓝色	蓝色	橙色	蓝色
陕西	黄色	橙色	蓝色	无
河南	黄色	黄色	黄色	黄色
重庆	蓝色	黄色	黄色	黄色

　　环境预警的法制化使一系列的环境治理措施透过预警制度获取了适法性"外衣"。基于此，环境预警是政府以预警状态下适当扩权而形成的"类紧急行政权"或"紧急行政权"来快速回应公民良好环境诉求的一种方式，更是借助于人"趋利避害"的本性实现对经济活动中"常规性环境风险分配逻辑"[1] 逆化的过程。然而，环境预警制度同时伴随着极强的侵益性特征，无论是对市场经济活动还是对公民日常的生产生活，均暗藏着预警状态下环境行政权力"盲目"扩张或是其所带来的威胁，并有可能辐射政治、民生、经济和社会稳定等领域。

---

[1]　乌尔里希·贝克. 风险社会 [M]. 何博闻，译. 南京：译林出版社，2003：15–57.

第四章 中国环境监测预警制度的运行模式及其法理分析

环境监测预警制度是科技发展所推动的环境治理手段的更新，也是科学技术与政治体制、社会机制相互嵌套的产物。由此，中国形成了其特有的环境监测预警制度模式。当然，这种与政治体制和社会机制的嵌套是否完备、是否契合尚不是本书讨论的重点。目前，中国的环境监测预警制度已经在社会运行过程中发挥应有的价值，并产生了不错的社会效益，当然其也附带了一些额外的风险。这种社会效益和风险的产生源于制度运行对人们生产生活行为的规制。这种规制本质上是权力对不同主体或代际主体间相互利益的配置。而规制的实效则取决于特定运行模式下不同利益主体的沟通与制约。纵观中国环境监测预警制度相关的规范性文件，以初步形成的基本架构为对象，可窥视不同利益主体在制度场域中的相互关系和地位（表 4.1）。

表 4.1 中国环境监测预警制度的类型及其各主体情况

制度类型	管理主体	管控对象
重污染天气监测预警	设区的市级以上生态环境主管部门与气象主管机构	个人、企业
突发环境事件监测预警	县级以上人民政府	
农业污染源监测预警		
环境污染公共监测预警		
资源环境承载能力监测预警	省级以上生态环境主管部门	行政机关(个人、企业)
流域环境资源承载能力预警		

　　根据表 4.1 所示，中国环境监测预警制度是政治上权威治理体制在环境治理领域的制度典型，[1] 其管理主体均为国家公权力机关，而其管理内容或称为"权力范围"包含了预警标准的制定、风险预警评估、预警信息的发布、调整与解除，风险规制措施及应急预案启动、解除等预警制度运行的方方面面。单向来看，环境监测预警是对可能发生或恶化环境紧急状况的信息公示，其法律关系的内容涉及政府的强制性信息公开职能及公民环境知情权。总体来看，中国环境监测预警制度蕴含了一项行政权力合法扩张的机制。而这种机制使得预警状态下环境行政权力的扩张可依规制对象和规制手段的不同得以类型化和模式化，即具体分为纵向法律关系下的环境行政"控制型"模式及府际间的权力"限制型"模式。在以权力为内核的制度体系中，上述两类模式有着不同的制度运行逻辑，不同的地位、利益主体间权力（权利）的冲突与竞合及相应的法理基础。

第一节　中国环境监测预警制度的"对应性架构"分析

　　中国环境监测预警制度的有效运行一方面取决于其基本架构的各个节点的相互衔接与配合，即环境监测预警标准—环境预警监测—环境监测预警评估—环境监测预警信息发布—环境监测预警规制措施—环境监测预警信息调整与解除。另一方面则取决于公权力在制度逻辑中的有效运行，即公权力在环境风险、灾害、突发事件和危机应对过程中的规制作用。此处所指的公权力即应对环境问题的环境行政权力。从环境行政权力形态来看，其在整体制度运行的过程中呈现一种由小及大的转换过程——扩权推动治理。[2] 这种行政权力的扩张机制一般而言并非法治环境应有的常态，它是一种对事物迫切寻求改变的特殊

[1]　曹正汉. 中国上下分治的治理体制及其稳定机制 [J]. 社会学研究，2011，25（1）：1-40，243.

[2]　章剑生. 现代行政法基本理论 [M]. 北京：法律出版社，2008：5-6.

方式。因此，这一制度运行需要科学的社会正当性和合理的权力扩张机制。而这一过程正是环境监测预警制度能够有效规制环境风险的关键。那么，环境监测预警制度是通过何种机制促使环境行政权力得以合法性扩张，而这种合法性的来源或者说是可接受性的来源又在哪里？这些问题都旨在为中国环境监测预警制度以还原论的分析，为解析中国环境监测预警制度运行脉络寻求体系化下的交叉点，以此出发，"庖丁解牛"式地了解中国环境监测预警制度的运行模式及法理基础。

一般而言，政府机关作为预警信息的发布主体，能够有效利用环境风险信息齐全，环境风险应对物质资源储备丰富，环境风险规制及时控制得当等优势实现对环境风险、灾害、突发事件和危机应对的社会管控。环境监测预警信息的发布更是人们在经历各类环境风险基础上的经验累积与科学技术上的准确测量，特别是政府能够在预警基础上科学地指导人们有效规避环境风险。可见，社会公众对环境监测预警制度的可接受性，正是暗合了政治系统基于民众承认和接受所获取的政治合法性逻辑。[1]那么，中国环境监测预警制度的实在法建制便尤有必要。目前，中国已经制定大量与环境监测预警制度相关的规范性文件，这些文件中蕴含了使公权力在环境监测预警制度中合法扩张的条文。而这些规定的集合呈现出一种规律，即环境行政权力合法扩张的"对应性架构"。

国家层面关于环境行政权力扩张的规范性条文：

（1）《中华人民共和国突发事件应对法》（2007）第四十四条和第四十五条："发布三级、四级警报或是一级、二级警报，宣布进入预警期后，县以上地方各级人民应当根据即将发生的突发事件的特定和可能造成的危害，采取下列一项或多项措施：（一）……（二）……"

（2）《中华人民共和国环境保护法》（2014）第四十七条："……环境受到污染，可能影响公众健康和环境安全时，依法及时公布预警

---

[1]　沈岿. 因开放、反思而合法：探索中国公法变迁的规范性基础 [J]. 中国社会科学，2004（4）：102-114, 208.

信息，启动应急措施。……"

（3）《关于建立资源环境承载能力监测预警长效机制的若干意见》（2017），第二点管控机制：资源环境承载能力分为超载、临界超载、不超载三个等级，根据资源环境耗损加剧与趋缓程度，进一步将超载等级分为红色和橙色两个预警等级、临界超载等级分为黄色和蓝色两个预警等级、不超载等级确定为绿色无警等级，预警等级从高到低依次为红色、橙色、黄色、蓝色、绿色。

对红色预警区、绿色无警区以及资源环境承载能力预警等级降低或者提高的地区，分别实行对应的综合奖惩措施。对从临界超载恶化为超载的地区，参照红色预警区综合配套措施进行处理；对从不超载恶化为临界超载的地区，参照超载地区水资源、土地资源、环境、生态、海域等单项管控措施酌情进行处理，必要时可参照红色预警区综合配套措施进行处理；对从超载转变为临界超载或者从临界超载转变为不超载的地区，实施不同程度的奖励性措施。

对红色预警区，针对超载因素实施最严格的区域限批，依法暂停办理相关行业领域新建、改建、扩建项目审批手续，明确导致超载产业退出的时间表，实行城镇建设用地减量化；对现有严重破坏资源环境承载能力、违法排污破坏生态资源的企业，依法限制生产、停产整顿，并依法依规采取罚款、责令停业、关闭以及将相关责任人移送行政拘留等措施从严惩处，构成犯罪的依法追究刑事责任；对监管不力的政府部门负责人及相关责任人，根据情节轻重实施行政处分直至追究刑事责任；对在生态环境和资源方面造成严重破坏负有责任的干部，不得提拔使用或者转任重要职务，视情况给予诫勉、责令公开道歉、组织处理或者党纪政纪处分；当地政府要根据超载因素制定系统性减缓超载程度的行动方案，限期退出红色预警区。

对绿色无警区，研究建立生态保护补偿机制和发展权补偿制度，鼓励符合主体功能定位的适宜产业发展，加大绿色金融倾斜力度，提高领导干部生态文明建设目标评价考核权重。

（4）《长江流域水环境质量监测预警办法（试行）》第六条："地方各级人民政府依法对本行政区域的水环境质量负责，应当及时采取措施防治水污染，切实改善水环境质量。"第十一条："跨省（市）界断面出现水质预警的，原则上由断面相关地级以上城市人民政府负责制定整改计划。"

上述条文均明确规定了预警后行政机关的相关职能，而具体执行细则授权了地方政府根据自身情况以行政自由裁量权空间。当然，在地方各级环境污染应急预案中，存在着更多与之类似的条文。例如，在《上海市空气重污染专项应急预案》（2018 版）4.2 响应措施规定：根据空气重污染蓝色、黄色、橙色、红色预警等级，启动相应的Ⅳ级、Ⅲ级、Ⅱ级、Ⅰ级应急响应措施。其中Ⅳ级响应措施便涉及建设施工管控、严禁露天烧烤、机动车限行等。这些实体法的建制使得预警级别与环境行政权力产生了因果关联（见图4.1、图4.2）。其特征表现为：第一，环境监测预警信息的发布使得政府及其有关部门必须立刻采取应对措施，预警级别的发布是政府环境治理职能的启动机制；第二，不同的预警级别对应具有不同强制性效力的环境行政措施，即根据预警级别的大小采取不同手段、程度和强度的环境行政措施；第三，预警后环境行政权力的变更需要根据环境监测预警的级别变动，即环境监测预警级别的调整或解除，将影响政府某项环境行政权力的变更与消失；第四，环境监测预警级别与环境行政权力的范围和强度是一一对应的；第五，中国环境监测预警制度分为前后两个节点，前端是不同层次的预警标准和级别的确认，后端则是预警后具体的环境风险规制措施。因此，环境监测预警级别与环境行政权力之间的对应关系便是制度运行节点的接口，即可称为环境监测预警蕴含了一项使环境行政权力合法扩张的"对应性架构"，使预警级别与行政措施呈现一种充分必要关系。而此种"对应性架构"成了环境行政权力扩张的合法性"桥梁"。"对应性架构"是环境监测预警制度运行体系的焦点，是环境监测预警制度有效控制人们与自然互动行为的关键结构。

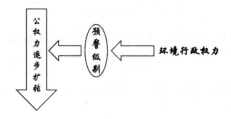

图 4.1　环境行政权力与环境监测预警级别的因果关联

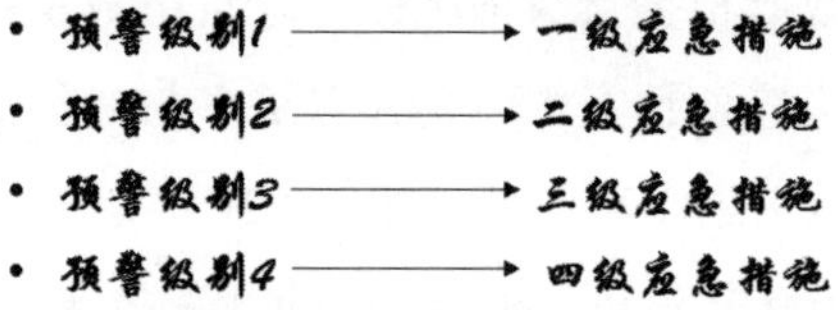

- 预警级别1 ────→ 一级应急措施
- 预警级别2 ────→ 二级应急措施
- 预警级别3 ────→ 三级应急措施
- 预警级别4 ────→ 四级应急措施

图 4.2　环境监测预警级别与应急措施因果关联

　　中国环境监测预警制度内含的"对应性架构"不同于法律责任的触发机制，两者是不同形式的因果关联。首先，法律责任承担的前提在于责任人的行为违反了法律的相关规定，其必须以个体行为为逻辑起点。环境监测预警制度的"对应性架构"则是以环境风险累积的量变质变为逻辑起点，这是一种社会集体行为，是个人行为与自然互动的结果，而非个体所能单独诱发的。例如，环境责任的承担需要满足三个构成要件，即侵权行为、损害结果和因果关系。环境侵权行为是环境责任承担的基本前提，没有侵权行为就不会有损害结果，更不会有因果关系。而环境风险规制措施的启动，可以是应对因个体行为产生的环境污染或生态破坏问题，也可以是应对因自然原因产生的自然灾害问题。其次，法律责任的承担需要有明确的损害结果，以实际的损失为责任承担的标准，无论是物质损失还是精神损失。而环境监测预警制度的启动则是以潜在环境风险可能造成的损失为准入标准，即判断预警级别的大小是按照事件发生的可能性大小、紧急程度和可能造成的危害程度为准，[1] 并不需要确定的损害结果的发生。再次，在

─────────

[1]　参见：《国家突发环境事件应急预案》（2014）3.2.1 预警分级。

法律责任承担的因果链条中，从侵权行为到责任承担本质上就是公权力对私权利是否越界的一种判断，它并不会引发公权力在原有范围内的扩张，只是在法定状态下对私权利的一种保护。而环境监测预警制度的风险规制措施启动的因果链条中，从环境风险的累积到风险规制措施的启动本质上是公权力对私权利在非正常状态下的保护，而这种保护需要通过公权力的扩张实现对私权利在一定程度的上"包裹"。最后，大多数法律责任的承担需要探究行为人的主观意志，即以主观状态是否存在过错为判断标准，如果不存在过错则不需承担法律责任。而环境风险规制的启动则是对环境风险累积事实的一种判断，它是以事件的客观形势为判断标准，不以个人的主观意志为转移。综上所述，"对应性架构"是环境监测预警制度特有的权力扩张机制，由此对应环境监测预警制度在社会运行过程中的实际效果。

第二节　中国环境监测预警制度的两种模式

中国环境监测预警制度的主要机能在于实现对人类行为的规制，无论是对人类影响自然生态的生产生活行为，还是规避环境风险自我救济行为。而在环境监测预警制度的内在结构类别中，人类行为的规制存在着两类不同的对象，一是对私权利主体行为的规制，二是对公权力主体行为的规制。环境监测预警制度对私权利主体的规制主要表现为政府行政机关对公民生产生活的管制与调控，是公权力对私权利主体行为秩序的指导、保障与维护。而对公权力主体行为的规制既体现在上级行政机关对下级行政机关压力传导型的命令与控制，也体现在借助于预警信息公开的紧迫性和强制性效力实现社会公众对公权力行为的监督。例如，重污染天气预警中的禁止燃煤措施就是环境行政权力对公民生活行为的一种限制，而建议有呼吸道疾病的患者减少出门或佩戴防护设施出门，建议中小学在一定预警程度内停课，保障预警状态下交通出行秩序等措施就属于环境行政指导和保障型措施。同时在资源环境承载能力监测预警状态下，上级政府对下级政府影响生态和环境的项目审批权的限制就是一种由上至下的命令控制型模式，而公众基于监测预警状态对政府的环境治理要求则是一种私权利制约公权力的行为。由于环境监测预警制度规制对象和手段的不同，公权力的运行方式，公权力与私权利的互动关系均会产生差异。那么不同的环境监测预警制度类型便有着不一样的制度运行模式。不同运行模式下环境监测预警制度就将产生不同性质和程度的社会效益与社会风险。例如，对私权力的限制会在一定程度上减少环境污染物质的排放量，但可能会影响人们正常的生产生活；而对政府行为的规制可以有效遏制区域治理对环境问题的忽视，引导地方政府的经济发展模式（即向绿色发展转变），但也可能在经济发展转型的过程中影响整体区域经济的常态化发展。因此，此处有必要对中国环境监测预警制度运行的模式进行类型划分。

中国幅员辽阔、地大物博，各地区之间差别较大，这种差别表现在经济、环境、资源、气候、人口等方面。特别是不同的经济发展状态下，区域环境治理的迫切性与治理能力有着很大差别。在科层制的任务分配模式和责任承担模式下，统一的执法强度和标准几乎无法实现由中央下达的环境治理目标。所以一般来说，受区域差别性气候变化、地理条件及环境治理能力与状况的影响，国家不得不将应对不确定环境风险的规制权能下放。这一权能下放的表现是国家只考量环境治理目标的实现和社会的稳定性机制，而授权地方政府在环境治理领域自由裁量权，当然这种自由裁量权的边界依然在宪法和基本法律规定的范围内。随着环境风险规制权能的下放，中国环境监测预警制度的"对应性架构"后端的环境风险规制措施——环境行政权力外在表现形态——将成为区分制度模式的标准。根据环境监测预警制度的规制对象和规制措施的不同，本书将其分为"控制型"模式和"限制型"模式，并以此探究环境监测预警制度的运行逻辑。

一、"控制型"模式及其运行逻辑

环境监测预警制度的"控制型"模式是指政府行政机关对预警状态下个体行为控制的一种模式。政府行政机关作为环境风险规制从上而下开展的根本驱动力,它通过设定统一性的环境行政措施,以外部行政行为和具体行政行为的表达形式实行对个体行为的控制。以环境风险规制对象和环境风险规制手段分类而形成的环境监测预警制度的"控制型"模式主要有以下几方面的特征:一是"控制型"模式下的环境监测预警制度是公权力对社会秩序的一种干预和调整。而其所干预和调整的要素是社会主体可能加深的潜在环境风险的行为。这一行为的本质主要是个人行为的集合体所产生的影响力与企业生产行为所产生的影响力。因此,"控制型"模式的直接规制对象就是产生这些影响力行为的主体,即个人和企业。例如,在重污染天气监测预警制度中,预警信息所规定的企业停产或限产、限制部分机动车行驶等应急措施,均是对个人和企业生产生活行为的控制。二是政府行政机关基于环境监测预警制度所扩张的环境行政权力对个人和企业进行控制,在法律性质上属于政府公权力对个体私权利由上至下的纵向法律关系。其行为性质本身则是一种政府机关外部行为的规制,属外部行政行为与具体行政行为。

那么,环境监测预警制度中的环境行政"控制型"模式与地方环境行政裁量权的广阔空间相互契合下,环境风险规制整体上呈现出上层"总体把控"、下层"自由发挥"的规制结构。在这种规制结构之下,"控制型"模式的运行逻辑主要表现于:首先,环境质量本身在何种程度下对人体或者植被有害是具有统一认知的,各类化学元素或者污染物质在环境要素中的可接受浓度是能够基于科学测量而得出的。[1]

[1] 例如,根据《土壤环境质量农用地土壤污染风险管控标准(试行)》(2018)中的规定,镉、汞、铅、铜等重金属含量在农用地土壤污染风险筛选值范围内,则对农产品质量安全、农作物生长或土壤生态环境的风险较低,如果超过该值的,则对农产品质量安全、农作物生长或土壤生态环境可能存在风险,应当加强土壤环境监测。而当超过农用地土壤污染风险管制值时,食用农产品不符合质量安全标准等农用地土壤污染风险高,原则上应当采取严格管控措施。

也就是说，无论是何种致害因子，在各类农用地土壤中都存在统一的安全标准。因此，"控制型"模式下，应由国家制定统一的环境质量标准，而地方政府则根据各地的环境现状和资源禀赋因地制宜地制定相应的环境监测预警标准，设置不同的环境预警级别。其次，在环境监测预警制度的"对应性架构"下，伴随着不同的预警级别的发布，地方政府的环境治理权能得到不同程度扩张，根据不同的预警级别获取具有自由裁量属性的控制型环境风险管控措施。例如，政府为了防止雾霾天气的发生或者恶化，在一定程度上减少私人大排量机动车上路行驶，或者控制重污染排放企业的生产时间或生产产量。最后，由于自然的环境变化或者人为的控制，环境风险会随之发生变化，随着环境风险的正向或逆向演化，环境监测预警级别会被不同程度的调整，或是向上调整或是向下调整，同时根据预警级别的上下变动而调整相应的"控制型"环境风险的应对措施，直至环境监测预警解除。

可见，环境监测预警制度的"控制型"模式是对社会个人行为在环境预警状态下的一种控制，其采取的主要措施直接作用于个人本身，这种控制的强度取决于预警级别的程度。

二、"限制型"模式及其运行逻辑

环境监测预警制度的"限制型"模式是指上级政府在预警状态下对政府行为的一种控制。我国将在很长一段时间以经济发展作为政府绩效考核的主要目标。区域经济的发展没有办法规避对生态、环境与资源的获取，长此以往必然导致区域资源枯竭和经济发展停滞的双重困境。那么，区域经济的发展与环境资源的保护应当被控制在相对平衡的状态下。也就是说，公共行政的政治化需要地方政府在保障经济发展的同时规避环境污染、资源枯竭或生态破坏可能引发的合法化危机。[1] 而这种合法化危机的表现，一方面是区域经济发展引发的生态

[1] 戴维·H.罗森布鲁姆，罗伯特·S.卡拉夫丘克，德博拉·戈德曼·罗森布鲁姆.公共行政学：管理、政治与法律的途径 [M].5 版.张成福，等译.北京：中国人民大学出版社，2012：588-591.

或环境危机，另一方面则是生态或环境危机反过来造成的区域经济发展的停滞。与此同时，这种合法化危机的规避在现实中存在根本性的障碍，原因在于生产力的发展无法摆脱对不可再生能源的依赖，环境容量或是承载能力也无法一时消解人类排放各类物质。由此，经济行为领域与环境保护领域间形成了一种结构性的差异，这种差异构成了一种系统性的边界，它限制着人们有意识地弥补合法性欠缺的努力。[1] 此时，我们就有必要寻求一种在环境治理层面将环境资源与经济发展统一计算的要素载体。

　　环境保护偏重于环境法益的整体性保护，以环境公共利益的实现为制度运行的逻辑，而资源合理利用则更为关注独立的、具有特定经济属性的自然要素在用益价值上的实践（即社会经济价值）。[2] 两种价值理念的冲突导致了我国环境保护与经济发展的立法理念与制度模式的分离，在实践层面则表现为环境保护与经济发展的天然矛盾。然而，生态学研究成果已向人类展示了地球的整体生态系统景象，因此环境与资源作为地球生态系统的组成部分和基本要素，既不可分割，亦不能独立。[3] 社会发展逐渐开始显现出环境与资源分化管理向生态化融合的趋势，因此，我们有必要寻求一种适配于生态系统整体性本质的制度模式。资源的权利归属能够被立法所确认，而环境却因公共性和无主物属性被低价甚至免费的消耗透支。1997 年，Nature 上刊发了《全球生态系统服务与自然资本的价值估算》一文，该文首次评估了全球生态系统服务的自然资本价值，从而使得生态系统服务价值与经济价值的评估能够一起被纳入社会治理决策的过程。[4] 实际上，人类对环境与资源的利益是建立在满足于人类生存与发展需要的生态服务功能之上的。那么，随着生态系统服务功能的价值财产权化，对环境与资源的管理目标就可以集约于对生态系统服务功能财产权的保

[1]　尤尔根·哈贝马斯.合法化危机 [M].刘北成，曹卫东，译.上海：上海世纪出版社，2019：75-81.

[2]　邓海峰.生态法治的整体主义自新进路 [J].清华法学，2014，8（4）：169-176.

[3]　邓海峰.环境法与自然资源法关系新探 [J].清华法学，2018，12（5）：51-60.

[4]　Costanza R.，De Groot R.，et al. The value of the world's ecosystem services and natural capital[J]. World Environment, 1997, 387（15）：253-260.

障之上。而生态系统服务功能的财产权则需要建立于人口和城市容量的相互作用的基础上。由此，以资源环境承载能力作为区域经济与环境保护可持续发展的指标是可行的路径。资源环境承载能力是以区域可持续发展为指向，探究资源、环境等构成载体与承载对象（人类生产生活）之间形成的"压力—状态—响应"的过程。[1] 资源环境承载能力评价体系将环境容量、资源总量、人口、气候等变量纳入整体性考察的范围，以此在区域经济发展和环境保护之间寻求一种可量化的技术手段。

于是，环境监测预警制度"限制型"模式对国家环境治理行为的功能体现为：借助于资源环境承载能力监测预警的制度平台，整体上实现经济领域与环境领域之间的利益衡平，并通过有力的管控应对环境资源领域与经济领域间系统性边界变化带来的风险。现行环境监测预警制度的"限制型"模式为国家环境治理行为功能的实现提供了有效的制度支撑。以环境风险规制对象手段为分类原则而形成的环境监测预警制度的"控制型"模式，主要有以下几方面的特征：一是"限制型"模式下的环境监测预警制度是上级政府对下级政府经济发展和环境保护行为的一种规制，其所规制的要素是区域地方政府的经济发展和环境保护行为，而其所规制的对象则是作为这种行为的地方政府或者是有关部门。由于上级政府无法对下级政府的每一个行政行为予以规制，其仅能以总量控制和指标考核的方式实现相关的治理目标。"限制型"模式的规制措施主要表现为对区域发展行为的一种限制。[2] 又如，长江流域水环境质量监测预警就是生态环境部对长江流域省市的一种监督与限制。[3] 所以，就法律关系而言，"限制型"模式环境监测预警制度中上级政府对下级政府行为的监督与限制，实质上是一种内部行政法律关系。

---

[1] 樊杰，王亚飞，汤青，等 . 全国资源环境承载能力监测预警（2014版）学术思路与总体技术流程 [J]. 地理科学，2015，35（1）：1—10.

[2] 例如，在《关于建立资源环境承载能力监测预警长效机制的若干意见》中，在红色预警区，对超载因素实施最严格的区域限批，依法暂停办理相关行业领域新建、改建、扩建项目审批手续，明确导致超载产业退出的时间表，实行城镇建设用地减量化。参见：中共中央办公厅、国务院办公厅印发《关于建立资源环境承载能力监测预警长效机制的若干意见》（2017版）。

[3] 参见：生态环境部印发《长江流域水环境质量监测预警办法（试行）》（2018版）。

　　基于现实图景，"限制型"模式的运行逻辑可概括为：基于中央
政府至地方各级政府之间由上至下的监督关系，地方各级政府对待环
境治理的态度取决于上级政府所下达任务的紧迫程度，即区域内环境
保护与经济发展之间的平衡关系。当经济发展的话语权成为社会的主
流意识，环境治理的紧迫程度将超过区域经济的发展，而当环境危机
引致政治合法性危机时，国家环境治理的话语权将占据社会的主流话
语体系。此时，上级政府通过"限制型"模式下环境资源科学工具测算，
综合得出管辖区域内环境风险的变动情况，以此衡量上级政府环境治
理任务的紧迫程度。这种衡量体现在"限制型"模式下不同程度的预
警级别，而这一预警级别体现了区域环境资源的承载力与环境容量大
小。以此为标准，政府内部将由上至下地对区域经济的开发行为进行
不同程度的管控。[1] 同时，在"限制型"模式的预警状态下规范区域
开发秩序，控制开发强度，对区域环境预警级别的变动分别实行对应
的综合奖惩措施。

第三节　中国环境监测预警制度的法理分析

　　中国环境监测预警制度在"对应性架构"下呈现出双重行为模式，
而双重行为模式背后是环境行政权力基于预警类型和预警级别表现出
的具体行为样态。这些外化或是增量的行为均能在法律上找到依据，
即其背后的法理基础。寻求中国环境监测预警制度的法理基础是探究
和解构这一制度逻辑的关键环节。无论是环境监测预警制度的解构与
完善，还是对环境监测预警制度扩张模式的限制，贯穿于整个制度逻
辑变更的主线便是预警状态下环境行政权力的根本样态。

---

[1]　例如，在资源环境承载能力监测预警制度中，对水资源超载地区，暂停审批建设项目新增取水许可，
制定并严格实施用水总量削减方案，对主要用水行业领域实施更严格的节水标准，退减不合理灌溉面积，
落实水资源费差别化征收政策，积极推进水资源税改革试点；对临界超载地区，暂停审批高耗水项目，
严格管控用水总量，加大节水和非常规水源利用力度，优化调整产业结构；对未超载地区，严格控制水
资源消耗总量和强度，强化水资源保护和入河排污监管。参见：中共中央办公厅、国务院办公厅印发《关
于建立资源环境承载能力监测预警长效机制的若干意见》（2017 版）。

从权力制约的角度来看，对公权力的制约的共识性和普遍性具体表现在以下几点：一是"以权力制约权力"，这一观点萌芽于亚里士多德的政治学说，经古典自然法学派的代表约翰·洛克与孟德斯鸠的发扬，逐步形成了著名的"权力分立"观念，即立法权、行政权与司法权相互制约的权力平衡机制。[1] 当然这一学说是运用于国家治理层面的政治权力制约。在具体的事务治理领域，由于上位立法的宽泛授权，"权力制约权力"的思想多表现于行政权力的内部制约及司法权力的外部制约。二是"以权利制约权力"，其建立于正确理解权利与权力关系的基础上，恰当地"配置"权利，使之发挥一种限制、制约权力滥用的作用。其中，在消极方面，承认公民财产权、人身自由权等权利，使政府公权力存在着不可逾越的"权利—权力"边界，由此公民的权利对政府滥用权力便存在着一种制约作用；在积极方面，当公民基本权利受到侵犯，公民基于基本权利的正当性和合法性可以通过司法权力，迫使政府收回权力"触角"或是变更不当的行政行为，[2] 或是通过公民政治权利本身（如选举权）而单独发挥作用。因此，就中国环境监测预警制度权力扩张的合理性控制而言，其首要因素便是对行为背后的法律性质予以准确定位，即进行法理上的分析，从而在理论层面与实践层面寻求与之相对应的权力制约机制。当然，中国环境监测预警制度的法理分析不仅以制约权力扩张为目的，因为环境监测预警制度能否适应和应对环境风险、灾害、突发事件和危机，其关键在于是否充分发挥了预警状态下环境行政权力的支持、管控和保障功能，而非一味地限制公权力的扩张。也就是说在预警状态下环境行政权力的相互配合、高效运转才是环境监测预警制度建设的目标和重点。要做到这一点，就必须不同预警状态下环境行政权力的法理基础，以此寻求预警状态下环境行政权力的相互配套。

---

[1] 周义程. 从分权制衡到社会制约：西方权力制约思想的范式转换 [J]. 社会主义研究，2011（4）：82-87.

[2] L.W. Levy, et al.Freedom of the Press from Zenger to jrfferson[M].New York:the Bobbs-Merrill Company, 1966: 341-412.

一、"控制型"模式的法理分析

从以上分析可知，中国环境监测预警制度的"控制型"模式是一种行政机关与行政相对人之间的纵向法律关系，其行为表现方式亦是一种具体行政行为。从"控制型"模式的制度逻辑中可以看出，预警状态下环境行政行为具有多样性，这种多样性背后隐藏着该项制度的法理依据。

第一，公共警告。德国行政法学者哈特穆特·毛雷尔认为公共警告是德国行政法的基本概念，是事实行为的一种特殊形式。其表现为向社会公众发布的声明，或是对特定产品和现象的提醒。[1] 这种行为最早出现在食品安全领域，预警某类食品存在的安全问题。可以说，公共警告的形式是多种多样的，表现在客体的特殊性、紧迫性、公开程度、新闻或者其他媒介的传播面和介绍程度，有关产品的危险程度，公民的可审查性，公众的共鸣和接受程度等方面。[2] 从法律角度来看，公共警告与行政命令或者禁令相似。一旦公众接受并相信了警告，就会出现变更自身行为的情况。可见，政府公共警告具有权力性行为的表征，是法治行政原理直接适用的领域。[3] 其实，公共警告在世界范围内被各国政府、国际组织广泛运用于各个领域，已经成为公共机构完成职能所不可或缺的手段，也是人们规避风险所依赖的重要信息来源。[4] 随着环境问题在社会话语体系中的逐步建构，公共警告被运用于环境风险防治领域，表现于环境监测预警制度当中。以我国的重污染天气治理为例，根据重污染天气监测预警的相关法律规定和各地实践情况，重污染天气监测预警的级别由轻及重一般分为三或四级，分别是黄橙红或是蓝黄橙红。蓝色预警表示未达至高预警级别，政府主

---

[1] 哈特穆特·毛雷尔. 行政法学总论 [M]. 高家伟，译. 北京：法律出版社，2000：393.

[2] 例如，联邦卫生部公告某些葡萄酒含有乙二醇，有害健康；斯图加特大区政府警告切勿食用腐烂面食品；法兰克福市建议避免食用纸包装饮料；县政府发布的有关饮用水有毒物质含量的告示。参见：哈特穆特·毛雷尔. 行政法学总论 [M]. 高家伟，译. 北京：法律出版社，2000：393.

[3] 徐信贵. 论行政法原则在政府公共警告中的映射 [J]. 广西社会科学，2014（8）：92-96.

[4] 朱春华，罗鹏. 公共警告的现代兴起及其法治化研究 [J]. 政治与法律，2008（4）：83-89.

要采取建议性的健康防护措施或倡议减排措施，如建议减少户外活动、乘坐公共交通工具等，并未赋予行政机关采取停产停业或限行等强制性措施的权力。[1]实质上，低预警级别下环境监测预警行为契合了行政法上公共警告的诸多特征。该预警级别所对应的行政措施的主要目的在于保障公众的环境知情权。当然，这种公民环境知情权的保障行为其实贯穿于环境监测预警制度的每一个级别，即便是其他等级的环境监测预警同样具有公共警告的行政职能。只是说，低预警级别下的政府环境监测预警行为仅仅属于政府信息公开行为，本质上属于行政法上的"公共警告"，即各地方政府为应对小范围、短时间的空气重污染而采取的建议性、非强制性措施。

第二，有约束力的事实确认行为。德国行政法学界在新的国家措施（烟雾警报公告）出现时，总结出了这一行为的法律性质，即有约束力的事实确认行为。其根源于德国国家联邦公害防治法的相关规定：当出现缺乏对流的天气状况时，禁止运营与公害防治有关的设施；一旦警察设立相应的交通标志，则代表禁止驾驶机动车辆。这一烟雾条例规定的义务和限制直接适用于烟雾事件。当然，其前提是主管人员通过广播等媒介公告相应的天气状况，并在结束时以同样的方式公告。德国行政法学界也对这一公告的法律性质予以一番争论，如行政命令、法规命令、法律事实或是客观的事实确认行为等。[2]毛雷尔基于烟雾警报公告总结了有约束力的事实确认行为的基本特征：一是行为本身不具有处理性，公告本身没有包括处理行为，只是对存在的既定事实的一种确认；二是公告又不仅仅是纯粹的事实确认行为，公告本身不产生法律后果，而仅仅是宣示烟雾法规命令所确定的法律效果已经产生，其只是法律在特定事件中的具体化；三是公告的持续时间较为短暂，且有地域限制，确认特定天气状况的内容限制和直接的、不可能

---

[1] 参见：北京市人民政府.《北京市空气重污染应急预案》（2017 修订）。

[2] 哈特穆特·毛雷尔. 行政法学总论 [M]. 高家伟，译. 北京：法律出版社，2000：201.

进一步出现具体化的效果。[1] 从上述分析可见，有约束力的事实确认行为是依特定条件所触发的法律规定的短暂的限制性行为。在中国环境监测预警制度领域，随着环境风险的逐步积累，公民的环境和健康权益所受到的威胁会逐步提升，有甚者可能将触及社会秩序的稳定，引发群体性事件。此时，非强制性的措施显然无法有效应对更高级别的环境风险。因此，在中等级别的环境监测预警状态下，诸如企业限产减产、机动车限行、限制建筑施工、禁止燃放烟花爆竹等措施依据预警级别被地方政府运用至环境风险应对的过程中。但是此种应对某种环境风险，于较短时间和较小空间范围限制公民基本权利的行政行为一般被称为具有约束力的事实确认行为，即政府为规制中等预警级别的环境风险而要求公民必须遵守的相关规定。其主要表现在停止有害的建筑污染作业方面，如停止室外建筑工地喷涂粉刷、护坡喷浆施工作业。[2]

第三，紧急行政权。政府的行政权力是在相互制约的基础上行使的，其通过法治的规制功能，实现对公民权利和自由的有效保障。而紧急状态下政府的权力则不以法律和尊重公民的权利和自由为基础，其以压缩公民权利和自由的方式保证社会秩序的运行国家存在，并以实施广泛和强大的自由裁量权为出发点。[3] 在传统紧急行政权力的理论模式下，紧急行政权是一种脱离于法律的权力形态，即被称为"紧急状态无法律"。[4] 现代社会紧急行政权理论的发展主张，即使在紧急状态下，行政权力仍然应该受到法律的监督与制约。凡是没有法律授权的行政特权都是对权力的滥用。[5] 在紧急行政权的基本分类当中，

---

[1] 哈特穆特·毛雷尔.行政法学总论[M].高家伟，译.北京：法律出版社，2000：202-203.

[2] 例如：2019年3月2—4日，北京市发布了重污染天气橙色预警，基于预警级别要求停止土石方等施工作业，有关企业停限产，禁止燃放烟花爆竹和露天烧烤，建议中小学幼儿园停止户外活动。3日0时起，国Ⅰ国Ⅱ排放标准轻型汽油车，建筑垃圾、渣土、砂石运输车辆禁止上路行驶。参见：北京市发布重污染橙色预警5号冷空气来袭雾霾驱散.

[3] 戚建刚.紧急权力的自由模式之演进[J].中国法学，2005（4）：25-40.

[4] 孟涛.紧急权力法及其理论的演变[J].法学研究，2012，34（1）：108-125.

[5] 吴昱江.紧急状态下的法治与行政特权：康德、施米特与洛克的理论局限[J].政法论坛，2017，35（2）：118-127.

限制或停止公民权利是最为典型的宏观应对措施。公民基本权利的不受侵犯是一个国家法律的基本原则，也是国家法治水平的度量尺。但在紧急状态下，为纠偏非常规的社会秩序，许多国家都在基本法中规定了限制公民基本权利的条款。[1] 总的来看，受到限制的权利主要有：人身自由、居住和迁徙自由、住宅不受侵犯、通信自由、结社自由、言论自由、经营权等。[2] 有学者在分析雾霾应急的实践中得出，雾霾预警状态下应急措施的理论依据是政府在重污染天气应急状态下所享有的行政紧急权力。[3] 显然，这一论断在一定程度上过于绝对。紧急状态的进入需要环境风险在一定程度上的累积，而对于环境风险"轻污染 + 短时间"或"重污染 + 短时间"的预警状态，不应认定为紧急行政权力的行使，否则将使得社会经济活动和公民基本权利处于一种极不稳定的状态下。因此，在环境监测预警状态下，只有较长时间内和较大空间范围内限制或是停止公民基本权利的行政扩权行为才会称为"紧急行政权"的行使，即各地方政府为规制高预警级别的环境风险所采取的紧急性、强制性及临时性措施，如大范围的企业限产停产、建设施工、机动车限行等。

概言之，从行政法的维度来看，"控制型"模式下的环境监测预警行为有着多重理论依据，其行为蕴含了环境行政权力的阶段化效力，即环境行政权力的阶段性扩张。其既可以是低预警级别下的行政事实行为，也可以是中等级别预警下有约束力的事实确认行为，还可以是高预警级别下政府所享有的紧急行政权。

二、"限制型"模式的法理分析

从以上的分析中可以得知，中国环境监测预警制度的"限制型"

---

[1] 江必新. 紧急状态与行政法治 [J]. 法学研究，2004，26（2）：3-16.

[2] 徐高，莫纪宏. 外国紧急状态法律制度 [M]. 北京：法律出版社，1994：90.

[3] 陈海嵩. 雾霾应急的中国实践与环境法理 [J]. 法学研究，2016，38（4）：152-169.

模式是上级行政机关与下级行政机关之间的内部行政法律关系。源于资源环境与经济发展之间此消彼长的基本关系，政府对于环境保护或经济发展的偏重一般取决于社会的普遍性共识。但是，社会的普遍性共识上升到国家的意志需要一定的时间，国家无法就生态系统和环境的变化做出较快的政策调整。由此，中国环境监测预警制度的"限制型"模式便是在上级行政机关基本科学判断的合理性基础上所做出的决策反应。当然，这种决策反应机制确实具有强烈的中国行政体制特色。首先，中国辽阔的地域和人口数量孕育了政府系统的庞大和分工精细的行政机构。组织的正式化意味着标准化和可信性承诺，从而导致灵活性空间极大压缩。基于其规模，中国政府体制的"层级分流"和"委托—代理"特征在国家治理的各种利益、社会文化资源和具体历史条件相互作用的试错过程中逐渐演变并形成。[1] 在这种中央政府赋予各地官员统辖权，而将行政区域（或部门）内的管理权委托给各地、各部官员代为治理的"委托—代理"模式下，[2] 中国的上下级政治体制间形成了饶有特色的，代表着政府间相互关系、官员激励和政府治理特点的"行政发包制"。[3] 在行政权力的分配方面，"行政发包制"呈现出几个基本特征：一是上级政府作为委托方（即发包方）拥有正式权威、所有权和相应的控制权，如人事任命权、调整权，监察权和指导权，项目发包权、审批权以及对上述权限不受约束的否决权和干预权。正是由于这是政府机关内部上下级间的权力分配关系，而非平等主体之间"发包—承包"的契约关系，因此被称为"行政发包制"。二是当上级行政机关（发包方）将具体的执行权和决策权下放至或发包至下级行政机关（承包方）之后，更为关键的是，承包方基于发包方所赋予的宽泛的自由裁量权空间，获取了实质意义上的"项目"实际控制权，此为内部发包的结果。[4]

[1]　周雪光. 从"官吏分途"到"层级分流"帝国逻辑下的中国官僚人事制度[J]. 社会, 2016, 36（1）: 1-33.
[2]　周雪光. 从"官吏分途"到"层级分流"帝国逻辑下的中国官僚人事制度[J]. 社会, 2016, 36（1）: 1-33.
[3]　周黎安. 行政发包制[J] 社会, 2014, 34（6）: 1-38.
[4]　周黎安. 行政发包制[J] 社会, 2014, 34（6）: 1-38.

　　在"行政发包制"的模式下，政府机关自上而下的资源配置形式，促成了一项对下级行政机关进行掌控的"项目制"国家治理和贯彻政策任务机制，即以"项目制"为抓手的控制权理论模式。其中，"项目制"的两个关键性要素是"专有性关系"和"参与选择权"。"专有性关系"是指发包和承包的主体之间以特定项目获得的特定关联，体现出项目所产生的组织差异性。而"参与选择权"则是指下级行政机关参与或退出某一项目的选择权。[1] 显然，在上下级政府间，这些基于"项目制"而获取控制权是实现项目目标和控制项目进度、方向的关键。但是，国家治理本身存在着诸多面向，而非单个项目控制所能实现，因而在面对整体性区域综合治理目标时，往往需要基于多项项目控制权的集合体才能实现。这种"项目制"控制权的集合体在推进整体性区域治理目标时在基本属性上发生异变，即一定程度上丧失了单项的"项目制"控制权所有的"参与选择权"。其理由在于，单项"项目制"是为实现特定经济目标、教育目标或其他目标所设定的基本项目。而整体性区域综合治理目标多数属于国家基本政策的结构性调整与转变，其涉及范围之广，推进力度较大，需要下级行政机关自始至终的贯彻落实。例如，一个县级人民政府获得了上级人民政府批准，取得了多项基础设施建设规划许可或区域矿产资源开发许可。单从项目本身来看，上级人民政府对下级人民政府具有相应的项目监督和审查责任，保障项目实施的规范性和安全性。然而，随着国家治理方向的转变——能源结构的调整——新型能源项目的推广成了地方政府施政的主要目标，随之而来的便是对区域"肮脏能源"开采的项目限制，甚或是以经济补偿的方式收回此前发放的项目许可。这种国家治理或区域治理的结构性转变需要多个"项目制"集体形成的合力进行推动。因此，为应对这种大方向的国家治理或区域治理转向，"项目制"控制权的两个基本要素此时便异化为"专有性关系"和"强制

---

[1] 周雪光. 项目制：一个"控制权"理论视角 [J]. 开放时代，2015（2）：82-102, 5.

性参与"，即下级人民政府需在特定事项上，服从上级人民政府所设定的目标。

基于上下级政府间的"项目制"控制权范式，在环境资源与经济发展的互动关系下，区域内环境资源配置和利用需要一种科学的测量方式。中国环境监测预警制度的"限制型"模式恰好契合这一制度实效。当然，中国环境监测预警制度的"限制型"模式的形成也是这种特有体制机制下的产物。从"限制型"模式的运行逻辑可以看出，其主要表现是上级行政机关对下级行政机关行政权力的限制，外化为对区域经济发展权能的限缩。环境监测预警的"限制型"模式主要表现为对区域经济发展权的限制。以资源环境承载能力监测预警制度为典型代表，在"对应性架构"下，承载能力监测预警级别及变动对应着一系列的限制性措施。例如，在红色预警区，针对超载因素实施最为严格的区域限批，暂停相关行业审批手续。同时，预警层级的变动亦会触发参照红色预警区的综合限制性措施或是单项管控措施。[1] 目前，我国环境预警的限制性措施主要分为三类：区域限批，如环评、建设项目许可、排污许可等限批措施。总量控制，如建设用地减量化、用水总量削减、暂缓排污权交易、污染物排放等量或减量置换、降低捕捞和养殖总量限额等措施。禁止措施，如超载产业退出、划定管控红线等。直观的看，上述限制性措施是"项目制"范式下上级政府为实现其所下达环境治理目标，对下级政府管辖区域经济发展权能的一种限制手段，本质上应属于"内部行政行为"，即不对相对人的权利义务直接做出处分的行为。[2] 但从实际效果来看，此种限制区域经济发展权的内部行政行为却有着极强的"外化"效力，如环评区域限批制度微观上作用于受限地区内潜在申请环评许可的相对人个体。[3] 2018

---

[1]　单项管控措施分为水资源管控措施、土地资源管控措施、环境管控措施、生态管控措施及其海域管控措施。参见：中共中央办公厅、国务院办公厅《关于建立资源环境承载能力监测预警长效机制的若干意见》。

[2]　刘飞，谭达宗.内部行为的外部化及其判断标准 [J]. 行政法学研究，2017（2）：102-121.

[3]　黄锡生，韩英夫.环评区域限批制度的双阶构造及其立法完善 [J]. 法律科学（西北政法大学学报），2016，34（6）：138-149.

年 7 月，安徽省环保厅（现安徽省生态环境厅）对安徽淮北、六安两市发出了暂停涉气项目环评审批的函，其理由是淮北、六安两市 2018 年二季度未达到空气质量季度目标，其所暂停的主要是两市除民生工程、节能减排、生态环境保护基础设施项目外的新、改、扩建涉气项目的环境影响文件审批。[1] "限制型" 模式的环境监测预警期要长于 "控制型" 模式的预警期，它是对区域整体生态环境或是区域环境要素的综合评价。其作为启动环评区域限批的必要条件具有一定程度的合理性。又如，暂缓实施区域性排污权交易实质上限制了相关企业的财产性权益——排污权，是环境容量准物权化的结果，[2] 已经成为企业财产权的重要组成部分。政府基于特定情况对区域实行排污权交易的限制，实质上是对企业财产权的一种限制。而将 "限制型" 模式下的环境监测预警状态作为限制区域排污权交易的必要条件，其具有一定程度的合理性和可接受性。但是，从各自的实施效果来看，一方面 "限制型" 模式的环境监测预警状态下的各项措施影响了地方政府在经济指标方面的绩效考核，另一方面限制了相关企业的自主经营权和依法获得行政许可的权利。

回归中国环境监测预警 "限制型" 模式的初始预设，是国家对区域环境风险的整体性把控，是区域经济发展与环境保护间的系统边界的科学标尺，贯穿于整个经济社会发展。因此，其并不适用于紧急状态下的 "紧急行政权" 理论，而对行政相对人的间接影响，使其应属于常态化环境治理模式下具有 "外部化法效力的内部行政行为"，即政府内部环境行政权力的行使。[3]

---

[1] 参见：安徽淮北、六安空气质量不达标被环保区域限批。

[2] 邓海峰 . 环境容量的准物权化及其权利构成 [J]. 中国法学，2005（4）：59-66.

[3] 钱宁峰 . 通过政府内部权力法治化塑造法治政府的新形态 [J]. 学海，2015（3）：22-26.

第五章　中国环境监测预警制度的实际样态及其成因

　　就公法的法秩序规定下的意义而言，以实现环境治理目标得以维持、伸张或直接遂行的行动必须在约制其相关行动的规范下行使，而这些目标也应当根据法规或基于共识方为妥当。[1] 环境监测预警制度虽然在中国的环境治理体系中发展迅速，且颇具实效，但技术发展的有限性使得新型的环境治理手段在现有的政治体制、社会机制和环境治理模式中难以形成高效的运行机制。同时，立法部门对环境监测预警制度的认识并不是建立在制度的充分实践并形成社会普遍性共识的基础上，而是建立在自上而下的政策型立法导向基础上，即依循国家立法 "环境问题—科学技术—制度形成" 的生成逻辑。这一制度生成的逻辑从政治合法性的角度来看，主要关切政治系统的稳定、成功和持续发展，避免因为严重的 "合法性危机" 而导致政治体系的瓦解或崩溃。[2] 而社会共同意识所形成的立法一般而言都是政治合法性的基本来源。面对环境风险的不确定性和潜伏性，社会共同意识的上升过程不能在短时间内回应潜在的社会问题，故更具社会可接受性的科学技术判断便成为社会公众对政府行为的可接受性基础。也就是说，在积极的一方面，政策型导向的立法模式能够对社会问题的发生及时做出回应，对新型的社会治理手段和技术能够及时吸收和推广；在消极

---

[1] 韦伯.法律社会学 [M].康乐，简惠美，译.桂林：广西师范大学出版社，2005：2-5.

[2] 沈岿.因开放、反思而合法：探索中国公法变迁的规范性基础 [J].中国社会科学，2004（4）：102-114，208.

方面, 政策型导向的立法模式一定程度上背离了 "社会契约理论" 的社会共同意识的体现。[1] 但其用科学技术判断的合理性与社会问题解决的实效性重构了新型立法生成的合法性和可接受性基础。

然而, 这种政策型导向的立法模式同样存在一定弊端: 其一, 依据传统的立法模式, 新型制度的诞生应当以在社会系统运行时被充分运用、获得社会普遍认可并能够在全国范围内推广为前提。中国的环境监测预警制度是应环境问题的迫切性而生, 立法对技术的吸收和转化缺失了充分的社会实践考察。其二, 当环境问题作为制度立法的逻辑起点时, 这种以环境问题为导向的政策型立法模式使得环境监测预警的各项制度间缺乏整体性的考量。那么, 宏观视野下整体性的弊端就会引发环境监测预警制度体系上的混乱, 进而影响微观局部层面环境监测预警制度要素上的建构。因此, 本书首先在宏观整体上通过 "结构—功能" 主义的分析方法对中国环境监测预警制度体系的功能选择与结构约束进行分析。其次在微观局部层面对中国环境监测预警制度构成要素所存在的具体问题予以剖析。最后则将从环境监测预警制度的有效保障以及预警状态下环境行政权力的规制入手, 分析中国环境监测预警制度问题产生的主要原因。

第一节 环境监测预警制度体系的功能选择与结构约束

结构功能主义自诞生之日起, 就以广阔的理论视野和显著的社会解释效力, 证明其自身是一种具有借鉴意义的理论方法和研究范式。其源于与生物有机体相互结构的对比, 认为社会是一种有规律的结构, 是一个各自要素组成的整体。[2] 其后, 斯宾塞从生物有机体的动态角度, 将社会分为 "支配" "分配" 和 "调节" 三大系统组成的结构。[3] 此后,

[1] 卢梭. 社会契约论 [M]. 何兆武, 译. 北京: 商务印书馆, 2003: 71-86.
[2] Comte A. System of Positive Pofity[M]. London: Longmans Green, 1975: 241-242.
[3] Spencer H. The Principle of Sociology[M]. New York: D. Appleton and Company, 1925: 505.

涂尔干将斯宾塞的社会结构观念发挥得更为彻底，其把社会结构看作社会关系的组合形式，而且认为对社会结构的分析是理解一切社会现象的出发点。[1]20 世纪 60 年代，在西方社会学界，帕森斯的结构功能主义开始占据主导地位。其从功能分析的维度，将社会结构概念发展成一种具有强解释效力的理论，旨在解释一切人类行动的系统理论。[2]其后"结构—功能"分析方法继续发展，在社会学家罗伯特·K.默顿这里实现了极大的跨越。可以说，默顿是"结构—功能"主义分析方法的集大成者。正如其所言，在问题的选择上，"应该挑选社会中存在的事物与这一社会中功能显著的集体实际希望存在的事物之间重大、非意愿的不一致"。[3]"结构—功能"分析方法是结构分析与功能分析的结合，注重各部分间的相互关系。一般而言，结构分析主要是解释社会表现与结构属性之间的因果，"一个社会结构中诸因素的相互依存限制着变异的实际可能性或功能选择"。[4]而社会表现之于结构属性的关键性要素则是功能分析的作用。[5]默顿在论述功能被归因的事项中认为：与功能分析相关的一项基本要求是，分析的对象必须是某一标准化的（即模式化的和重复的）事项，如社会角色、制度模式、社会过程、文化模式、社会结构、群体组织、社会控制手段等。[6]"社会功能是指可观察的客观结果，而不是指主观意向（目的、动机、目标）。"[7]

据此，环境监测预警制度体系就是一项被立法所确立的"标准化事项"，其有着可重复、可循环的外部运行机制及模式化的内部制度架构。其在实践中产生的问题其实就是功能问题，即不以主观设计动

---

[1] 周怡. 社会结构：由"形构"到"解构"：结构功能主义、结构主义和后结构主义理论之走向 [J]. 社会学研究，2000，15（3）：55-66.

[2] 王翔林. 结构功能主义的历史追溯 [J]. 四川大学学报（哲学社会科学版），1993（1）：37-42.

[3] Robert. K Merton. Social Research and the Practicing Professions［M］.Cambridge，Mass: Abt Books，1982: 64，105.

[4] 罗伯特·K. 默顿. 社会理论和社会结构 [M]. 唐少杰，齐心，等译. 南京：译林出版社，2015: 132.

[5] 彼得·什托姆普卡. 默顿学术思想评传 [M]. 林聚任，等译. 北京：北京大学出版社，2009: 35-101.

[6] 罗伯特·K. 默顿. 社会理论和社会结构 [M]. 唐少杰，齐心，等译. 南京：译林出版社，2015: 129.

[7] 罗伯特·K. 默顿. 社会理论和社会结构 [M]. 唐少杰，齐心，等译. 南京：译林出版社，2015: 96.

机为转移的某种客观后果，这也恰好符合"结构—功能"分析方法中功能的客观性预设。这种通过制度运行的客观后果进行的反思更容易触及表面观察难以达到的问题领域，从而提升研究结果的科学性和合理性。因而，中国环境监测预警制度体系的研究适用"结构—功能"分析方法。

一、环境监测预警制度体系的功能选择

在"结构—功能"分析方法中，"功能"的概念是至关重要的。为了将主观意向与客观效果进行区分，默顿提出了"正 / 负功能""显 / 潜功能"的划分。[1] 在社会学研究过程中，围绕现有"功能"概念的看法往往不够客观。一种是将社会学观测限制在某一社会学事项对其所在社会系统、文化系统或经济系统的正面贡献；另一种则是混淆了主观动机、想法与客观功能两者间的概念范畴。因此，界定"功能"概念所要解决的首要问题便是摒弃功能概念限定上的主观思想，将功能的基本内涵限定在客观事实的基础范畴。其次，要建立一种多重后果、正反后果及总后果的净差额概念，即在社会行为所产生的正反后果间寻求一种平衡。基于此，默顿认为，正功能是指有助于一定系统的调适的后果，负功能则相反；显功能是指有助于系统之调适、为系统参与方期望和认可的客观后果，潜功能则相反。由于潜功能距离社会系统的实际距离更远，因而能够触及"标准化事项"难以发觉的问题领域。反功能概念则包含对社会系统的"无助于""不期望""不认可"，结构层次上的负效应为研究动态和变迁提供分析方法。[2] 可见，探讨中国环境监测预警制度体系的功能选择，应当从正功能和反功能、显功能和潜功能两个维度进行分析。

---

[1] 罗伯特·金·默顿.论理论社会学 [M].何凡兴，李卫红，王丽娟，译.北京：华夏出版社，1990：151-175.

[2] 罗伯特·K.默顿.社会理论和社会结构 [M].唐少杰，齐心，等译.南京：译林出版社，2008：130-134.

（一）显功能／正功能

中国环境监测预警制度体系的第一个显功能是保障公众健康与环境安全，预防和避免环境污染事件的发生或发展。在某种程度上，环境污染事件的预防比事件本身的解决更富意义，其可以避免社会财富的浪费，节约大量的人力、物力和财力。"据计算，预防污染的费用与事后治理的费用比例是 1∶20"。[1] 因此，各国环境立法开始由消极防治污染转变至积极的预防。法国在突发环境事件应对方面特别强调预防原则，遵循预防原则是政府的基本职责。美国的《斯坦福法案》也明确规定了灾害预警制度，强调灾前减缓。从中国制度实践面向来看，环境监测预警制度已在大气污染防治领域全面展开，如 2017 年1—12 月，北京市共计发布重污染天气预警 11 次，其中仅 1 月就发布了 4 条预警信息。[2] 成都市共计 10 条重污染天气预警信息，主要集中在空气污染较为严重的 1 月和 11、12 月。[3] 目前，我国各省市均建立了实时、动态的重污染空气污染预警系统。作为环境治理手段，行政主体借助于预警状态下获取的强制性权力大大压缩了预警期时长，达成了极为显著的污染治理效果。[4] 在水污染防治方面，2007 年 5 月，太湖流域因蓝藻引起极为严重的水源地污染事件，并进一步导致无锡市饮用水供水危机，对当地居民的生产生活造成了非常不利的影响。[5] 其后，太湖水文水资源监测局开始对太湖流域突发性水污染事件的监测预警技术进行研究，从事前预警和事后预警两个方面对监测预警预案、演习、技术运用、卫片解析和预警系统建设等方面进行了研究。[6]

[1] 陈泉生.论环境法的基本原则 [J].中国法学，1998（4）：116-121.
[2] 数据来源：北京应急网（预警信息）。
[3] 数据来源：成都市环保局（重污染天气预警公告）。
[4] 2017 年 12 月，全国 338 个地级以上城市平均空气质量与去年同期相比，优良天数比重上升 8.5 个百分点，重度及以上污染天数比重下降 3.7 个百分点。参见：中国环境监测总站.京津冀、长三角、珠三角区域及直辖市、省会城市和计划单列市空气质量报告.
[5] 季健，沈菊琴，孙付华，等.基于事理—人理（SR）的太湖蓝藻事件社会影响分析 [J].华东经济管理，2011，25（9）：31-35.
[6] 陆铭锋，方方.太湖流域突发性水污染事件的监测与预警技术 [C].中国环境科学学会学术年会论文集（第四卷），2009：532-536.

同时在通信格式、数据共享、卫星遥感等技术方面寻求突破。[1]经过长期探索，江苏125个省级水质自动站组成了太湖流域自动监控网络和监控预警平台，仅2012年就捕获了流域19个断面34次水质异常波动现状，为及时化解太湖流域水环境质量污染风险、防止水环境污染事件发生、保障供水安全提供了有效支持。[2]在太湖流域水资源监控和保护预警系统项目2018年工作总结会议上，相关负责人充分肯定了预警系统对太湖流域水资源安全保护工作的重要作用。[3]可见，环境监测预警制度在中国环境风险应对的过程中充分体现了其保障公众健康与环境安全，预防和避免环境污染事件的发生或发展的正向功能。

（二）潜功能／正功能

中国环境监测预警制度体系的第一个潜功能是监督政府环境行政行为，提升公众的环境保护意识。自2006年《国家突发公共事件总体应急预案》颁布到2014年《国家突发环境事件应急预案》的颁布，各项文件中关于预警制度的设计都是为了能在应对环境污染事件时早发现、早预防、早报告、早处置，其着力于某一环境污染事件的政府管控与公众的自我理性应对。但是，与普通的环境信息公开不同的是，预警信息附着于环境风险的突发性、动态性和紧迫性，往往能够迅速获得社会公众的广泛关注。正因如此，一方面政府的环境污染治理行为被社会各界所广泛关注，受舆论监督。例如，2015年年底，北京市持续发生严重的雾霾天气，多个重污染天气环境监测站数据"爆表"。北京市一开始并未发布预警信息，其后仅发布了空气重污染橙色预警。在橙色预警信息发布后，社会公众开始普遍关注此次持续时间较长的

---

[1] 张璘，陈建林.太湖流域水环境监测预警系统建设对策研究 [J].环境与可持续发展，2009（3）：15-17.

[2] 参见：江苏1831.监测、预测、预警，要啥有啥，人民网.

[3] 参见：水利部太湖流域管理局.太湖流域水资源监控与保护预警系统项目2018年工作总结暨2019年工作布置会在上海召开.

雾霾天气，并开始对北京市橙色预警级别及其采取的相应措施产生怀疑。由于社会舆论，该事件不断发酵，环保部开始介入并对其进行监督，在环保部的督促下，北京市首次发布了雾霾红色预警。[1] 而其他地区的此种现象更是不胜枚举。另一方面，预警信息中包含的指导公众应对环境污染的相关措施，能够有效提升公民的环境保护意识，使其更加自愿地采取低碳的生活方式。例如，重污染天气预警的频繁发布，使得公众在驾驶燃油汽车时受到限制，此时公众会选择乘坐公共交通工具或者购买新能源汽车。特别是在部分地区重污染天气预警已经进入常态化阶段，以天然气能源或是电力能源为动力的公共交通工具已经在城市中逐渐普及。公共交通工具如果过度依赖化石能源，那么其在预警状态下将会被限制使用，不利于社会体系的有效运行。可见，潜藏于环境监测预警制度运行过程中的并非制度设计之初的功能选择，但其却在客观现实中表现出了监督政府环境行政行为，提升公众环境保护意识的正功能。

（三）潜功能 / 反功能

中国环境监测预警制度体系的第二个潜功能，同时是反功能，即预警级别的"隐匿"与"从轻"和对个人自由与经济自由的"适法性侵犯"，从权力的角度看，其可称为权力选择性失语和运动式肆意。

第一，预警状态下环境行政权力的选择性失语。政府部门作为预警信息的发布主体可以有效利用其"信息齐全""资源丰富""管控及时""控制得当"等优势实现对环境污染治理的宏观把控。当媒体对雾霾治理发出诘问：到底是风更厉害还是环保工作者更厉害？[2] 行政主体借助预警状态下获取的强制性权力大大压缩了预警时长，达成了极为显著的污染治理效果。然而，权力运化间的紧张关系也时常使得环境预警制度之效果不尽如人意。概言之：第一，环境预警是一种

[1]　黄锐．北京市首次启动空气重污染红色预警．新华网。

[2]　白岩松．面对雾霾到底是环保工作者厉害还是风厉害．人民政协网。

有高度吸引力的信息公开模式，预警级别的发布无疑是对社会公众抖落了政府环境治理的"底裤"。因此，部分地区政府无论基于"报喜不报忧"之惯常心态，[1] 或是不愿脱下掩盖环境治理不佳状况的"遮羞布"，预警信息的发布均难免于选择性失语。预警状态下的"扩权推动治理"[2] 不间断地切割区域经济的常规发展。[3] 当有关经济发展的各项权能与环境治权之间呈现紧张关系时，若非环境议题占领政治意识主流的极端情况，环境治权则永远无法僭越促进经济发展的各项权能。那么，预警状态下的环境治权便时刻存在被抑制的风险。

第二，预警状态下环境行政权力的运动式肆意。传统法治国家的基本原理在于保障公民的基本权利与自由，而现代国家公民权利范畴的扩张引致了基本权利间——公民环境权与自由权、财产权——相互冲突。首先，环境状况恶化与环保领域的市场调节失语，使权力在环境治理场域中获取了普遍性共识与正当性。[4] 其次，环境风险的多样性和不确定性使得立法者不得不授予地方政府更为宽泛的裁量权空间。[5] 当执法者为保障公民的基本环境权利，基于宽泛授权而采取高强制性措施时，其他诸如自由权和财产权等基本权利将难以避免地受到侵犯。因此，预警制度在环境治理过程中的常态化运行，使环境权与个人自由权或企业经济自由权经常存在于一种拉扯和对抗的境遇中。例如，上海市在道路交通工具的管控方面，将应当在重污染空气蓝色预警情况下才能进行管控的标准下降至轻中度空气污染即可进行。河南省无论是何种级别的重污染天气预警，均对 1.2 万家企业实

---

[1]　金承东，公开的价值及行政机关自身的使命：《透明与行政公开令》及其启示 [J]. 行政法学研究，2018（1）：127–135.

[2]　章剑生 . 现代行政法基本理论 [M]. 北京：法律出版社，2008：5–6.

[3]　如 2017 年北京市重污染天气黄色预警，对其区域内近 700 多家企业的停产限产措施。

[4]　黄锡生，张真源 . 论环境监测预警制度体系的内在逻辑与结构优化：以"结构 – 功能"分析方法为进路 [J]. 中国特色社会主义研究，2018（6）：50–58.

[5]　关保英 . 给付行政的精神解读 [J]. 社会科学辑刊，2017（4）：35–41.

行不同程度的污染管控措施。[1] 如黄石政府最严停工令，[2] 山东停限产不打折扣[3] 等字样随处可见。可见，政府不断扩张的环境治权正无界限地"包裹"着私人权利，并在预警状态下形成了对个人自由与企业经济自由的"合法性侵犯"。见图 5.1。

	正功能	反功能
潜功能	监督政府环境行政行为，提升公众的环境保护意识	预警状态下环境行政权力的选择性失语与运动式肆意
显功能	预防和避免环境污染事件的发生或发展	

图 5.1　中国环境监测预警制度体系的显功能 / 潜功能、正功能 / 反功能

二、环境监测预警制度体系的内外部结构约束

在"结构—功能"分析方法中，结构既可以是宏观层面的政治社会体系结构，也可以是中观层面的社会治理制度结构，还可以是微观层面的权力运行结构。在分析路径上，结构约束是关键点，是功能分析和结构分析之间的桥梁，限定着功能选择的变化范围。[4]

（一）外部结构与结构约束（B1）

考虑到立法的时间周期，中国的应急管理规范体系一直以来采用的是"立法滞后、预案先行"的方式，[5] 即应急预案的形成与适用要早于应急管理立法的实施。并且应急预案相比应急管理法律法规，其体系更为饱满，更具可操作性。因此，在考察我国环境监测预警制

[1]　赵力文 . 河南首建污染天气信息管理系统，对 1.2 万家涉气企业进行管控 [N]. 河南日报，2017–11–20.

[2]　湖北省环保厅 . 黄石"最严停工令"应对重污染天气。

[3]　周雁凌，季英德，王学鹏，等 . 山东停限产不打折扣，逐家督导企业 [N]. 中国环境报，2016–12–19.

[4]　张海波 . 中国应急预案体系：结构与功能 [J]. 公共管理学报，2013，10（2）：1–13，137.

[5]　于安 . 制定《突发事件应对法》的理论框架 [J]. 法学杂志，2006（4）：28–31.

度的外部结构时，应先从应急预案入手。从总体预案来看，国务院于
2006 年 1 月 8 日向社会发布了《国家突发公共事件总体应急预案》，
其后半个月又迅速发布了《国家突发环境事件应急预案》。上述两个
预案初步确立了中国环境应急管理制度体系：一是按照突发事件严重
性和紧急程度对突发环境事件进行分级。一般而言，突发环境事件监
测预警的级别分为四个层级，从低到高分为蓝黄橙红。但由于各地经
济、自然、气候和人口状况的不尽相同，各地会在一定范围内对预警
的级别进行调整。二是确立突发环境事件应急管理组织体系，即环境
应急管理体制。在应急体制方面，国家层面一般由生态环境部负责突
发环境事件的指导协调和监督管理工作。地方层面则是由地方政府负
责本行政区域内的突发环境事件应对工作。目前，中华人民共和国应
急管理部的设立使得国家层面的组织体系有所变化。三是确立突发环
境事件的预防和预警制度，规定了从监测、预防、预警、预警措施的
全过程。四是回到最初的事件分级模式，确立了根据不同突发环境事
件级别所对应的应急响应机制，明确了应急响应的基本内容。应急响
应的等级与突发环境事件的分级相对应。五是应急保障和后期处置，
保障在环境应急管理中的人力、物力支持及相关事后工作。应急保障
的主要内容是应急队伍的保障、物资资金
的保障、交通通信的保障和技术服务的保
障。而后期处置则主要包括损害评估、事
件调查和事后人道关怀。2014 年 12 月 29
日，国务院颁布了最新的《国家突发环境
事件应急预案》。从环境应急管理体系来
看，最新的预案将突发环境事件分级标准
放在应急预案的最后，其他结构与之前的
相比并未发生变化（见图 5.2）。

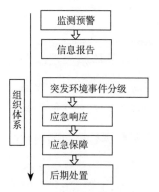

图 5.2　中国环境应急管理
制度体系结构

一直以来，危机预警和危机管理都被作为整个突发事件应急管理

的第一阶段，[1]中国的环境应急管理体系亦是如此。然而，从图 5.2
可以看出，中国环境应急管理制度的外部运行机制出现了结构上的断
裂，信息对外的监测预警制度与信息对内的应急响应机制之间缺乏实
质意义上的关联。也就是说，应急响应机制的启动是根据突发环境事
件发生后所认定的具体等级而确定，但与预警级别之间的因果关联却
出现了断裂。在现实生活中，政府往往会将事件等级与预警等级混淆，
甚至忽视对突发环境事件的预警工作。例如，2018 年 11 月，福建省
泉州码头发生碳九泄漏事故，69.1 吨碳九产品漏入近海，造成了严重
的水体污染和大气污染。当地政府在处置这起突发环境事件时，不断
以"通知"的形式对外发布事故的各项信息，并在事件发生后根据具
体情况对环境进行处理和修复。[2]但从整个事件的处理过程可以看出，
该事件对大气或水体造成污染，但政府并未发布任务预警信息，所有
的应急响应处置行为都是以"指示批示"和"舆论解释"为前提。对
于该事件中环境污染状况的变化，政府并未进行环境监测预警。这一
现象并非个例，而是我国环境应急管理工作的普遍现象。当然，这种
外部结构上的断裂也暗示并催生了环境监测预警制度体系的内在结构
约束，导致环境监测预警制度独立于整体上的环境应急管理制度体系，
而成为一种新型的环境治理手段。因此，环境应急管理制度体系外部
结构的断裂就约束着环境监测预警制度的功能选择。

（二）内部结构与结构约束（B2）

从此前的规范分析中可知，2014 年 4 月 24 日，《中华人民共和
国环境保护法》修订版初步确立了三项环境监测预警制度，但并未就
制度内容做出更为详细的规定。为了应对长时间、大规模的雾霾天气，
2015 年 8 月 29 日，《中华人民共和国大气污染防治法》修订后要求
国家建立重污染天气监测预警体系。2017 年 6 月 27 日，修正后的《中

---

[1]　韩大元,莫于川.应急法制论:突发事件应对机制的法律问题研究[M].北京:法律出版社,2005:9–10.
[2]　福建泉州通报"碳九泄漏事件"处置情况。

华人民共和国水污染防治法》新增了关于组织开展流域环境资源承载能力监测预警的相关规定。2017 年 9 月 20 日，国务院出台了《关于建立资源环境承载能力监测预警长效机制的若干意见》，初步明确了资源环境承载能力监测预警制度的基本原则、管控机制、管理机制和保障措施。由此，中国环境监测预警制度的内部结构便是由突发环境事件监测预警、农业污染源监测预警、资源环境承载能力监测预警、流域环境资源承载能力监测预警和长江流域水环境质量监测预警制度组成。可见，环境监测预警制度已然成为一项独立的、新型的环境治理手段。

分析各类型环境监测预警制度间的结构约束，需要选取制度之间的关键性要素作为对象。环境监测预警的制度逻辑在于，通过预警级别变动来调整相关主体的权利（权力）义务，从而达成相应的环境治理目标。[1]也就是说，环境法律规范的作用必须以确切的制度内容为基础，环境监测预警的制度意义应当外化为明确的权利义务及法律责任，即该项制度功能实现的前提在于解决"谁来预警""如何预警"及"预警到何种程度"的问题。其中第一个问题以环境监测预警责任主体为制度表现，依政府责任及预防为主、保护优先原则予以确认。后两个问题则需要通过对监测预警标准体系的规定实现。现行立法将环境监测预警规定为政府基本的环境责任，一旦达到环境监测预警的启动标准，便意味着环境风险规制责任的启动，规制责任人就必须按照相关法律法规的规定采取相应的规制措施。那么以监测预警标准为媒介进而主导环境风险分配和规避的运行过程便清晰可见了。首先，以具体基础性限值为主的监测预警标准，其效力表现为相应环境风险规制责任的启动和检验，也是政府风险规制职责或是损害担责原则是否被履行和遵守的度量尺。同时，标准自身的合理性、正当性与否亦是决定风险分配和实体性结果之关键。其次，以操作性为特征的技术

[1] 黄锡生，张真源.中国突发环境事件预警法律制度的困境与出路[J].甘肃政法学院学报，2017（2）：27–33.

导则，其效果类似于以工具主义程序观之价值理念来扶正实体结果的合法性，通过规范环境监测预警制度的操作过程，在一定程度上消解管控责任主体被主观性利益俘获的可能性。换言之，若缺乏上述环境监测预警后的规制过程，污染者所制造的环境风险将跟随风险社会的分配逻辑不断对外分散、向下累积，从而导致环境风险分配结果的不正义。因此，无论环境监测预警制度的责任主体为何人，环境监测预警标准始终是预警级别变动的内在构成要素，是衡量制度运行过程中权利（权力）、义务和法律责任大小的"度量尺"，也是该项制度成立的基础及立命之本。

根据 2016 年 10 月国家发改委、国家海洋局等 13 部委联合印发的《资源环境承载能力监测预警技术方法（试行）》中的相关规定，中国资源环境承载能力预警标准体系分为陆域和海域两大类。其中，陆域标准体系又分为基础评价指标、专项评价指标、过程评价指标及待补评价指标。所涉范围涵盖了土地资源、水资源、环境胁迫程度、植被覆盖度、灰霾污染、耕地变化、生态质量、自然保护区、风景名胜区等，海域标准体系主要包括海洋空间资源、生态资源承载标准及海洋环境承载标准。[1] 从其他类型的环境监测预警制度来看，如农业污染源监测预警标准体系主要涉及农业用水污染预警标准和耕地土壤污染预警标准；[2] 又如环境污染公共监测预警和突发环境事件预警标准所涉及内容均包括水、土壤、大气、辐射及海洋污染预警标准体系；长江流域水环境质量监测预警标准主要涉及地表水环境质量标准体系。（见图 5.3）

可见，在制度形成过程中，对行政机关权利（权利）义务的重复配置，加之表 4.1 所示管理主体层级不一，及管理主体与管控对象之间的交叉重合，就容易出现制度主体"既是裁判员又是运动员"的状况。再者，交叉重合的权力结构与重复配置的社会资源使得政府机关在建

[1] 国家发改委、国家海洋局等 13 部委联合印发.资源环境承载能力监测预警技术方法（试行）[J].中国环境管理，2016，8（5）：7.

[2] 邓小云.农业面源污染防治法律制度研究 [D].青岛：中国海洋大学，2012：24-56.

构环境监测预警制度时出现"选择性难题"，从而形成一种"东一榔头西一棒子"式的建构模式，无法确定制度的主体结构，无法抓住制度建构重点与核心，难以形成稳定、高效的制度运行体系。

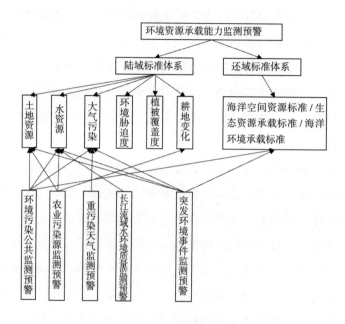

图 5.3　中国环境监测预警标准体系

第二节　要素缺陷：环境监测预警制度的现实困境

众所周知，环境监测预警制度的形成与发展不仅要求制度体系建构的合理性，还应当保证制度构成要素的完备性。根据此前分析，环境监测预警制度的构成要素包括环境监测预警标准、环境预警监测、环境监测预警评估、环境监测预警信息公开及环境监测预警后风险规制措施。其中，任何一个环节的缺失或故障都有可能引发整体环境监测预警运行机制的不流畅，进而出现反功能效果。同时，环境监测预警制度并非独立于其他环境治理制度而单独发挥作用。现实中环境监测预警制度往往与环评区域限批制度、排污总量控制制度、排污权交易制度和生态红线制度存在关联。这便意味着预警级别的启动将影响诸多环境治理制度，它们彼此的相互配套与配合亦是制度运行有效性的根本前提之一。目前，中国的环境监测预警制度发展较为零散，基本上是为了应对区域性环境问题而设立。但由于技术发展的不足和制度配置的不充分，区域性环境监测预警制度的设立基本成为口号性的宣示，或是在目标性文件中略有体现。例如，江西省赣州市初步建立了生态破坏监测预警机制，[1] 上海市崇明区计划完成生态环境监测评估预警体系建设，完善生态环境预警监测评估机制。[2] 上述制度均停留于规范文件层面而未被实践。因此，环境监测预警制度构成要素是制度体系与制度效果间漫长因果链条上的各个连接点，其建构与完备是制度体系有效运行的基础。然而，中国环境监测预警制度的构成要素目前还存在诸多不太完善的地方。（下面在论述环境监测预警制度的现实困境时，将本书提出的问题分别标记为 F1/F2/F3/F4/F5/F6 ）

一、片面与缺失：环境监测预警标准制度不全面

科技的发展在引发技术革命的同时，也带来了多样化的环境风险。政府日常管理难以面对这些复杂的风险。与此同时，技术革命在环境治理领域的运用使得政府所能采取的环境治理手段越发丰富，并且通过法制化的方式形成了系统化的环境资源制度体系。环境监测预警制度正是环境治理技术的法制化形式，其因覆盖面广和治理全面必然成为环境治理的有效措施。而制度的核心就是标准。监测预警标准处于环境监测预警制度"对应性架构"的前端。从科学客观的角度来看，环境监测预警标准是衡量环境风险累积程度，是对人体和自然影响程度的标尺，其意味着政府行政机关在预警状态下是否采取、采取何种、

---

[1] 参见：陈妍凌.中央第四环保督察组向江西省反馈"回头看"及专项督察情况 [N].中国环境报，2018-10-17.

[2] 参见：上海市崇明区人民政府.崇明区 2018—2020 年环境保护和建设三年行动计划的通知。

何种程度的环境风险规制措施。从利益衡量的角度来看，环境监测预警标准是生态环境利益与区域经济利益中异质利益衡量的基本社会共识，意味着调整两类利益的国家公权力存在着标准化、制度化的可能性。其实，异质利益的衡量存在一定程度上的社会共识，如基本价值的社会共识、利益位阶的社会共识、行为规范的社会共识。[1] 显然，在私法领域，这些社会共识构成了法官衡量当事人利益大小的基本前提。然而，在公法领域——特别是环境风险治理领域——宽泛、模糊的立法授权模式，使得基础性的社会共识难以作为判断生态环境利益与区域经济利益的"度量尺"。所以，寻求环境监测预警制度法治化的路径，必须在环境监测预警领域内建构一种相对稳定、统一的"社会共识"。环境监测预警行为的"前端"预警标准，实为预警状态下生态环境利益与区域经济利益衡量的工具，亦是环境预警领域内"社会共识"的载体。作为被宪法所保护的客观利益，生态环境利益与区域经济利益的边界，在预警状态下应当以预警标准进行划分。从预警状态下环境行政权力运行的角度来看，环境监测预警的制度价值在于通过标准下的预警级别的变动来确立相关主体的权利（权力）、义务和法律责任。监测预警标准是一项科学客观的指标体系，其暗含了标准设定主体的主观价值取向及政府环境风险规制所要达到的目标值。虽然，环境监测预警标准对政府主体和公民主体没有直接的法律约束力，但当环境监测预警标准被立法所直接适用或是通过准用性规则适用时，其便具有法律意义上的规范效力。可见，监测预警标准承载了环境监测预警制度的多项功能，是制度运行体系的起点和核心。然而，目前我国的环境监测预警标准制度存在诸多不足，一是标准体系及标准认定策略上的片面性，二是监测预警标准的程序性规定缺失。（F1）

第一，标准体系及标准认定策略的片面性。客观标准与主观价值是环境监测预警标准的两项重要指标。客观标准反映了环境风险的累

---

[1] 梁上上.异质利益衡量的公渡性难题及其求解:以法律适用为场域展开[J].政法论坛，2014，32（4）：3-19.

积对人和自然所造成的不利影响的阈值；主观价值是基于经验判断的认定。前者是科学范畴内的环境标准，后者是一种经验的累积。当然两者都被我国立法所确认。[1] 可见，环境监测预警标准具有科学和经验的双重属性。当然，在制定主体和制定程序上，该类标准性规范与传统意义上的立法规范存在明显的区别。因此，这类环境预警标准与环境标准类似，[2] 当某项立法通过准用性规则的方式援引知识，环境监测预警标准便具有法律意义上的强制效力。[3] 目前，我国环境监测预警标准体系仅在社会问题较为突出且常态化的重污染天气监测预警领域，制定较为详细的监测预警标准，这当然也是以气象灾害预报预警技术的成熟为前提。然而，对于那些非常态化、偶发性或是较长时间范围内的环境灾害、突发事件或危机、风险，客观上就难以建构起一套特定的、规范的标准体系。尤其是偶发性的突发环境事件，更多的是需要基础数据的监测及一定经验的判断。所以说，我国目前在突发环境事件监测预警、环境污染公共监测预警、农业污染源监测预警尚未形成一套规范的标准体系。《国家突发环境事件应急预案》规定，预警级别的划分标准由生态环境主管部门制定，但是由于环境事件本身的多样性和复杂性，目前尚未出台相关的标准体系。而资源环境承载能力监测预警标准，包括流域水环境资源承载能力监测预警标准目前都尚处于技术研究阶段。[4] 在标准认定的策略上，由于环境监测预警的专业性和技术性，指标和数值的认定基本上是实践过程中唯一的

---

[1]　例如，《中华人民共和国突发事件应对法》第四十二条第三款规定："预警级别的划分标准由国务院或者国务院确定的部门制定。"《气象预报发布与传播管理办法》第十六条规定："地方各级气象主管机构所属的气象台站发布预警信号，适用本办法所附《气象灾害预警信号及防御指南》中的各类预警信号标准。"在现有的环境立法框架下，环境监测预警标准的两方面内容主要是通过立法机关的"授权式立法"，以及隐含于各单行环境立法中的转致性条款和准用性规则而被纳入环境法律体系当中。

[2]　这种类似是指在法律性质上的类似。张晏、汪劲在《我国环境标准制度存在的问题及对策》中指出："环境标准是由相关领域专家在科学认知基础上进行判断制定而成的，由一系列符号、代码、编号和其他技术规定组成的技术性规范，本身并不属于法律规范，具体适用需要依附于法定环境行政决定即公法上的判断。"

[3]　施志源. 环境标准的法律属性与制度构成：对新《环境保护法》相关规定的解读与展开 [J]. 重庆大学学报（社会科学版），2016，22（1）：159-163.

[4]　樊杰，周侃，王亚飞. 全国环境资源承载能力预警（2016版）的基点和技术方法进展 [J]. 地理学科进展，2017，36（3）：266-276.

参照物。但这种认定策略在实践中会存在一定的不合理之处。例如，长江流域水环境质量监测预警级别认定当月断面的水质类别，水质的上升和下降便代表着预警级别的变动。虽然重大自然灾害等造成的预警级别变化的数据不予认定，但是无论人为和自然的相互作用还是单方面作用都不影响环境风险对人体和生态环境的损害。这种单纯的数值指标认定策略显然是不合理的。

第二，环境监测预警标准的程序性规定缺失。环境预警涵盖了从环境风险的发现、风险上报、审批决策，直至解除预警的全过程，这决定了环境预警在标准体系的构建上必然不是一成不变的，而是体现为一种不断发展、调试的动态过程。环境监测预警标准的程序性规定主要包括标准的调整机制、退出机制和实施效果评价机制。而这些环境监测预警标准程序性规定的规范载体一般体现在各级的环境应急预案中。也就是说环境应急预案的变动代表着环境监测预警标准的变动。例如，河南省分别在 2016 年和 2018 年对《河南省重污染天气应急预案》进行了调整，其中便包括环境监测预警分级标准的调整。在 2018 年的《河南省重污染天气应急预案》中，其将重污染天气预警四级标准调整为三级，即取消了 2016 年预案中的蓝色预警措施。在许多其他类环境应急预案中，诸如突发事件分级标准和危机预警分级标准在对社会公布的文本中被完全或者是部分的删除。[1] 事实上，应急预案在环境监测预警的组织体系、监测预警的事前管理措施、事后管理措施和应急保障措施等方面都创设了大量的行为规范。[2] 尤其是在设定权利（全力）义务的预警标准体系方面，应急预案对环境监测预警的分级标准和突发环境事件的分级标准都做了重要补充。若离开了这些补充性规定，大量的法律规范将无法实施。可见，环境应急预案于本质上已异化为应急法律体系的重要组成部分，具有替代或执行法律的重

[1]　林鸿潮.论应急预案的性质和效力：以国家和省级预案为考察对象 [J].法学家，2009（2）：22-30，156.

[2]　张真源.我国突发环境事件预警制度的立法完善 [J].齐齐哈尔大学学报(哲学社会科学版),2017(3)：86-88.

要功能。然而，作为权力（权利）义务创设性规范的应急预案，其事实上的规范效力与其作为政府内部低位阶文件之间存在着巨大落差。这使得某些地方政府制定的环境预警制度的应急预案常常出现越权的规定，凸显一种紧张的规范效力冲突，呈现一种"立法滞后、预案先行"的法制现状。[1] 在修改程序的规定方面，根据《突发环境事件应急预案暂行管理办法》（2010）的相关规定，在突发环境事件应急预案的编制程序方面，其程序与普通规范性文件相比较为严格，但是比法律法规的程序又更为宽松。就环境监测预警标准而言，其一般是以项目委托的方式进行，但由于缺乏对项目研究的合理的判断标准及同行评审机制，标准在出台时容易缺乏合理性考量。评估评价机制的缺失使得环境监测预警标准的"立改废"缺乏科学合理的动态调整机制。

二、分离与滞后：环境监测预警信息的发布模式不健全

应对常态化风险是人们经历环境风险、突发事件、灾害，甚至是危机后所形成的社会反应机制。这种机制的形成需要在人类与自然相互影响的行为过程中逐渐发展与完备。当公众对环境风险类型的认知无法形成常态化的反应机制时，风险给人类社会带来的将是极为突发和沉重的代价。那么，政府如何引导公众形成环境风险的普遍性认知便成为首要解决的问题。一般而言，公众可以依据《中华人民共和国政府信息公开条例》获知环境风险信息，以利害关系人的身份申请获取。然而，公众对环境风险的认知，往往不同于专家或政府机构的判断，其被动获取环境风险信息的现状显然无法实现社会共识的建制。公众对风险的态度一般为重视那些容易产生灾害性后果的风险，那些发生在自己身边的风险，那些为新闻媒体所广泛报道的风险。而确实严重又相对不为公众所知的风险，却被置于较为错后的位置。[2] 所以说，

[1] 于安. 制定《突发事件应对法》的理论框架 [J]. 法学杂志, 2006（4）：28-31.
[2] 史蒂芬·布雷耶. 打破恶性循环：政府如何有效规制风险 [M]. 宋华琳，译. 北京：法律出版社，2009：6-7.

政府引导性行为，即有效的环境风险信息传递及发布将担负纠偏公众环境风险意识，促进公众自我规避环境风险的功能。而信息的传递及其功能的发挥关键在于信息的发布模式。与非常态化的环境风险信息发布模式不同的是，常态化的环境风险信息发布模式能够进一步促进公众主体意识的觉醒，将环境风险自我规避的逻辑根植于公众惯性思维中。正如，天气预报中"下雨带伞、收衣服，冰雹天气不出门，大雾天气开车要注意等"，公众基于提前获知的天气状况，以及对不同天气条件下可能产生后果的基本认知，主动自我规避可能受到的不利影响。环境监测预警制度若要使社会公众形成"条件反射"环境风险规避思维，应以及时、准确、动态的环境监测预警信息发布模式为该项制度功能实现的前提。然而，由于监测预警技术水平的局限性以及环境监测预警制度正处在建设初期，我国目前的环境监测预警信息发布模式存在诸多问题。（F2）

第一，预警信息的发布主体不合理。从我国环境立法的相关规定可以看出，我国监测主体与预警主体间存在着相互分离的架构。[1] 那么，两种不同目标的主体采取的行为就极易发生功能的偏离与失范。在 2016 年的江苏常州"毒地"事件中，多次监测都未能发布相关预警信息。[2] 同一制度内，不同运行程序主体间的相互分离，是我国环境监测预警制度运行的困境之一。

虽然环境监测预警制度的诸多内容已经被现有立法和各项规范性文件所吸收，但总体的立法倾向仍属于"政策性"宣扬阶段，其立法

---

[1] 具体来说，现行法规范设定的环境监测主体为各级环境保护主管部门下设的环境监测站，与之相对，在一些已经规定了环境预警信息发布主体的现有文件中，预警信息的发布主体被规定为县级以上人民政府。例如，在突发环境事件预警具体场域，《中华人民共和国突发事件应对法》和《国家突发环境事件应急预案》规定有权针对突发环境事件发布预警信息的主体为县级以上地方各级人民政府。应当说，从程序上来看，环境监测是环境预警及决策的基础，贯穿于环境风险的发现、上报、决策、信息发布、解除预警的全部阶段。

[2] 常州外国语学校建设初期的环评报告已经论及学校北侧场地的土壤污染和地下水污染问题，即污染极易损害人体健康。然而，从 2012—2016 年，作为预警信息发布主体的"县级以上人民政府"并未向地块周边学生和群众发布任何环境预警信息。该事件中，环境监测机构已经针对土壤和地下水污染问题履行了监测职责，但囿于现行制度框架，其并无权以自身名义做出环境预警，发布预警信息，由此导致文本规定的预警制度无法实施和适用。

内容并未对预警信息发布主体予以明确设定。例如，《中华人民共和国环境保护法》中的各项监测预警制度规定了以"各级人民政府"为建构主体。那么"谁建构"就代表着谁有能力对潜在的环境风险进行监测，便当然成为预警信息发布的主体。然而，政府作为处理社会生活各项事务的主体，其是所有公共行政事务的责任承担者。从维护社会稳定的角度来看，监测与预警的脱离当然是理性思考的结果，因为确保预警信息的客观真实且综合衡量环境信息的社会影响，是地方政府的重要职责。从制度运行成本视角来看，在环境监测预警信息发布、调整和解除的制度运行逻辑中，无论发布怎样的预警信息都需遵循以下流程：环境监测机构发现潜在环境风险后，其将预警信息上报环境保护主管部门，然后由环境保护主管部门向本级人民政府提出预警信息发布建议，最后由地方人民政府向公众发布预警信息。然而，这一理性考量的结果也可能带来负面影响，即当基于信息不畅而消耗的社会成本大于信息筛选和保护所带来的收益时，强制性地规定监测和预警脱离，不仅无法有效维护社会稳定，还有损政府公信力，此时便属于违背成本收益原则的制度设计。

第二，预警发布模式滞后。我国现有的环境监测预警信息发布模式主要分为单项发布模式和基于协商的综合发布模式。单项发布模式主要以"控制型"模式的环境监测预警制度为主，是指将环境要素所存在的风险预警信息对外发布，其所考量的对象仅限于水、大气或土壤等单项环境要素潜在的风险程度本身。而基于协商的综合发布模式则主要以"限制型"模式的环境监测预警制度为主，是根据各类环境评价要素及其权重综合集成，并经有关部门共同协商达成一致后对外公布。目前，单项环境要素预警信息发布模式仅出现在《中华人民共和国大气污染防治法》中，其对重污染天气监测预警制度的预警发布模式进行了明确规定：设区的市级以上生态环境主管部门会同气象主管机构就大气环境质量进行会商，确定可能发生重污染天气的，应当及时向本级人民政府报告。并由设区的市级以上人民政府对重污染天气进行研判以确定预警等级和发布预警信息。[1] 在综合发布模式方面，《关于建立资源环境承载能力监测预警长效机制的若干意见》指出：资源环境承载能力监测预警综合评价结论，要根据各类评价要素及其权重综合集成得出，并经有关部门共同协商达成一致后对外发布。各单项评价结论要与综合评价结论以及其他相关单项评价结论协同校验后对外发布。[2] 可见，由于单行环境要素或是资源环境承载能力监测预警级别的变动会带来一系列的资源环境限制型措施，政府需要在宏观层面把控区域经济发展与环境资源保护之间的利益平衡，且预警级别的变动还涉及了领导干部资源环境行政监管责任。因此，预警级别本身所具有的"预防性"功能被附加了诸多非环境因素（如区域经济发展、官员绩效）的考量。这就导致发布的环境监测预警信息难以客观、公平地对环境风险的积累程度做出科学的判断，环境治理在环境监测预警制度下仍旧异化为平衡区域经济发展和官员绩效考核的工具。例如，资源环境承载能力监测预警制度的信息发布模式多重视保障预警信息准确性和实效性，而对于及时和动态的信息发布模式其仅规定建立突发资源环境警情应急协同机制，缺乏有关预警信息发布模式的相关规定。此项规定使得资源环境承载能力监测预警制度脱离原有促进公众自我规避资源环境风险功能的设定，转而成为对区域资源环境综合评价的工具及领导干部资源环境监管责任的科学标尺。

三、闭塞与模糊：环境监测预警会商与评估机制不顺畅

环境监测预警制度的会商与评估机制是保障预警级别科学性和合理性的程序性设置，也是保障预警后政府环境风险规制措施合法性和

[1] 参见：《中华人民共和国大气污染防治法》（2018）第九十五条："省、自治区、直辖市、设区的市人民政府生态环境主管部门应当会同气象主管机构建立会商机制，进行大气环境质量预报。可能发生重污染天气的，应当及时向本级人民政府报告。省、自治区、直辖市、设区的市人民政府依据重污染天气预报信息，进行综合研判，确定预警等级并及时发出预警。预警等级根据情况变化及时调整。"

[2] 参见：中共中央办公厅、国务院办公厅印发《关于建立资源环境承载能力监测预警制度长效机制的若干意见》第十项第二款。

可接受性的程序性设置，蕴含了民主与科学的双重价值目标。从民主协商途径的视角来看，在公法领域，民主协商途径需以法律明确规定为前提，即其他相关利益主体所享有的行政参与权。如果缺乏明确的法律规定或是法律做了禁止性规定，相关利益主体的行政参与权难以得到保障。[1] 同样，民主协商存在两种模式：一是政府行政机关内部各级政府或各部门之间的内部协商；二是政府行政机关、专家学者与社会公众的外部协商。从科学评价途径的视角来看，环境监测预警制度的会商与评估机制是基于对环境风险累积程度的科学判断，主要是指对人体和自然环境可能产生的直接影响、评价预警级别启动可能对区域产业发展和建设项目等产生的间接社会影响进行综合评议，得出环境风险预警的等级及应当采取的风险规制措施的过程。可见，环境监测预警会商与评估的科学性判断存在两种评价体系：一是评估暴露的环境风险受体可能遭受的侵害和危险；二是评估预警级别启动可能造成的其他社会影响。一般而言，第一项标准能够通过科学指标和数值统计、计算得出，而第二项标准则需要依据一定的经验判断、科学模型及相关数据统计分析等方式得出。

从功能相似性的比较来看，美国的土壤污染风险管控制度有着与中国环境监测预警制度的相似性功能。其会提出有害物质释放到环境中的应对方案，并提供技术指导评估有害物质对人类健康和环境可能造成的负面影响。从美国土壤污染风险管控的基本流程来看，其所谓土壤风险评估与描述主要集中于：一是在识别了环境风险之后对土壤中污染物质的暴露分析与影响分析，分析是否达到了暴露—相应限值；二是对已经达到暴露—相应限值的土壤环境再次进行风险评估与描述，综合分析土壤环境风险的特征，为采取何种方式、何种程度的土壤环境风险管控措施做好准备。[2] 可见，在美国土壤风险管控措施中，

---

[1] 戚建刚. 风险规制过程合法性之证成：以公众和专家的风险知识运用为视角 [J]. 法商研究，2009，26（5）：49-59.

[2] James T. Markwiese, Randall T. Ryti, Ralph Perona. Assessment of contaminated soils[J]. Environment And Ecological Chemistry，2000，20（3）：1-7.

风险的评估与描述分别处于制度运行的不同阶段，但其作用却贯穿于整个制度体系。从我国环境监测预警制度的立法文件和政府规范性文件可以看出，中国环境监测预警制度的会商与评估机制贯穿了风险监测到预警结束的整个过程。其并未像美国土壤风险管控制度中的风险评估和描述一样，作为整个制度运行程序的不同节点，具有清晰的制度定位。因此，目前中国环境监测预警制度的会商与评估机制还存在许多问题。（F3）

第一，民主协商途径闭塞。在环境监测预警制度的"控制型"模式下，预警级别的发布涉及对个人自由和企业经营自由的诸多限制。如果说预警级别的启动是基于科学技术判断而得出的结果，无法成为进行民主协商的基础和前提。但不可否认的是，预警状态下环境风险规制措施的强度是可以在民主路径下进行探讨的。我们也应看到在重污染天气监测预警制度中，立法只规定了设区的市人民政府生态环境保护主管部门与气象主管机构的会商，及人民政府与有关部门的指导型和调整型职能，并未就预警状态下的可能性采取环境风险规制措施种类和强度设置进行协商的途径。例如，各地政府制定的环境应急预案是载有预警后风险规制措施的主要文件，虽然《突发环境事件应急预案管理暂行办法》规定：由政府部门工作人员、相关行业协会和重点风险源单位代表，以及应急管理和专业技术方面的专家所组成的应急预案评估小组，对县级以上人民政府生态环境主管部门所制定的应急预案草案进行评估。但现实中，此种程序的设置往往无法获得平等协商的效果。从各地出台的环境应急预案来看，其预警级别的修改和应急措施的变动，主要还是根据地方经济发展状况来定。例如，2018年的《北京市空气重污染应急预案》取消了蓝色预警级别，以期适应区域的经济形势变化。[1]从环境监测预警制度的法律效力来看，预警级别发布、调整和解除伴随着环境行政权力的变更。以资源环境承载能力监测预警制度为例，资源环境承载能力监测预警级别的正向演化，

---

[1] 参见：北京市生态环境局．《北京市空气重污染应急预案（2018年修订）》正式公布，2018年10月19日。

伴随而来的可能是对区域经济发展的重新布局，也可能是获得相应的补偿机制。[1] 而资源环境承载能力监测预警制度的逆向演化，带来的却是一系列限制影响经济发展的措施。[2] 我们从逆向演化的效果来看，制度的单一性目标带来了多重法律效力。也就是说，虽然预警级别的发布看起来像一种具体的行政行为，但就其法律效力所涉及的时间点和空间幅度而言，其更像是一种抽象行政行为。那么，这种所涉范围较广的行政行为应当有符合相关利益主体参与的民主协商机制。但是，在环境监测预警制度领域，由于技术化手段尚不成熟，民主协商途径更是无从谈起。事实上，目前我国法律对资源环境承载能力监测预警制度的民主协商途径极为有限，这已成为相关主义无法表达自身利益的制度障碍。[3] 目前，我国环境监测预警制度的评价和监督过程基本上是政府内部的横纵协商，民主协商的途径基本上可看为一种象征性的意识表示。加上整体利益对于个人利益的掩盖，民主协商途径的闭塞也就成为必然。

第二，评估的内容与效力模糊。如果单从科学性的角度考量，环境监测预警制度的会商与评估正如美国土壤风险管控的评估与描述一样，仅仅针对的是人体和环境本身的暴露分析和影响分析，及其对已经达到暴露—相应限值的土壤环境进行风险评估和描述。环境治理制度的基本形式在于科学技术与法律规范的二元结构。其类似于"哲学王"的统治模式，是一种在真理、无误基础上的统治。当然，这只是柏拉图的思想实验。回归现实生活，具有良好运行秩序的法治社会是仅次于"哲学王"模式的治理方式。也就是说，科技在法治化范畴内

---

[1]　从正效应来看，预警级别由深及浅的变动或是重新定位区域的产业发展面向，或是获得生态补偿、发展权补偿及其金融、税收制度倾斜，但其背后却是对区域内既有产业的限制与转型。

[2]　例如，区域限批、限制生产、责令停产停业、建设用地减量化、资源环境风险管控等一系列限制措施。

[3]　《中华人民共和国环境保护法》第十八条简单规定了由省级以上人民政府组织有关部门或者委托专业机构建立资源环境承载能力监测预警机制，而未涉及制度运行的过程。《关于建立资源环境承载能力监测预警长效机制的若干意见》对监测预警的评价过程规定如下：监测预警评价由政府部门结合国土普查每五年一次进行全国性的资源环境承载力评价；对区域实行动态评价机制，对监测预警的综合评价结论，需经有关部门共同协商达成一致后对外发布；省级与市县级对全国性和区域性资源环境评价结论进行纵向会商、彼此校验；对突发性环境警情协同监测、快速识别、会商预报等；对超载区域的监督，主要是国家发改委以书面通知、约谈等方式进行。

的运用是国家治理的最佳方案。[1]然而，风险的社会性与主客观性使得法律难以有效回应。[2]此时，环境监测预警制度作为"科技＋法律"的代表者，其应当利用法治国家的基本原理，通过实体建构和程序建构，对会商评估的内容与效力予以明确规定。然而，我国目前并未对"控制型"模式下环境监测预警制度的会商与评估机制的内容进行明确，仅对会商评估主体做了规定。而"限制型"模式的环境监测预警制度仅明确了横向会商和纵向会商的基本目的。例如，资源环境承载能力监测预警制度要求省市县进行纵向会商、彼此校验，完善指标和阈值设计，准确解析超载成因，科学设计限制性和鼓励性配套措施，增强监测预警的有效性和精准性。可见，无论是"控制型"模式，还是"限制型"模式，均未对会商评估的内容进行明确规定，而目标性的设定显然缺乏可操作性。那么，缺乏基本内容的设定，也就无法在程序建构方面对会商评估后的结果进行法律效力上的认定。由此，环境监测预警会商评估机制在整个环境监测预警制度运行体系中的作用和定位就难以认定。

四、虚置与错乱：环境监测预警的监管监督机制不完善

环境监测预警制度的监管监督机制是指对行政机关规制环境风险、灾害、突发事件和危机的监测预警行为的政府监管机制与社会监督机制。政府监管与社会监督贯穿于环境预警监测到预警信息发布，再到预警状态解除的全过程。政府监管的理论基础是公权力对公权力的监管，包括同级政府对有关部门的监管，也包括上级行政机关对下级行政机关的监管。社会监督的理论基础是私权利对公权力的监督，其本质上是公民享有良好生活环境和生态环境的基本环境权的体现，[3]

[1] 苏力. 法律与科技问题的法理学重构 [J]. 中国社会科学, 1999（5）：57–71, 205.

[2] 戚建刚. 我国行政决策风险评估制度之反思 [J]. 法学, 2014（10）：92–98.

[3] 吕忠梅. 论公民环境权 [J]. 法学研究, 1995（6）：60–67.

表现为政府提供优良环境的公共服务职能或者说是国家的环境保护义务。[1] 环境监测预警制度的政府监管主要体现在对环境预警监测行为、环境监测预警评估行为、环境预警信息发布行为、预警状态下环境风险规制行为和安全保障行为的监管。社会监督则主要体现在预警状态下对政府环境风险规制行为的监督。（F4）

第一，政府监管虚置。就中国目前的环境监测预警制度监管监督机制而言，其主要是一种以环境质量目标为法律直接规制目标的环境质量目标主义。[2] 在环境责任的认定方面其是一种以结果责任向行为责任推演的责任追究模式。这并非一种刻意的责任追究模式，而是基于环境风险特性及公众对环境风险的关注方式而形成的。一般而言，环境风险所具有的潜伏性和长期性，积累到一定程度时会以一种突发环境事件的形式呈现。政府环境监测预警的行为包括监测发现潜在的环境风险，通过风险评估对外发布预警信息，并根据预警级别确定可能采取的环境风险规制措施。而公众对环境风险的认知也一般形成于预警级别发布之后，甚至若非紧密关涉自身的环境风险，公众很难过多关注环境风险，这导致其很难对环境监测预警形成有效的社会监督。在缺乏有效公众关注和社会监督的前提下，环境监测预警制度领域将缺少社会共识，那就很难在此领域形成有效的政府监管。只有当环境风险的累积达到突发环境事件或灾害发生的基本线，并且已经严重危及人们的生命健康和财产安全的时候，政府监管与社会监督才会聚焦于预警后风险规制的实际效果。目前，我国的环境监测预警制度在运行的过程中已经出现了预警信息隐而不报、轻报，或是环境风险规制措施启动不及时等问题。即便是在公众普遍关注的重污染天气，监测预警制度领域同样出现了上述问题。

第二，政府监管与社会监督彼此分裂、缺乏联动。正如前文所述，

---

[1]　蔡守秋. 从环境权到国家环境保护义务和环境公益诉讼 [J]. 现代法学，2013，35（6）：3-21.

[2]　徐祥民. 环境质量目标主义：关于环境法直接规制目标的思考 [J]. 中国法学，2015（6）：116-135.

单一的政府监管容易存在被虚置的风险。2017 年出台的《关于建立资源环境承载能力监测预警长效机制的若干意见》便指出：要坚持政府监管与社会监督相结合，以期形成统分结合、上下联动、整体推进的政府监管与社会监督联动实效。但现实中，政府监管与社会监督之间尚未形成能够相互嵌套的制度机制。从环境监测预警制度的不同阶段来看，首先，环境预警监测的政府监管在于同级政府或行政机关对监测行为规范性和监测数据准确性的监管。而在这个阶段，由于预警监测技术的专业性及环境风险累积的隐蔽性，社会公众一方面没有能力对预警监测的过程进行监督，另一方面很难关注到潜藏的环境风险，从而无法形成监督合力。其次，在环境风险会商评估阶段，政府监管在于同级政府或上级政府、行政机关对环境风险可能产生的人体致害和环境致害的危害性的了解和把握，及其公布环境监测预警信息后可能对社会稳定性造成何种影响的整体把控。而在这一阶段，一方面我国现有立法并未将社会公众纳入环境监测预警会商过程中来，[1]另一方面环境风险管理的紧迫性特征使得社会监督难以在短时间内进入会商评估。当然社会公众如果缺乏专业性知识及对客观情况的了解，那么其对环境风险的会商评估就难有助益。再次，在预警级别发布阶段，政府监管基于统筹风险评估的结果和考量预警发布对区域经济的影响，最终确定对外发布的预警级别。而社会监督对预警级别的判断需要通过自行监测与预警分级标准的对照来分析是否存在预警级别从重或从轻的情况。显然，社会公众对环境风险状况的判断均是对环境现状的直观感受，其难以通过技术手段进行监督。最后，对于预警状态下的环境风险规制措施，政府监管的目的在于监督行政机关采取合理合法的风险规制措施，保障环境风险的消除和公民生命健康、财产安全和基本生活水平，同时防止预警状态下环境行政权力的过度扩张对个人自由和企业经济自由的侵犯。在监管形式上，同级政府或上级政

---

[1] 参见：《中华人民共和国突发事件应对法》（2007）第四十条，《中华人民共和国大气污染防治法》（2018）第九十五条。

府、行政机关主要是内部监管和目标考核两种形式。在社会监督方面，环境监测预警制度的治理实效依旧是社会公众关注的重点。而对于政府行政机关在预警状态下所启动的环境风险规制措施，社会监督的渠道主要是社会意志对环境现状的不满而通过舆论向政府环境治理施加压力，从而迫使政府在预警状态下采取环境风险规制措施予以回应。然而，这种普遍性的民意与进行综合考量的政府公共服务部门的意志会在一定程度上出现偏差，彼此间相互拉扯从而偏离有效环境治理的轨道。例如，当社会环境治理意识上升至很高的水平时，它一定会影响政府加强预警级别下的风险规制措施，从而回应舆论的需求。这也就是在一段时间内各地方政府纷纷出台"最严停工令"的原因。

五、肆意与混乱：预警状态下的"扩权治理"机制不合理

前文已经论及，中国环境监测预警制度蕴含的一项是公权力合法化扩张的"对应性架构"，即预警级别与环境行政权力之间的充分必要关系。在法律规范对"对应性架构"的确认下，环境监测预警制度形成了一种规范化的"扩权治理"机制。这种"扩权治理"机制不单单适用于环境治理权能的扩张，还涉及环境行政责任和刑事责任的认定。因此，从公权力保障的角度来看，环境预警状态下的"扩权治理"机制是保障和促进环境行政权力有效应对环境风险的基本模式。从私权利保障的角度来看，环境预警状态下的"扩权治理"机制是保障公民基本权利不受环境风险侵害的非常态化的、特殊的治理模式。当然，公权力与私权利在一定程度上处于平衡状态，公权力的扩张需要与之对应的私权利的减少。那么，在环境监测预警状态下，不合理的"扩权治理"机制就有可能导致公民基本权利或企业的经营自由受到侵犯。同时，由于长期以来我国对突发环境事件应对的被动性，政府和公众往往更关注事件发生之后的应急响应过程，而忽视了整体过程中的监测预警状态。无论是应急响应还是预警状态，两者都属于政府以"扩

权治理"方式应对环境风险的一种方式。可见，环境预警状态的"扩权治理"机制存在着肆意和混乱的风险和状态。（F5）

第一，公权力扩张结构单一。前文已经论及，环境监测预警状态下存在的不同程度的公权力扩张范围。一般而言，公权力范围是随着预警级别的提升而逐步扩大。但是从我国各地方政府所制定的环境应急预案来看，不同预警级别下的环境风险规制措施的类型都是一样的。例如，北京市的《重污染空气应急预案》黄色预警、橙色预警和红色预警都涉及建设施工的管制和企业停产停业的管制。只是说对企业的管制在不同预警级别下会呈现不同的管制强度。而这种跨越了单方面"对应性架构"的"预警级别—应急措施—管制强度"双层次架构难以受到法律规范的约束。特别是在管制强度上，被列入管制清单的企业很难寻求法律上的救济路径。

在刑事责任方面，2013 年 6 月 8 日的《最高人民法院、最高人民检察院关于办理环境污染刑事案件适用法律若干问题的解释》第四条，将重污染天气预警期间，违反国家规定排放、倾倒、处置有放射性的废物、含传染病病原体的废物、有毒物质或者其他有害物质的，认定为从重情节。这一刑事责任方面的"扩权治理"机制同样存在问题：一是重污染天气预警有不同的级别，从社会危害性角度来看，低中级别预警状态下污染环境罪的量刑是否需要从重还需进一步考量；二是各地对于环境预警级别的分级标准并不统一，这将导致同一行为不同地区出现不同的量刑结果，显然有失公正。

第二，预警状态与应急响应相互混淆、难以区分。从中国环境应急管理制度体系预防准备、监测预警、救援处置和善后恢复的循环结构来看，应急响应机制的启动往往出现在救援处置和善后恢复阶段，也正是因为存在应急响应机制，各地方政府机关在应对突发环境事件时，往往对外公布的是启动应急响应级别。一旦启动应急响应级别，环境监测预警制度的功能便被应急响应所覆盖，预警级别的发布自然被行政机关所忽略。例如，2014 年的甘肃兰州水苯超标事件，是甘肃省省委省政府启动了应急响应机制，并未对水环境质量进行预警；2018 年的福建泉州碳九泄漏事件，是泉州市启动相应的应急响应机制，但其并未就周边大气、水和土壤环境进行预警。而在重污染天气监测预警制度领域，环境预警的级别却对应着应急响应的级别。例如，上海市《空气重污染专项应急预案（2018 版）》中的响应措施规定：根据空气重污染蓝色、黄色、橙色、红色预警等级，启动相应的Ⅳ级、Ⅲ级、Ⅱ级、Ⅰ级应急响应措施。事实上，环境应急响应机制的启动并不意味着环境监测预警状态的结束，只是其在制度机制的设置上并未被明确区分。可见，不同类型的环境监测预警制度在面对预警状态与应急响应时有着不同的方式，从而导致了在环境风险应对过程中预警状态与应急响应的混乱与难以区分。

六、单一与薄弱：环境监测预警的社会力量参与渠道不开放

随着"传送带"的行政模式逐渐向福利国家模式转变，[1] 政府不再是"做的最少即最好的政府"。政府需要承担起更多的社会服务职能，如社会医疗保险、最低生活保障、社区健身服务以及提供优良生活环境等。同时，政府社会服务职能的提升赋予了其更多的权力。改革开放后的中国虽然已经开始向市场化转型，但受计划经济影响，大多数公共服务仍由政府主导，这一问题在我国环境治理和环境公共服务领域同样有所体现。我们可以看到政府主导的模式足以大大提高环境治理和环境公共服务效率，表现出"集中力量办大事"的优势。从环境监测预警制度的生成与发展可以看出，从生态文明建设的提出至今的几年时间，我国迅速建立了多项环境监测预警制度，且在实践过程中成效显著。但是，过度的权力集中必然导致政府陷入事物认知及单方面能力的局限。在社会各项治理事务的权衡中，可能出现选择性地牺牲某一领域的社会治理，或是过度关注自上而下的治理目标或自我判

---

[1]　理查德·B. 斯图尔特. 美国行政法的重构 [M]. 沈岿，译. 北京：商务印书馆，2011：5—12.

断，甚至可能滋生腐败，进而影响环境治理和服务的科学性、合理性、客观性。当然，此处所指的社会力量并非限于通过公众参与形成对公权力的监督，还在于充分利用社会力量补充政府在中国环境监测预警制度领域的不足。然而目前我国在环境监测预警制度的社会力量参与方面存在一些问题。（F6）

第一，环境预警监测与风险规制的参与主体单一。环境监测是环境风险规制的前提和基础。目前，我国环境预警监测被包含于环境监测中，而我国环境监测模式由生态环境主管部门所属的环境监测站单一主导，社会力量参与较为困难。目前政府也逐渐意识到需要将社会力量纳入环境监测。于是 2015 年生态环境部出台了《关于推进环境监测服务社会化的指导意见》，但其规定的开放的环境监测领域仅限于企业污染源、环境损害评估及环评监测等方面。也就是说环境预警监测领域的相关渠道尚未开放。但是，我国环境风险的多样性和复杂性仅靠单一的政府主体显然是"心有余而力不足"。同时，环境监测预警后风险规制措施涉及公众切身利益，关乎社会风险公平分配问题。环境风险作为企业或社会发展的负外部成本，为受益的社会公众自然不愿意承担的多余风险。[1] 此时，如果没有相关通道或制度让公众表达意见和参与治理以保障风险分配的公平正义，那么就要引起社会冲突，造成不必要的社会矛盾。例如，我国近年来发生的"邻避运动"，就是因为偏离信息公开、公众参与的邻避风险规制路径，这表明我国在规制邻避风险方面还存在许多问题。[2] 目前，我国 2015 年 9 月颁布的《环境保护公众参与管理办法》引入了现代社会治理的多元共治理念，确立了公众参与环境治理的合法性。但是，我国现有环境监测预警制度规范并未就公众参与环境监测预警设置相关的制度通道。因此，即使是基于风险分配正义所拟定的规制措施，也难以避免因信息沟通不畅产生不信任问题，进而引发社会冲突，增加不必要的社会成本。

---

[1] 王道勇. 风险分配中的政府责任 [N]. 学习时报，2010-04-12.

[2] 杜健勋. 论我国邻避风险规制的模式及制度框架 [J]. 现代法学，2016，38（6）：108-123.

　　第二，社会力量参与环境监测预警的基础薄弱。企业是社会力量参与环境监测预警的主体，但一般而言环境监测预警属于政府预防和处置环境风险的公共服务职能范围，是国家环境保护现状保持义务、危险防御义务与风险预防义务的根本体现。[1] 随着环境风险的累积，政府环境保护义务呈现不同的情况。当环境在合理范围内出现状况，即低预警状态下，政府有采取相应措施维持良好环境现状的义务；当出现突发的、紧急的环境事件时，即在中高预警状态下，政府有采取保护人民生命、财产安全的积极防御性的义务。当环境风险不断累积时，其会表现出一种不确定的状态，政府基于环境保护义务应当采取相应的预防措施。甚至有学者在探讨雾霾应急的中国实践和法理基础时，直指国家环境保护义务，即雾霾应急是一国合宪秩序下，国家负有的保护和改善生态环境、防治污染并保障公众健康的强制性义务。[2] 可见，从现有的学理论证来看，有关环境风险、突发事件、灾害和危机的监测预警，均表现为国家环境保护义务。当然，随着企业社会责任理论的发展，关于企业环境责任理论的探讨也不断引起人们的关注。有学者认为企业环境责任是企业社会责任的一种类型，即企业对环境、资源保护与合理利用所承担的责任。[3] 目前，企业环境责任主要体现在环境资源税收、环境强制责任保险、节能减排义务等方面。但在环境应急和风险管理方面，企业所承担的预防性义务较少。虽然有些环境高风险企业被要求编制环境应急预案，但多数情况下是国有企业或事业单位在实施，而大多数私人企业并未编制环境应急预案。例如，从 2015 年天津滨海新区爆炸事故，[4] 到 2019 年 3 月江苏盐城和昆山连续发生的工业爆炸事故的环境应急过程来看，[5] 企业在环境风险预防和灾害应急过程中起到的作用明显不足。一般而言，企业所关注的

[1]　陈海嵩. 国家环境保护义务的溯源与展开 [J]. 法学研究，2014，36（3）：62-81.

[2]　陈海嵩. 雾霾应急的中国实践与环境法理 [J]. 法学研究，2016，38（4）：152-169.

[3]　卢代富. 企业社会责任的经济学与法学分析 [M]. 北京：法律出版社，2002：103.

[4]　参见：8.12 天津港特大爆炸事故回顾。

[5]　参见：黄竹岩：十天两次爆炸，江苏省委书记强调了这个关键词，2019。

焦点是利益的创造，而其对环境责任的承担，特别是对非常态化环境风险累积的关注就明显不够，缺乏对环境风险的预防意识。在制度设计层面，政府承担了所有环境风险的监测预警职能，而并未规定企业对自身排污可能产生的环境风险的监测预警义务。目前，我国关于社会力量参与环境监测预警制度的规定，仅有《中华人民共和国深海海底区域资源勘探开发法》，其规定发生或者可能发生严重损害海洋环境等事故，承包者应立即启动应急预案，立即发出警报。同时，承包者应当定期向国务院海洋环境主管部门报告环境监测情况。[1]虽然，《中华人民共和国环境保护法》规定了重点排污单位应当安装监测设备，但对企业环境监测义务的设定主要还是为了便于政府的环境监管。因此，我国社会力量参与环境监测预警无论是在理论基础层面，还是制度基础层面，或是在社会实践基础层面，均较为薄弱。

第三节　环境监测预警制度失范的因果解释

一般而言，我们总是将制度失败的原因归咎于制度设计的缺陷，当环境监测预警制度在运行过程中出现问题时，我们会自然地追问：是制度的构成要素，或运行体系的某一环节出现了纰漏吗？当然，制度设计的瑕疵和缺位确实会导致环境监测预警制度在运行过程中出现各种各样的问题，制度单要素缺陷所导致的问题往往可以通过查缺补漏得到解决。然而，当环境监测预警制度的构成要素缺陷与制度体系及内外部结构发生关联时，单纯的"头痛医头、脚痛医脚"式的查缺补漏显然无法纠偏体系性的问题和结构性矛盾所带来的反功能（负功能）效果。

一方面，为了分析环境监测预警制度的构成要素缺陷与制度体系及内外部结构约束对功能选择的内在机理，特别是环境监测预警的潜

---

[1]　参见：《中华人民共和国深海海底区域资源勘探开发法》（2016）第十一条、第二十条。

功能、反功能与结构约束相互关系，本书采用"结构—功能"分析方法中最有效的解释论载体，即"中层理论"的分析模式，其不仅能够将工作假设与经验概括结合起来，[1] 还能将理论研究与实践经验结合起来。与一般抽象性理论不同的是，中层理论也具有一定程度的抽象性，但这种抽象性介于元理论与实践经验，更接近现实问题中的观察资料，是能够被实践经验所检验的一系列命题，因而具有更为显著的解释效力。从推演形式上看，中层理论是通过一组抽象的假设，推演得出能够被事实和实践所验证的具体假设。[2]

另一方面，在理论上，环境监测预警状态下公权力的运行无外乎指向一个问题，即如何制约预警状态下的环境行政权力？回归传统公法学上，这一问题实质上是"基本权利保障与国家权力拘束"的理论要旨。[3]

一、一般命题：环境监测预警制度的有效性前提

以下是环境监测预警制度的基本原理，分别是：A1、A2。

A1: 单项环境监测预警制度的有效性取决于稳固的"对应性架构"。

环境监测预警制度的核心是对可能发生或发展的环境风险、灾害、突发事件或危机进行提前告知和警戒，同时在不同级别的预警状态下，行政机关将获得不同程度的与形式不同的环境行政权力，以防止或消除环境风险的累积及其异变。也就是说，单一环境监测预警制度的有效性取决于使环境行政权力合法扩张的"对应性架构"，即预警级别与环境行政权力之间的充分必要关系。这也是单一环境监测预警制度的作用原理，例如，在国际河流的治理经验上，多瑙河治理借鉴了北河与莱茵河的预警模式，开发了多瑙河事故应急预警系统（Danube

---

[1]　傅铿. 默顿的社会学中层理论 [J]. 社会, 1984（6）: 56-58.

[2]　罗伯特·金·默顿. 论理论社会学 [M]. 何凡兴, 李卫红, 王丽娟, 译. 北京: 华夏出版社, 1990: 54-93.

[3]　陈新民. 德国公法学基础理论 [M]. 济南: 山东人民出版社, 2001: 71-100.

Accident Emergency Warning System）。其在 1997 年投入使用后，能够迅速为下游地区和部分有需要的上游地区发布预警信息，获取预警信息的国家则及时启动相应的应急措施，有效应对可能发生的污染事件。[1] 当然，这种稳定的"对应性架构"有一个基本性前提，即预警分级及其标准与预警状态下的环境风险规制措施具有社会共识与可接受性。

A2：整体环境监测预警制度体系的稳定性取决于单项环境监测预警制度之间的协同程度。

对于可能造成环境污染和生态破坏的风险、灾害、突发事件或危机，基本上包含了大气、土壤、水体等环境要素的污染应对，不同级别的环境监测预警对应着不同内容的预警信息及不同类型的风险规制措施。因此，任何产生的环境污染和生态破坏的风险、灾害、突发事件或危机的应对都有可能涉及多个政府行政部门间的相互配合。那么，各类单行环境监测预警制度之间的交叉重叠必然引发公权力间的相互抵牾，甚至成为一种脱责的工具。由此可见，环境监测预警制度体系是否能够稳定运行取决于单项环境监测预警制度的协同程度。而这种制度运行体系之间的相互协同，必须于事件发生前达成，一旦进入预警状态，政府就可以启动相应的应急措施。[2]

二、中层理论：结构约束、构成要素缺陷与功能选择之间的因果路径

此处根据环境监测预警制度的基本原理，中国环境监测预警制度体系的内外部结构约束及其构成要素之瑕疵与缺陷，建构结构约束功能选择之间的具体假设，分别为 C1、C2、C3、C4。

C1：中国环境监测预警制度体系的结构约束与构成要素缺陷决定了单一环境监测预警制度缺乏有效性。

---

[1] Jansky L., Pachova N. I., Murakami M. The Danube: a case study of sharing international waters[J]. Global Environmental Change, 2004（14）：39–49.

[2] 于安. 制定《突发事件应对法》的理论框架 [J]. 法学杂志, 2006（4）：28–31.

　　单项环境监测预警制度的有效性取决于稳固的"对应性架构"（A1），但中国环境监测预警制度的外部结构约束，使得监测预警制度与突发环境事件应急响应之间缺乏实质性关联。一旦发生突发环境事件，其直接依据事件分级启动应急响应措施，而不是将监测预警制度贯穿于突发环境事件的前、中、后整个过程（B1），加之环境监测预警信息发布模式的分离与滞后（F2），及预警状态下"扩权治理"机制肆意和混乱（F5），其整体上弱化了环境监测预警制度在环境治理中的作用。因此，中国环境监测预警制度中的单项环境监测预警制度往往缺乏有效性和可适用性。

　　C2：中国环境监测预警制度体系的结构约束及构成要素缺陷使得特定的环境监测预警制度体系缺乏稳定性。

　　整体环境监测预警制度体系的稳定性取决于单项环境监测预警制度之间的协同程度（A2），但中国环境监测预警制度体系内部结构的约束及环境监测预警标准的片面与缺失（F1），使得立法规范无法决定行政机关的权力配置，也无法指导行政资源的有效配置。为了适应环境应急管理实际工作的需要，行政机关会随意地将环境监测预警制度运用于特定环境保护领域（B2）。同时，由于环境监测预警监管监督机制的虚置与错乱（F4），这种缺乏立法授权的权力扩张模式难免产生负面后果，进而导致单项环境监测预警制度之间无法相互协调，整体环境监测预警制度体系难以稳定运行。

　　C3：中国环境监测预警制度体系的结构约束及构成要素缺陷使得环境监测预警制度需要保持"灵活性"。

　　由于环境监测预警制度体系的结构约束，单项环境监测预警制度缺乏有效性（C1），整体环境监测预警制度体系也缺乏稳定的运行机制（C2）。为了适应环境污染应对的实际需要，环境监测预警制度必然要保持相当程度的"灵活性"。同时，环境监测预警会商与评估机制的闭塞与模糊（F3），进一步为制度适用的灵活性提供了较大的空间。而这一"灵活性"体现为：一是根据各环境要素的污染治理任务适用相应的环境监测预警制度；二是根据治理任务、目标和需求的迫切程度设定预警状态下的应急措施；三是既包含立法层面的宽泛授权，又包含行政机关对单项环境监测预警制度的创设性、选择性适用。

C4：中国环境监测预警制度体系的结构约束及构成要素缺陷，导致环境监测预警制度在运行过程中存在侵犯个人自由与经济自由或是制度失灵的可能。

传统法治国家的法治基本原理在于保障公民的基本权利与自由，而现代国家公民权利范畴的扩张导致了基本权利间——环境权与人身权、财产、经济自由权——相互冲突。一方面，环境状况恶化使公权力扩张在环境监测预警制度中获得了共识和正当性。另一方面，中国环境监测预警制度体系的结构约束，使环境监测预警制度需要保持相当程度的灵活性（C3），这样其就可以作为一种扩权基础使环境治理的工具被行政机关随意的、不受限制的使用；而在环境污染带来的强大社会压力和政治压力下，尽管中国在立法层面对环境监测预警制度有所规定，但实践中仍然暴露了制度运行过程中对公民健康、环境权的保护对抗人身、财产和经济自由权的困境。同时，由于这种不受控制的"灵活性"，加之社会力量参与环境监测预警渠道的单一与薄弱（F6），当政府没有能力或是预警状态不利于区域经济稳定的情况下，环境监测预警制度就将面临整体性悬置的可能。例如，在单项环境监测预警制度的适用方面，地方政府拥有任意的创设权能，多数为应对上级机关或政府所临时设立的任务，故在监测预警标准、信息发布模式、相关制度衔接等方面均存在缺陷。上述制度均停留于规范性文件层面而未在现实中实施，并且并未被立法所确认。

三、理论失范：传统公权力制约理论对预警状态下环境行政权力的约束失灵

在稳定的政治体制与良好的法治状况下，基本权利之间一般存在

着一条较为清晰的分界线，从而使得基本权利与国家权力之间的分界线同样容易被划定。但是，在区域整体性的环境风险规制领域内，基本权利冲突间"被害人—加害人"二元对立关系的模糊化、趋同化甚至同一化，正不断"擦拭"着权利与权力之间的界限。而公权力在面对环境风险带来的环境权与财产、自由权间"保护不足"与"侵害过度"的问题上，"奔命"于扩权与限权的之间。[1] 于是，权利与权力的稳定界线在环境风险规制领域被打破，并基于公权力的原始本性而引发环境预警状态下行政权力的选择性失语及运动式肆意的问题。

具体而言，根据此前两类模式化分析结果可知，环境预警状态下的公权力行为具有多层次的法律效力，并且对应着具有不同强制性约束力的行政权力类型。传统公法学理论在制约此种类型环境行政权力的"失语"与"肆意"时暴露了诸多问题。此处本书以重污染天气监测预警制度为例，探究传统公权力制约理论对预警状态下环境行政权力约束的失灵。

（一）法律优先原则与法律保留原则"力不从心"

传统调节政府权力和私人自主权冲突的主张，采用的方式是除非得立法指令额授权，否则禁止政府对私人自由或财产的侵犯——"传送带"理论，[2] 其旨在通过法律优先与法律保留原则使行政行为基于社会共识而做出，从而获得合法性基础。但是，在环境风险规制过程中，由于环境风险的不确定性及各地环境状况的差异性，立法无法就环境风险规制领域的相关事项做出详尽的预设性规定。因此，为了能够及时有效地规制环境风险，立法普遍采取原则性、指导性、架构性的规定，将具体环境风险规制事项的立法权限下放至地方政府，而地方性立法"如法炮制"地授予行政机关应对预警状态下环境风险宽泛的自由裁量权。在重污染天气预警方面，大气污染防治法明确赋予了县级以上

[1] 陈海嵩. 雾霾应急的中国实践与环境法理 [J]. 法学研究，2016，38（4）：152-169.
[2] 理查德森·B. 斯图尔特. 美国行政法的重构 [M]. 沈岿，译. 北京：商务印书馆，2011：1-30.

人民政府制定应急预案，应对重污染天气的法定职责，但并未就预案的具体内容做任何规定。例如，北京市就 2016—2017 年对重污染天气预警标准及应急措施进行了调整，升级了蓝色预警时对应的强制性减排措施。[1] 从具体措施来看，以"机动车限行"为考察对象，北京市和陕西省需要在橙色预警级别以上才能启动限行措施，河南省于黄色预警以上即可启动，上海市则规定在任何预警级别下均可启动。[2]显然，各地方政府根据自身的环境风险状况制定了不同的应对措施，且这种在环境预警领域内宽泛的授权行为并无合法性缺陷。而"限制型"模式下的政府内部权力更是无法依据法律优先和法律保留原则予以限制。通过以上分析可知，环境风险规制的本质特征决定了法律优先与法律保留原则，在应对多层次环境行政权力的"选择性失语"与"运动式肆意"时表现的"力不从心"。

（二）位阶秩序理论与比例原则适用困难

从宏观上来看，基本权利的协调与保障是国家义务的来源，[3]进而产生了国家权力对公民社会生活的调整与干预。当基本权利之间——环境权与自由、财产权——发生冲突时，预警状态下的国家环境行政权力会依循社会意识的轨迹自发调节，但是对其他权利的侵犯便在所难免了。传统公法学的位阶秩序理论认为，各个基本权利之间存在着价值位阶上的高低。[4] 于是，只需遵循基本权利的价值图谱即可廓清国家权力范围与边界。然而，基本权利的价值位阶并非像化学元素一般稳定不变。环境保护与经济发展在社会共识中的此消彼长时刻干扰着基本权利之间的价值位阶，由此造成了位阶秩序理论在环境风险规制中的适用困难。

[1] 参见：《北京市空气重污染应急预案》（2016 年修订）、《北京市空气重污染应急预案》（2017 年修订）。
[2] 参见：《北京市空气重污染应急预案》（2017）、《陕西省重污染天气应急预案》（2017）、《河南省重污染天气应急预案》（2016）、《上海市空气重污染专项应急预案》（2016）。
[3] 龚向和.国家义务是公民权利的根本保障：国家与公民关系新视角 [J].法律科学（西北政法大学学报），2010，28（4）：3-7.
[4] 李震山.基本权利之冲突 [J].月旦法学杂志，1995（5）：60-61.

从微观上来看，对预警状态下国家环境行政权力的制约，较为常见的理论即"比例原则"。其强调目的与手段间的相互均衡，主要包括适当性、必要性和狭义比例。[1] 在环境预警中，比例原则的有效适用在于实现了以下三方面的假设：一是行政机关采取的强制型或限制型措施能够达到快速消除环境风险的目的；二是在预警状态下的各类环境风险管控措施中，必须选择对当事人侵害最小的那一个；三是合法行为"舍弃"，即便是行政机关的合法行为，也不能为消除低级别的环境预警而严重损害其他基本权利。上述三方面假设对环境预警行为来说是一种整体性的衡量，若要达成这种整体性的衡量就必须实现对环境风险的科学性测量与社会因素考量。首先，在科学性测量方面。目前，我国较为成熟的环境预警领域主要是借助气象技术而形成的重污染天气预警体系，其他类环境预警依然停留在规范和技术开发层面。[2] 然而，即便在重污染天气预警领域，各地方政府监测预警水平参差不齐，且县级人民政府由于没有发布重污染天气预警的职能，仅能依靠市级以上人民政府发布的预警级别采取相应的管控措施，由此导致比例原则的适用步履维艰。社会因素考量方面，预警状态下环境行政行为与目的间的合乎比例是权力制约的关键。此时，环境风险所涉范围较为广泛，科学的不确定性导致行政行为的目的缺乏合理性论证，使其容易受到社会意识形态的左右，故环境权与自由、财产权之间的目的正当性便可能落入"多数人暴政"的陷阱。因此，预警状态下的环境行政权力极易偏离法治轨道，无法实现法治制约权力的基本价值。

司法审查机制失灵。司法审查的核心在于通过司法权来平衡公权力与私权利间的相互关系，防止行政自由裁量权的肆意。然而，司法审查机制却在环境预警领域表现为不同形式的失灵。首先，对低级别的环境预警而言，公共警告属于行政事实行为的一种特殊形式，不具

---

[1]　张翔. 基本权利的规范建构（增订版）[M]. 北京：法律出版社，2017：303.

[2]　目前，资源环境承载能力预警尚处于阐释资源环境承载能力、承载能力评价和预警的基本概念，创建资源环境承载能力预警的理论模型，制定相关技术要点阶段。参见：樊杰，周侃，王亚飞. 全国资源环境承载能力预警（2016版）的基点和技术方法进展[J]. 地理科学进展，2017，36（3）：266-276.

有可诉性。其他行为层次的环境预警在理论上可以通过确认环境风险不存在或不能成立，以此提起撤销诉讼。但是，预警本身就包含了对环境风险可能发生的"忧思"，或是对已发生的环境危害可能造成其他风险的警惕。因此，环境风险不存在或没有发生难以成为提起撤销诉讼的理由。其次，司法权对中、高预警级别所对应的环境行政权的控制力极为微弱。由于比例原则在环境预警中的适用困难，司法难以借助其理论依据对预警状态下公民基本权利的价值高低做出决策，也就无法形成对环境行政权的有效司法审查。最后，司法权无法制约具有"外部化法效力的内部行政行为"。在我国目前的司法实践领域内，内部行政行为被排除在司法审查外，而具有"外化"效力的内部行政行为只有通过行政机关职权行为外化后才能受司法权制约。[1] 并且，这还使得司法对"限制型"模式下的政府区域限批行为的审查陷入一个悖论。例如，上级行政机关暂停了下级行政机关的关于可能产生环境污染的项目审批权，使下级行政机关在项目审批权上不存在职权行为外化的可能性，那么，又何来司法权制约的可能？可见，传统的司法审查在理论和技术上都难以应对环境预警多层次行为模式的复杂性，都不足以制约环境行政权力的"选择性失语"与"运动式肆意"。

---

[1] 李永超. 揭穿内部行政行为之面纱: 基于司法实践中"外化"之表达的一种解释框架[J]. 行政法学研究，2012（4）: 95–100.

第六章 中国环境监测预警制度的规范建构

　　中国环境监测预警制度是建立在自然科学研究基础之上，从社会科学概念和范畴出发而搭建的行政管理学、法学、政治学等学科交流的制度平台。[1] 该平台旨在服务环境风险的全面、全程的管理与规制，并构建相应的管理与规制的基本架构。由此，从过程来看，环境风险、灾害、突发事件或危机的监测预警制度在基础概念上达成了价值的融合。那么，下一步所要实现的就是探求分散式制度形式上的融合与运行机制上的融合。

　　当然，中国环境监测预警制度在形成的过程中，结构约束、构成要素瑕疵使得环境监测预警制度产生了侵犯个人自由与企业经济自由的反向功能。同时，基本权利冲突间"被害人—加害人"二元对立关系的模糊化、趋同化，甚至同一化，使得无论是"控制型"模式下的环境监测预警制度，还是"强制型"模式下的环境监测预警制度，均面临扩权不受制约的可能，传统公权力制约理论在制度运行中出现了一定程度的失灵。然而，我们不能径直地将矛头指向预警状态下环境行政权力的制约。环境监测预警制度要想真正适应环境风险、灾害、突发事件或危机应对的需要，还应充分发挥其在风险管理过程中的支持和保障功能，而非将"扩权治理"禁锢在某一范围。其实，中国环境监测预警制度的完善是"一体两面"的，无论是结构的优化还是构成要素的完善，既是在防止扩权治理的失语与肆意，也是保障制度有

---

[1]　童星，张海波.基于中国问题的灾害管理分析框架[J].中国社会科学，2010（1）：132-146.

效运行和正向功能稳定发挥的关键所在。

中国当前既面临着全球性经济系统与自然系统风险的挑战，又经历着转型期的独特"阵痛"，经济发展与环境保护的张力越发显著。但是，环境保护与经济发展的"绿水青山就是金山银山"的辩证关系，与环境保护"利在当代、功在千秋"的未来展望，给环境监测预警制度提供了新的思路和要求。从制度失范的因果解释路径出发，环境监测预警制度所要解决的首要问题是制度体系的结构优化。其次是对环境监测预警制度的外部性规范要素进行完善，从而将预警状态下的环境行政权力拉回法律规制的体系中。最后，在解决整体性结构问题和外部性环境问题之后，为保障环境监测预警制度的有效性，应对其制度的构成要素存在的缺陷和瑕疵进行完善和补正。

第一节 结构优化：中国环境监测预警制度体系的内外部结构优化

从"结构—功能"主义的分析方法来看，结构因素是产生正反功能的根本动力，其既可以是正功能产生的原因，也可以产生反功能和潜功能。内部结构变迁与结构自身的变迁是通过积累的规范化行为及行为选择而发生的，也有可能是在不同的社会结构中，某种结构模式化所累积的内在张力和矛盾使得反功能的客观后果进一步扩大，从而催使内部结构的变迁。[1]换言之，当反功能的客观表现扩张至一定程度时，结构将被挤压而产生自身转变的内在动力，要么整体结构会发生崩塌，要么通过结构优化以克服反功能的产生。那么，在方法论上，反功能是如何实现或推动结构的优化？罗伯特·默顿提出了一项"功能综合均衡"的概念，即当社会结构的功能倾向于具有显著的反向功

---

[1] Robert K. Merton. Sociological Ambivalence and Other Essays[M]. New York: Free Press，1976：169.

能时，就会对社会结构的变迁产生较大且持续性的张力。[1] 也就是说，社会结构的稳定运行在于正反功能之间的相互均衡，当某一社会结构产生的反功能大于正功能时，功能的综合就会更多表现为反功能。当在特定情况下，反功能的客观表现关系到整体秩序体系的核心要素时，其就会推动社会结构的变迁。

虽然环境监测预警制度是环境风险应急管理体系的重要支撑，但实际上环境监测预警制度的作用未得到有效发挥，中国环境监测预警制度体系的功能综合均衡后开始向反功能倾斜。首先，从中国环境监测预警制度体系的内部结构来看，国家频繁出台了多项环境监测预警制度，并有部分制度已经在实践过程中取得了良好的社会实效。同时，国家层面就专项的环境监测预警制度出台了更为专业细致的规范性文件，如《长江流域水环境质量监测预警办法（试行）》《关于建立资源环境承载能力监测预警长效机制的若干意见》《资源环境承载能力监测预警技术方法（试行）》等。可见，中国的环境监测预警制度体系已经开始从制度建构转向技术细化和管理优化阶段，这就说明环境监测预警制度功能已经得到充分认可，而其所存在及暴露的问题已经被重视。如果说环境监测预警制度体系的建设阶段，实现了环境监测预警制度体系从无到有的建构目标，那么环境监测预警制度体系的技术细化和管理优化，就是实现环境监测预警制度的从有到优的阶段。如果任由环境监测预警制度体系的反功能发展，环境监测预警制度对于风险减缓、风险应对能力建设及其侵犯个人自由与企业经济自由的反功能，将在总体上超过环境监测预警制度的预防和警示机制的正功能。其次，从中国环境监测预警制度的外部结构，即综合的环境应急管理体系来看，环境监测预警制度的反功能一定程度上消解了国家将环境监测预警技术应用于环境治理制度化的努力，缺乏区域经济发展的正向激励将使环境监测预警制度难以维系。自 2013 年全国范围内

---

[1] Robert K. Merton. Social Theory and Social Structure[M]. New York: Free Press，1968：94.

实行重污染天气监测预警制度，突发性的大气污染事件被纳入依法行政的轨道，我们就告别了过去那种主要依靠经验、运气和舆论施压的随机方式，而是通过监测预警制度化提升大气污染防治的治理成效和社会实效。然而，在最近几年的突发环境事件实践中，虽然环境应急预案在整体上加强了预防和准备的功能，但在具体应对突发环境事件的过程中，环境监测预警制度并不适用，从"8·12天津滨海新区爆炸事故""福建泉州碳九泄漏事件"到"江苏响水爆炸事故"等重大突发环境事件的应急管理实践来看，其主要依靠的是应急响应后的国家能力，单行的环境监测预警制度的作用非常有限。环境应急管理在很大层面上仍然是依靠滞后的应急响应机制，这便关系到了环境监测预警制度体系存在的核心意义。因此，从"结构—功能"分析方法上来看，抑制环境监测预警制度体系的反功能就是要推动其内外部结构的优化。

一、纵向到底的外部结构调整

中国环境应急管理制度体系的循环结构——预防准备、监测预警、救援处置和善后恢复——使得环境监测预警制度缺乏稳定的"对应性架构"，这也是产生反功能的主要原因。当然，文中总结过各单行立法的相关规定，发现许多单行立法或是规范性文件中涉及了"对应性架构"的相关规定。但从环境应急管理体系整体来看，环境监测预警级别与环境风险规制措施间隔了应急响应这一程序性设置，使得环境预警级别与环境规制性措施出现了脱节和断裂。由此，应急响应机制相当程度上混淆或是取代了环境监测预警制度的主要功能。而要抑制因此产生的反功能，就需要对其外部结构予以调整，强化环境预警级别与环境风险规制措施之间的"对应性架构"，同时保证预警分级下风险规制措施与事件分级下应急响应的协调。

由于环境监测预警的事先预防性作用，其在时间维度上自然存在于环境应急管理的前端。一般而言，在环境预警信息发布后，若能在环境灾害、突发事件或危机没有发生或是较低危险状态之前，及时采取相应的风险规制措施将风险源消除，就不会出现后期突发环境事件的应对。例如，2005年的"松花江水污染事件"，就是早期的监测预警机制存在严重错误，错过了最佳防治时期，才导致后面"重大环境污染事件"的发生。[1] 因此，立法首先应当明确环境监测预警制度的运行架构，即监测预警信息报告风险规制措施的结构。同时，强化预警级别与风险规制措施之间的"对应性架构"，即明确不同的预警级别对应不同类型和程度的风险规制措施。传统环境事件的处理往往将环境监测预警制度的作用机制融合于应急响应机制的运行过程，甚至直接忽视环境监测预警制度的存在。有的则是将预警级别与应急响应的级别相对应，在预警后启动应急响应机制对环境风险的规制。然而，环境监测预警的制度功能不仅能够预防事件的发生，还能够抑制事件的恶化，所以应将环境监测预警制度"纵向到底"，即贯穿于环境应急管理的始终，而不是终止于环境事件发生之后。并且，这种"纵向到底"的模式设计应为协调预警分级下风险规制措施与事件分级下的应急响应提供契机，即预警分级下的风险规制措施与事件分级下的应急响应需承担不同的使命。最后，区分预警分级下的风险规制措施与事件分级下的应急响应。在环境污染事件发生以后，事件分级下对应的响应措施主要以如污染处置、转移安置人员、医疗救援、舆论引导等保障公民基本权利的"保障性措施"为主；而预警分级下对应的应急措施则主要以如停产限产、机动车限行、停止户外活动等限制公民基本权利的"限制型措施"为主。由此，在"纵向到底"的外部结构调整下便形成具有明确立法授权的相互并列的两种"对应性架构"（图6.1）。

---

[1] 戚建刚，杨小敏."松花江水污染"事件凸显我国环境应急机制的六大弊端[J].法学杂志，2006（1）：25-29，110.

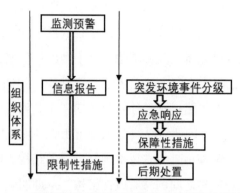

图 6.1　一般情况下环境监测预警制度体系的外部结构调整

这两种相互并列的"对应性架构"同样需要相互配合，而这种配合就在于预警分级标准与事件分级标准的统合。但事实上，两种标准有着不同的判断方式，前者是对环境风险监测结果基于风险程度的紧迫性和影响范围所做出的概率性判断，后者则是对事件造成的人、财、物损失大小所做出的判断。一般来说，只有当环境监测预警级别的概率大大接近于事实状态下事件应急响应的影响范围时，环境预警状态下的风险规制措施与事件分级下的应急响应才能形成统一的行为模式。例如，借助于气象灾害监测预警的成熟技术，重污染天气监测预警技术能在一定时间范围精准地预测未来可能发生的大气污染事件，并且能够较为准确地预测大气污染可能影响的区域、时间长短及危害大小。因此，在大气污染防治法中，立法者将重污染天气预警分级与大气污染事件分级相统一，应急响应机制就代表着相应预警级别下的风险规制措施。但是，并非所有环境风险都能够和重污染天气预警一样被精准地预测预报，因此环境监测预警制度在更多情况下是对可能发生的环境风险的警示和预防，而环境污染事件的应急响应级别则主要是在事件发生之后进行判断。由此，我们可以得出一个普遍性的规律，即在能够精准或大概率预警可能发生的环境风险的影响范围、时间长短、危机程度及危害大小的情况下，预警分级与事件分级应当统合（图 6.2）。而当现有技术无法实现对潜在环境风险的精准预测和预警，仅能达到判断危害发生的紧迫程度及可能造成的危害大小时，环境监测预警制度的预警分级架构与环境事件的分级架构间则应当并行不悖、各负其责。

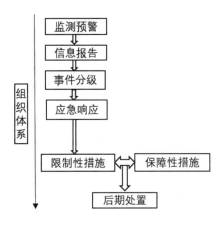

图 6.2　特殊情况下环境监测预警制度体系的外部结构

二、横向独立的内部结构理顺

中国环境监测预警制度一旦确立了纵向到底的外部结构，那便初步实现了环境监测预警制度独立有效完成其制度功能的基本目的。而如何实现环境监测预警制度高效稳定的运行又不使其产生反向功能，便是内部结构调整所要解决的问题。此前论及的环境监测预警制度的内部结构约束，使公权力主体出现了权力义务及法律责任多次、重复地分配，亦使得公权力主体可以随意建构不同领域内的环境监测预警制度。因此，为了实现制度的有效运行同时克服制度反功能的产生，就需要在现行立法范围内，即依法律优先或法律保留原则，就环境监测预警制度的内部结构进行理顺。

首先，一般而言，环境资源承载能力监测预警制度包含了陆域和海域指标体系两大范畴，表面上涵盖了所有单项环境要素监测预警的指标体系。在理论上，以环境资源承载能力监测预警制度作为统领，其他类环境监测预警制度作为分支的制度体系最符合制度设计的成本效益。但是，环境资源承载能力监测预警的制度模式不同于其他环境监测预警制度，其相对独立于环境应急管理制度体系，是一种通过限制地方经济发展权能，保护区域整体生态环境的制度设计。在评价体系上，与单项环境监测预警标准要素的数值指标体系不同的是，资源环境承载能力监测预警是考量人口、气候及自然环境自身变化的综合评价体系，是对区域整体性发展空间的评估。就技术风险的性质而言，资源环境承载能力是衡量环境质量状况和环境容量受人类生产生活活动干扰能力的重要指标。[1]经过长时间的理论与科学探索，资源环境承载能力已经成为一项可以通过各项数值指标来呈现的，具体客观性的、不确定可控的风险评价体系。[2]就风险规制的体制而言，不难发现，在现行的资源环境承载能力监测预警的规范性文件中，其制度的构成要素及运行条件均表现出强烈的行政主导性。例如，《关于建立资源环境承载能力监测预警长效机制的若干意见》规定，国家发展改革委要加强对资源环境承载能力监测预警工作的统筹协调，……重要事项和主要成效等要及时向党中央、国务院报告。……强化监督执行，确保实施成效。并且，该项制度"对应性架构"后端的应急措施实质上是对地方政府经济发展权能的限制，如区域限批、总量控制、产业退出等，不直接表现为对公民基本权利的限制。因此，环境资源承载能力监测预警制度应区别于其他类环境监测预警制度而自成体系。

其次，遵循依法行政的基本原则，所有规定了具体环境监测预警制度的环保单行法、部门规章、地方立法、应急预案、规范性文件等，都应当在作为应急管理基本法《中华人民共和国突发事件应对法》和环境保护基本法《中华人民共和国环境保护法》规定的范围内进行基本概念上的匹配。《中华人民共和国突发事件应对法》是规定所有突

[1] 齐亚彬.资源环境承载力研究进展及其主要问题剖析 [J]. 生态经济，2005（5）：7-11+46.
[2] 封志明，杨艳昭，张东，等.自然资源资产负债表编制与资源环境承载力评价 [J]. 生态学报，2016，36（22）：7140-7145.

发事件的普遍性适用规则，虽然设专章规定监测预警制度，但并没有专门涉及环境监测预警制度的具体概念。而从《中华人民共和国环境保护法》第四十七条来看，第一款通过准用性规则要求依照《中华人民共和国突发事件应对法》做好突发环境事件的应对工作（包括风险控制、应急准备、应急处置等，并未规定监测预警制度）；第二款则单独规定了环境污染公共监测预警制度，即环境受到污染，可能影响公众健康和环境安全时，依法及时公布预警信息，启动应急措施。可见，《中华人民共和国环境保护法》作为环境领域的特别法，其创设了一项环境应急管理体系下特有的概念。而"环境污染公共"则包括了可能影响公众健康和环境安全的所有大气、水体、土壤、辐射等要素的污染。

再看《中华人民共和国环境保护法》第三十三条中规定的农业污染源监测预警制度，该项制度的核心依旧是土壤污染和地下水、地表水污染的问题，应当纳入环境污染公共监测预警制度的概念项下。同样，以大气污染为核心的重污染天气监测预警制度亦是如此。而《国家突发环境事件应急预案》中有关监测预警制度的相关规定则属于环境污染公共监测预警制度在突发环境事件领域的具体化。再从应急措施的性质来看，环境污染公共预警级别所采取的应急措施，与农业污染源预警、重污染天气预警等所采取的应急措施，均属于直接限制公民基本权利的强制性措施。因此，由环境污染公共监测预警制度作为上位概念统领其他类型的环境监测预警制度具有合理性和可行性。

而在自然灾害监测预警制度领域，气象灾害的监测预警会与大气污染的监测预警存在一定的重叠。但是自然灾害监测预警还是多偏重于环境自身因素所引起的变化，其相较于其他类环境监测预警制度关注人类对环境所产生的影响，有着本质上的不同。并且，自然灾害监测预警状态下的公权力主要目的在于保障公众的生命财产和基本生活需求，较少关注预警状态下对个人自由的限制。因而其在环境监测预警制度体系上属于独立的监测预警制度类型。

最后，在制度的运行方面，资源环境承载能力监测预警制度自成体系；而《中华人民共和国大气污染防治法》规定的重污染天气监测预警制度基于"特别法优于一般法"的原则，获取制度架构上的合法性。其他类型的环境监测预警制度，非经特别法授权，均应当严格遵守普通法关于环境污染公共监测预警制度的相关规定。当然，需要强调的是，长江流域水环境质量监测预警制度的公权力运行模式表现为上级部门对下级政府和行政机关的内部约束，因此，其应当属于"限制型"环境监测预警制度范畴，即资源环境承载能力监测预警制度范畴。

综上所述，经过了"横向独立"的内部结构理顺，中国的环境监测预警制度体系便形成了以环境污染公共监测预警制度、资源环境承载能力监测预警制度与自然灾害监测预警制度为主体结构的内部构造。（图 6.3）

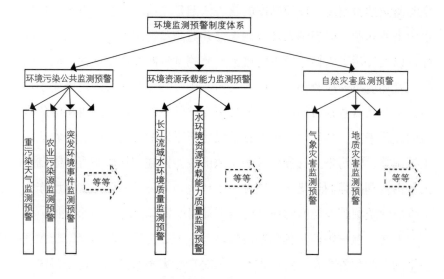

图 6.3　中国环境监测预警制度体系的内部结构

三、结构优化、制度保障与权力制约

制度有效运行的前提在于中国环境监测预警制度首先应获取稳定

的"对应性架构",就是使公权力及时有效介入环境应急管理的行为模式;再通过纵向到底的结构优化获取在不同阶段独立实现其制度功能的客观效果。而制度有效运行的保障则在于"对应性架构"前端不同层级预警标准、级别的确认及后端预警后风险规制措施的实施。因此,横向独立的内部结构理顺以"前端"预警标准和"后端"风险规制措施为依据,将中国环境监测预警制度分为环境污染公共监测预警、环境资源承载能力监测预警和自然灾害监测预警三大类别,一方面其目的在于厘清不同类别监测预警标准体系的建构模式,避免在建构不同目标的环境监测预警标准体系时出现相互的重叠问题,同时为国家制定不同概念项下的具体监测预警标准指明方向;另一方面由于预警制度与其他污染治理制度间的协调和衔接,本质上就是具体环境行政权力——其表现形式即应急措施与其他污染治理措施——之间的协调与衔接。环境监测预警制度的内部结构理顺就是区分不同预警类型的环境行政权力属性,为嵌套不同类型的污染治理制度提供契机。

综上,清晰的内部结构分类与稳定的外部运行机制,为解决预警状态下权力的"失语与肆意"——外在的表现形式便是预警信息发布滞后、从轻及权力扩张不受限制等——奠定了基础。在形式合法性审查基础方面,环境监测预警的"前端"预警标准实为预警状态下公权力与私权利衡量的工具,不同层次的预警级别代表了不同状态下的公权力强弱,同时暗含了不同程度的"后端"应急措施。从法律保留原则的维度来看,当"前端"预警标准被立法确认后,其则成为环境监测预警领域内"社会共识"的载体,便具有了形式合法性。当然,这种"社会共识"应当承载全体公民对某类型环境风险可接受程度的共同取向。也正是基于这种共同的社会取向,政府在预警状态下的"扩权治理"行为获得了合法性来源。同时,稳定的外部运行机制为各类环境监测预警行为才提供了正当程序保障。而在实质合法性审查基础方面,考虑到环境风险的多样性及其成因的区域性和复杂性,在外部"控权"方面,清晰的内部结构分类和稳定的外部运行机制,也是司法机关基于比例原则而有效行使法律监督职能的必要条件。

显然，中国环境监测预警制度的内外部结构优化为制度的有效运行提供根本保障，也为预警状态下环境行政权力的制约提供了前提性的框架。但是，仅仅依靠环境监测预警制度体系的内外部结构调整，尚不能完全实现对环境监测预警制度的充分保障及预警状态下环境行政权力的有效制约。也就是说，环境监测预警制度体系的内外部结构优化只是保障其制度有效运行的基本前提，是其能够纳入法律规范体系当中的前置性因素。因此，想要进一步保障环境监测预警制度正向功能的有效发挥及抑制其反向功能，还应当从外部环境方面对环境监测预警制度予以完善。

第二节　形式完备：预警状态下环境行政权力的自制与审查

中国环境监测预警制度的外部结构调整与内部结构理顺使得制度本身获得了稳定的运行机制和有序的运行方式。这使得环境监测预警制度获取了与现有公法学理论对话的基础和前提。传统公法学权力制约理论对当前环境监测预警制度进行整体性透视后，使得该项制度如何通过理论优化与制度创新将之纳入法治化轨道显得尤为重要。从国家目标的设定来看，宪法将"推动物质文明、政治文明、精神文明、社会文明、生态文明协调发展"确立为国家发展的共同目标。也就是说，国家权力在引导整个国家治理方向和策略时，需要以宪法所设定的基本要求和基本目标为依据。由此，"生态文明"入宪所设定的国家目标实为国家权力的"灯塔式"规范，成为国家权力结构变动的重要的规范因素和理论依据。其实质在于，生态文明入宪使国家对生态环境利益[1]的保障得到进一步确认，在国家治理目标层面形成了与政治、

---

[1]　此处所指生态环境利益是由生态利益及环境利益所组成。生态利益是指生态系统对人类非物质性需求的满足的利益。而环境利益就是良好的自然环境对人之人身利益和财产利益安全保障需要的一种满足。参见：邓禾，韩卫平．法学利益谱系中生态利益的识别与定位 [J]．法学评论，2013，31（5）：109-115. 刘卫先．环境法学中的环境利益：识别、本质及其意义 [J]．法学评论，2016，34（3）:153-162.

经济、文化、社会为要素的"五位一体"协同模式，进而使得宏观层面上生态环境利益与其他利益之间相互衡量具有了更为平等的政治基础。[1] 那么，在宪法层面国家目标的指导下，此种宏观层面上的综合利益衡量机制能够为对公民基本权利进行规制和保障的国家公权力行为提供更为正当性、可接受性的论证。当然，这也为环境预警状态下，环境行政权力的多层次行为模式所存在的问题能够通过共同的理论方法得以消解，亦可为环境监测预警制度的法治化建构提供有效的理论支撑。

从环境行政权力行使的维度分析，环境预警状态下的行政裁量权效果来源于法律的授权。各地方政府基于国家立法的宽泛授权缩放有弹性的环境行政权力，以达成所期望的行政裁量权效果。例如，基于环境治理状况和区域经济发展的现状，地方政府会对环境应急预案进行不同程度的调整。这种调整就涉及对环境污染状况不同程度的把控，及预警状态下环境风险规制措施的调整。北京市 2017 年和 2018 年两个版本的《空气重污染应急预案》的调整就证明了这一点。那么，回归基于宪法保护之客观利益衡量的理论视域，环境预警状态下环境行政权力的张力源于被宪法保护的客观利益的相互衡量，即生态环境利益与区域经济利益间的衡量。此时，预警状态下环境行政权力的"选择性失语"和"运动式肆意"等问题即转化为此类异质利益衡量的标准化、制度化缺失问题。其实，建构生态环境利益与区域经济利益之间的利益衡量理论方法，以化解公权力制约问题是可能且可行的。当然，无论是公法学领域还是私法学领域，妥当的异质利益衡量均要对不同利益本身的内容与形式做透彻分析，还须建立于基本的共识之上与妥当的程序之中。[2]

在环境监测预警制度范围内建构异质利益衡量的基本范式，需要从形式和实质上进行改造。环境监测预警制度的"对应性架构"存在

---

[1] 张翔.环境宪法的新发展及其规范阐释 [J].法学家，2018（3）：90-97，193-194.

[2] 梁上上.利益衡量论 [M].2 版.北京：法律出版社，2016：73-85.

的"一体两端"：一体是制度运行的规范化载体，即规定环境预警制度具体执行方案的应急预案；一端是不同层次预警标准、级别的确认，另一端是预警状态下具体的环境风险规制措施。本书基于这一基本架构出发，通过形式上的改造实现异质利益衡量之标准化与制度化建构，以期实现对预警状态下多层次环境行政权力行使的有效约束，从而实现在同一理论框架内对环境行政权力制约和保障问题给出合理的解决方案。

一、载体：环境应急预案之规范建构

应急预案是什么？从管理学角度不难给出直接的定义："应急预案是世界各国在应急管理中普遍运用的政策工具。"[1]2006 年 1 月国务院发布的《国家突发环境事件应急预案》是我国首部有关突发环境事件处置的应急预案，虽然现已失效，但仍是考察应急预案性质和效力的重要参考。2014 年 12 月国务院办公厅在原预案基础上发布了新的《国家突发环境事件应急预案》，该应急预案是我国唯一一部规定了突发环境事件预警具体措施的预案。由于地方人民政府所制定的应急预案与《国家突发环境事件应急预案》性质及内容大致相似，因此本书以国家级预案为分析对象，以探究我国环境应急预案的基本概况。从形式外观上看，我国突发环境事件应急预案的制定主体与行政法规和规章的制定主体有所重合，而其在制定程序、颁布形式及文件名称方面均有区别。但是，外在形式并不能作为判定该预案是否属于法律规范的唯一标准，只有考察其内在结构及实质内容才能对该预案的问题予以"应然性"的回应。本书就上述两份应急预案进行了梳理，除去总则和附则部分的相关规定，其内在结构大致可以包括以下五个方面：①组织指挥体系；②预防和预警等事前管理措施；③应急响应分级、处置、救援等事中管理措施；④评估、调查、善后等事后管理措

---

[1]　张海波.中国应急预案体系：结构与功能 [J]. 公共管理学报，2013，10（2）：1-13，137.

施；⑤应急保障。根据内在结构对预案实质内容的考察，判定这些内容是否具备法律规范属性，应当主要考虑如下三个标准：约束力标准、补充性标准和创设性标准。[1]

组织指挥体系。2006 年发布的预案规定了应急组织体系、综合协调机构、专门指挥机构、地方政府应急领导机构、专家组的设立及其职责。2014 年的预案则规定了国家、地方、现场指挥机构的设立及其职责。组织指挥体系，决定了突发环境事件发生时谁代表国家行使紧急权力，权力内容有哪些，以及在应急处置过程中有关行政机关的关系如何。这些问题显然应由法律或行政法规予以解决。但 2006 年的突发环境事件应急预案，在《中华人民共和国突发事件应对法》尚未出台时就已实际扮演了应急组织法的角色。而且 2014 年的突发环境事件应急预案则是对《中华人民共和国突发事件应对法》的重要补充。

预防和预警等事前管理措施。该部分的主要内容就是预警的分级和标准。预警的分级和标准是突发环境事件预警制度的核心，预警后的大量权利义务关系都须以预警级别的划分为前提。2006 年的突发环境事件应急预案将预警级别分为蓝黄橙红四级，并明确了相应级别的预警信息发布主体，以及预警后的相应职责；2014 年突发环境事件应急预案以"立法授权"的方式，授权环境保护部门制定预警的分级标准，同时赋予了有关机关发布、调整和解除预警信息及预警后采取行动的职责。因此，前一预案的内容属于创设性立法，而后一预案的内容则属于补充性立法。由于事中管理措施也涉及对突发环境事件的分级和标准，以及分级后权利义务的分配。因此，其性质和效力应当与事前管理措施相仿，因此不再赘述。

事后管理措施。2006 年的《国家突发环境事件应急预案》赋予了有关部门新的职责，在《中华人民共和国突发事件应对法》颁布之前属于创设性立法。而 2014 年的《国家突发环境事件应急预案》明确

---

[1] 约束力标准是指内容是否对"立法受体"具有约束力；补充性标准是指上位规则不完善之处予以补充；创设性标准指是否有新的权利义务关系的形成。

规定了损害评估结论的效力，事件调查和善后处置的责任机关，显然是对《中华人民共和国突发事件应对法》的补充性规定，[1] 当属于典型的补充性立法。

应急保障。两部预案均有关于应急队伍、物质、资金、通信、交通运输及技术保障的内容，由于《中华人民共和国突发事件应对法》无这方面规定，因此两部预案均创设了一系列新的制度，而后发布的应急预案则是对其的替代与完善。

综上所述，2006 年发布的《国家突发环境事件应急预案》发挥了弥补"立法空白"的过渡性作用。2014 年更新的《国家突发环境事件应急预案》依然发挥着补充性立法和创制一系列重要应急管理制度的作用。可见，应急预案是承接环境监测预警制度具体执行措施的规范载体。由于法律是具有抽象性的普适性规则，因此无法在具体执行领域对政府行为进行详细规定。由此，应急预案成了创制、补充、弥补立法局限性的规范性文件，同时成了地方政府获取充分行政自主权能的主要规范场域。事实上，应急预案在环境预警的组织体系、监测预警的事前管理措施、事后管理措施和应急保障措施等方面都创设了大量行为规范。[2] 尤其是在设定权利义务的标准体系方面，应急预案对环境预警的分级标准和突发环境事件的分级标准都做了重要补充。若离开这些补充性规定，大量的法律规范将无法实施。可见，环境应急预案在本质上已异化为应急法律体系的重要组成部分，具有替代或执行法律的重要功能。[3] 然而，作为权利义务创设性规范的应急预案，其事实上的规范效力与其作为政府内部低位阶文件之间存在着巨大落差。这使得某些地方政府在规定环境预警制度的应急预案时常常出现越权的规定，其表现为一种紧张的规范效力冲突，呈现出一种"立法

---

[1] 参见：《中华人民共和国突发事件应对法》第五十八条至第六十二条。

[2] 张真源.我国突发环境事件预警制度的立法完善[J].齐齐哈尔大学学报(哲学社会科学版),2017(3): 86-88.

[3] 林鸿潮.论应急预案的性质和效力：以国家和省级预案为考察对象 [J].法学家，2009 (2): 22-30.

滞后、预案先行"的法制现状。[1]同时使环境应急预案的适法性存疑。因此，要抑制应急预案所产生的反向功能，就应当回到依法行政的初始预设中。

第一，形式建构。在环境应急预案的实质法律规范属性与现实规范文件位阶等级不匹配的情况下，通过形式改造，提高环境应急预案的规范层级便成为一种高效的技术性改造措施。具体而言，《国家突发环境事件应急预案》应当以行政法规的形式进行制定；国家部门制定的有关环境预警的专项预案应当以部门规章的形式制定；省级环境应急预案则应当以地方政府规章的形式制定。而省级以下环境应急预案主要以解释和运用上级预案的形式为主，减少其创设权力（权利）义务的空间，形式上仍以一般行政内部性文件为载体。

第二，程序建构。形式层级的改变必然导致编制程序的变化。根据《突发环境事件应急预案暂行管理办法》（2010）的相关规定，环境应急预案的编制程序相对于一般规范性文件更为严格，而与行政法规和部门规章又相对宽松。因此，首先对于国家级的环境应急预案、国家部门的专项预案和省级的环境应急预案，只需适配与之法律位阶相对应的立法程序即可，无需进行程序上的建构。而省级的环境应急预案在编制后应当报国务院环境保护主管部门备案并登记。国务院生态环境主管部门应当对省级环境应急预案进行合法性和合理性审查，并出具审查意见书。其次，对于省级以下的地方政府制定的环境应急预案，除了报本级人民政府和上一级生态环境主管部门备案，还应由上一级部门批准后方能实施。上一级的生态环境主管部门还应当对应急预案进行合法性审查与科学性评估，并出具相应的审查评估报告。

二、前提："前端"预警分级标准之审视

基本的社会共识与妥当的程序设置是异质利益衡量的前提，其意

[1] 张海波.中国应急预案体系：结构与功能[J].公共管理学报，2013，10（2）：1-13，137.

味着生态环境利益与区域经济利益间存在清晰的界线，也意味着调整两类利益的国家公权力存在着标准化、制度化的可能性。其实，异质利益的衡量存在一定程度上的社会共识，如基本价值的社会共识，利益位阶的社会共识，行为规范的社会共识。[1] 显然，在私法领域，这些社会共识构成了法官衡量当事人利益大小的基本前提。然而，在公法领域内——特别是环境风险治理领域——宽泛、模糊的立法授权模式，使得基础性的社会共识难以作为判断生态环境利益与区域经济利益的"度量尺"。因此，寻求预警状态下环境行政权力的规制路径，必须在环境监测预警领域内建构一种相对稳定、统一的"社会共识"。

环境监测预警行为的"前端"预警标准，实为预警状态下生态环境利益与区域经济利益衡量的工具，亦是环境预警领域内"社会共识"的载体。作为被宪法保护的客观利益，生态环境利益与区域经济利益的边界，在预警状态下应当以预警标准进行划分，而划分的准则应当以"污染轻重""时间长短"和"空间大小"三项要素的相互组合为前提。

首先，环境监测预警"标准一"。预警标准是以维持生态环境利益与区域经济利益的协调、可持续发展为目标。生态环境利益与区域经济利益的协调、可持续是国家环境保护目标的根本性内容，其意味着国家在实现社会经济发展的同时，应保证环境质量不恶化，并且稳步提升环境保护水平。从功能主义的视角分析：第一，上述异质利益的协调、可持续是将生态环境的使用和消耗控制在保证公民人身健康、财产安全和促进经济可持续发展的最低限度。第二，稳步提升国家环境保护的整体水平，国家应采取一切可能的、适当的措施和手段来促进生态环境的良好发展，以回应生态文明建设的基本政治宣言。就生态环境使用和消耗的最低限度而言，其需要以不同环境要素的环境质

---

[1]　梁上上.异质利益衡量的公度性难题及其求解：以法律适用为场域展开 [J].政法论坛（中国政法大学学报），2014，32（4）：3-19.

量标准，[1]结合现实生态环境保护的具体需求，确定以维持生态环境利益与区域经济利益协调、可持续为目的的环境预警标准范围。那么，此时"标准一"的划分准则就应当是："轻污染＋长时间＋大空间""重污染＋短时间＋小空间"和"重污染＋短时间＋大空间"。

以例释之，在属于"控制型"模式的重污染空气监测预警中，根据《环境空气质量指数（AQI）技术规定（试行）》，AQI指数在200以上即为重污染空气范畴，此时健康人群会普遍出现症状，易感人群应停止户外活动。从重污染空气形成的机理来看，"城市大气污染源排放量在相当长一段时间相对固定，因此影响大气污染物浓度的时空分布特征在一定程度上取决于大气扩散条件(如气温、气压等)"。[2]由于地区分布及季节性变化等，气温、气压的变化会导致大气中污染物难以扩散而逐步积累，从而出现重污染天气现象。而这种重污染天气现象可能在形成过程中随着气温、气压的变化又逐步扩散，即存在AQI达到200以上时未持续很长时间便降到普通水平的状况。可见，此种自然条件变化或其他原因导致的暂时性重污染天气，并未超越生态环境使用和消耗的最低限度，那么，这种"重污染＋短时间＋大空间"情况就应当属于环境预警"标准一"的范围。《北京市空气重污染应急预案（2017年修订）》规定空气指数>200将持续1天（24小时）——蓝色预警级别，并不对相关企业采取停产限产措施。而此前提及的河南省达到蓝色预警级别即对相关企业采取停产限产措施的行为，显然不符合标准一所设定的异质利益协调、可持续发展的目标。又如，在属于"限制型"模式的资源环境承载能力监测预警中，绿色无警向蓝色预警级别（轻重警）的变动，可能是在既有自然禀赋条件下，经济社会发展方式、规模、结构、速度或资源环境管理与政策管理的水平、

---

[1] 例如:《土壤环境质量标准》（GB 15618—1995），《环境空气质量标准》（GB 3095-2012），《地下水质量标准》（GB/T 14848-93）等。

[2] 包振虎，刘涛，骆继花，等．我国环境空气质量时空分布特征分析 [J].地理信息世界，2014，21（6）：17-21.

方式、范围、强度等众多因素之一所引发的，[1]并不会导致资源环境承载能力的根本性颠覆。所以，在这种"轻污染＋长时间＋大空间"的情况下，"限制型"措施的采取应注意生态环境利益与经济利益间的相互平衡，不应过度采取限制区域经济发展的风险管控措施。

其次，环境监测预警"标准二"。在预警标准范围内，生态环境利益的保障应优先于区域经济利益，此时的环境治理权能能够压制区域经济的发展权能。生态环境利益保障优先意味着：一是这一预警范围内的生态环境状况已经对公民的人身、财产安全及其经济的可持续发展产生了严重的威胁，或是说生态环境本身可能发生不可逆的损害。因而，相关区域经济产业的发展在预警期内应让步于生态环境保护。二是国家应采取更强有力的手段和措施，排除可能对生态和环境本身及人类健康环境造成损害的危险因素。那么，此时"标准二"的划分准则应当是："重污染＋长时间＋大空间"和"重污染＋长时间＋小空间"。

以例释之，在属于"控制型"模式的重污染空气预警中，根据《环境空气质量指数（AQI）技术规定（试行）》，五级重度污染（即 $201<AQI<300$），此时健康人群普遍出现症状，并建议其减少户外运动。而六级严重污染（即 $AQI>300$），健康人群将有明显症状且会提前出现某些疾病，应避免户外运动。两者相较而言，AQI 在 300 以上便意味着空气污染的程度已经对人体健康构成了直接且严重的威胁，这种威胁是个人行为所不能规避的，必须由行政机关进行规制。$201<AQI<300$ 时，虽然个人可以通过减少户外运动等方式规避风险，但需要考虑在该指数范围内空气污染的时间跨度。在《北京市空气重污染应急预案（2017 年修订）》中，AOI>200 且持续 2 天及以上的——黄色预警级别，便会对相关企业采取停产限产措施。可见，无论是"重污染＋长时间＋小空间"还是"重污染＋长时间＋大空间"的情况，

---

[1] 樊杰，周侃，王亚飞. 全国资源环境承载能力预警（2016 版）的基点和技术方法进展 [J]. 地理科学进展，2017，36（3）：266-276.

都应纳入环境预警"标准二"范围，此时的生态环境利益保障应优先于经济利益的发展。又如，在属于"限制型"模式的资源环境承载能力监测预警中，临界超载的前端蓝色预警级别可以作为"标准二"的边界，即蓝色预警级别向黄色直至红色本身或是逆向演化的过程，此时的承载能力恶化有可能对生态环境本身或是经济的可持续发展造成严重威胁，故生态利益的保障应当优先于区域经济的发展。

最后，凝聚共识：环境预警标准的确立是预警状态下"社会共识"凝聚的结果。环境预警标准的确立需要经历科学的研究过程和严格的制定程序。它一旦被国家立法所确定或采用，便意味着获得了代表公共意志的公权力机关的批准和认可，由此成为在环境风险规制领域社会共识凝聚的结果。而这种"社会共识"应当承载全体公民对某类型环境风险可接受程度的共同取向。也正是基于这种共同的社会取向，政府在预警状态下的"扩权治理"行为才获得合法性（或是"可接受性"）[1]。因此，第一，对于环境预警"标准二"，其涉及非常态化模式下环境行政权力的扩张，大大压缩了个人自由与经济自由的空间，故应收缩地方政府的自由裁量权空间，转而由国家统一制定或调整环境监测预警"标准二"的数值与指标体系。第二，对于环境监测预警"标准一"，生态环境质量正负演化基本维持在正常、可控的范围内。预警状态下的环境行政权力扩张也不会过度影响人们正常的生产生活。故国家应基于"标准一"设定的基本目标，制定这一环境监测预警标准的最高或最低数值、指标。同时，由各地方政府根据自身情况，在这一标准范围内制定不同级别的预警标准，以保证地方环境风险治理权能的灵活性。第三，基于前述环境监测预警标准的区分，位于"对应性架构"后端的环境风险管控措施也应当符合上述两类标准的基本要求。国家应对不同标准项下的环境风险管控措施的范围予以限定。例如，在环境监测预警"标准二"范围内的风险规制措施，应当考虑

[1] 沈岿.因开放、反思而合法：探索中国公法变迁的规范性基础[J].中国社会科学，2004（4）：102-114，208.

环境保护措施的区域性和地方性，给予地方政府在行政行为上一定的自主权能。因此，在国家层面制定的"标准二"项下，还应规定行政机关享有的行政强制性权力的具体类型。同时，各地方政府在国家层面规定环境风险规制类型下，可适度调整环境行政的强度。

三、方式："后端"风险规制措施之审查

根据已有论述可知，地方各级人民政府在环境监测预警制度的实践中存在一定的正当性瑕疵，有相当一部分城市预警状态下的环境行政权力难以受到制约，同时存在无法有效保障公民环境权益和健康权益的情况。这进一步凸显了对当前政府环境监测预警状态下公权力的行使进行有效控制的重要性。为有效解决这一问题，本书已就环境监测预警制度的整体性内外部结构进行了调整，也对其制度载体的应急预案进行了修正，还对制度前端的预警标准进行了规范，这所有的一切都是寄希望与期待于行政主体对自身不当行为能够进行自我规制。[1]当然，通过形式化改造所达成的行政自治必然是降低环境监测预警制度成本且提升效率的一种方式，但是基于法治理论的基本常识，预警状态下环境行政自由裁量权的制约不能忽视一个最为重要的外部性因素——司法权。环境风险的复杂性与环境保护和经济发展的特性关系，决定了纯粹依靠政府行政主体的自我规制、自我监督，依然会受到地方保护主义和经济增长的不当影响，其无法及时、有效回应公民对良好生态、环境和健康的诉求。

前端预警标准之审视起到的"社会共识"凝聚作用，仅仅是环境预警状态下环境行政多层次行为规制的基本前提。考虑到环境风险的多样性及其成因的区域性和复杂性，在外部控权方面，主要应由司法机关发挥有效的法律监督职能。其实，诉讼程序本身就是异质利益的

---

[1] 崔卓兰，刘福元.行政自制：探索行政法理论视野之拓展 [J]. 法制与社会发展，2008，14（3）：98-107.

选择机制——妥当程序，这种程序结构能够有效执行最基本的任务，即贯彻正义，推动社会公共利益的最大化实现。[1]"利益衡量方法将法官上升为社会公共利益和个人利益冲突的协调者和仲裁者。法官通过利益衡量，判断何者利益更为重要，最大可能地提升社会的整体利益。"[2]因此，在利益衡量理论视域下，环境监测预警"后端"管控措施的司法审查方式如下：

第一，对环境监测预警制度的"控制型"模式而言，由于预警标准的统一性，各地方政府对应急预案的制定权限被进一步压缩。但这仍无法避免公权力不正当扩张。因此，在司法审查的具体方式上，根据《中华人民共和国行政诉讼法》（2017）第五十三条所规定的"附带性审查"方式，公民、法人或者其他组织在对行政行为提起诉讼时，认为地方政府制定的应急预案不合法的，可以一并请求对该规范性文件进行审查。而在司法审查的具体标准上，法院应对应急预案内规定的风险预警级别和对应性措施，就其是否符合利益衡量的标准（标准一、标准二）作出裁判。例如，河南省规定，在启动重空气污染预警期间，就最低级别的蓝色预警，可以要求8800多家企业限产停产，这一措施显然偏向于对生态环境利益保护的考量，远超出"标准一"所设定的利益衡平的目的。此时，法院即可根据"标准一"的要求认定该项环境风险规制措施不合法。

第二，对环境监测预警制度的"限制型"模式而言，在预警状态下，上级行政机关对下级行政机关的限制型措施本质上应属于上下级行政机关之间的层级监督。在制度意义上，这种上下级的监督关系实际上具有维护行政"统一性""整体性"的功能。[3]在现实情况下，行政内部行为的不可审查性已成为层级监督行为的责任"避风港"。其意味着此种预警状态下的企业经济利益在受到不正当侵害时，无法

---

[1] 梁上上.利益衡量论 [M].2 版.北京：法律出版社，2016：104-105.

[2] 甘文.行政与法律的一般原理 [M].北京：中国法制出版社，2002：134-136.

[3] 章剑生.行政机关上下级之间层级监督行为的可诉性：崔永超诉山东省济南市人民政府不履行法定职责案评析 [J].政治与法律，2017（12）：69-76.

通过诉讼程序获得法律救济。亦使得环境预警"限制型"模式沦为纯粹的政治"指挥棒"，进而脱离了法治轨道，有损于政府的公信力及其司法的权威性。因而，为了走出这一困境，应根据具体情况，赋予私主体直接针对预警状态下具有"外化"法效力的内部行政行为提起行政诉讼的诉权，拓宽私主体权利救济的路径，从而使"限制型"模式预警状态下的行政相对人能够在"妥当程序"中获取合理、正当的利益。具体而言，在"标准一"范围内的利益衡量，其结果应尽可能最大限度地满足各种相关利益要求，将利益冲突引向和解，并以行政争议的妥当性作为裁判的价值目标。在"标准二"范围内的利益衡量，其结果则应当确保在高位阶利益得到保障的同时把低位阶利益的牺牲程度降至最低。

第三，对环境应急预案的司法审查本质上是对政府部门以应急预案为载体的预警状态的环境行政自由裁量权的司法判断。传统主流观点认为，行政事务的复杂性无法适应"传送带"模式的行政机制，行政自由裁量权是立法给行政留下的自由空间，因此对行政自由裁量权的司法审查应适当放宽。甚至有观点认为，行政自由裁量权在原则上不受司法的审查。[1] 立法授予行政机关自由裁量权的目的自然是尊重行政机关的专业性，但基于权力平衡的角度，放弃司法对行政自由裁量权的监督显然非常危险。那么法院应当如何把控环境监测预警制度下行政自由裁量权审查的力度，便是一个非常重要的问题。

首先，对预警级别的启动条件进行严格的司法审查。预警级别的启动条件涉及公民个人自由与企业经济自由。为有效保护公民的环境权益与健康权益免受环境风险的侵害，当应急预案中的预警级别启动条件高于"标准一"或"标准二"时，政府环境行政裁量权将会收缩，此时预警状态下环境行政权力对公民环境健康权益的保护将会延迟，因此对于收缩行政自由裁量权空间的行为，法院应当最大限度的进行

---

[1] 章剑生.现代行政法总论 [M]. 北京：法律出版社，2014：113.

司法审查。在裁判标准上，应以《中华人民共和国行政诉讼法》（2017）第七十三条的规定"人民法院经过审理，查明被告依法负有给付义务的，判决被告履行给付义务"为标准。由于预警级别标准的提高收缩了预警状态下行政裁量空间，此时，应由法院裁判行政机关做出符合原告要求的行政行为。同时，法院应通过判决要求行政机关对应急预案中的高标准进行修改，以保证行政机关履行环境保护的义务。其次，对于预警状态下的环境风险规制措施，其涉及了对公民个人自由与企业经济自由的"运动式肆意"的问题，但又在应急预案的预警级别启动标准上进行了严格的司法审查，同时确保了行政机关有效地行使环境行政权力，此时，司法权应当尊重行政权力在环境风险规制上的专业性和技术性。总而言之，对预警状态下的环境风险规制措施而言，法院应基于较低强度的司法审查对其进行合理性审查，审查其是否符合比例原则或是成本效益原则。

第三节　要素补正：完善环境监测预警制度的构成要素

制度体系的优化与形式要件的完备为中国环境监测预警制度提供了稳定运行的模式和法治化保障。当然，仅凭外在条件和外部环境的变更并不足以保障环境监测预警制度正向功能的有效发挥，而制度的根本内核在于制度机制建构能够与科学技术的更新、发展相互配套。

环境监测预警制度的完善有必要遵循效率原则、环境优先原则和公众参与原则。在此基础上，完善环境监测预警制度的构成要素还应当在一定程度上寻求域外的先进制度和经验。世界上任何一个国家，无论是欠发达国家、发展中国家，还是发达国家，均面临着潜在环境风险的威胁与挑战。在应对各类环境风险的过程中，各国政府普遍根据自身国情，在实践中形成具有自身特色的环境治理制度。显然，本书提及的借鉴国外先进制度和经验指的不仅仅是寻求制度名称上的匹配，更重要的是寻求制度运行机制和制度客观功能上的可借鉴之处。

一、建立完备的监测预警标准体系与程序性规定

监测预警标准是所有环境监测预警制度的核心，正如市场经济既定法则"一流的企业做标准"所言的一样，标准才是决定环境监测预警制度能否有效运行的关键。

第一，对于环境监测预警标准体系健全的问题，本书建议以资源环境承载能力监测预警标准（有研究称之为指标体系）[1] 出台为契机，同步建立一体化的单项环境风险监测预警标准体系，如水、大气、土地承载力指数，海洋生物资源和海洋环境承载力指数，耕地、草原、城市群等开发区承载力指数，突发环境事件预警指标体系，构建起以单项环境要素监测预警指数综合及突发环境事件预警指标体系所组成的资源环境承载能力监测预警标准体系。

在环境监测预警标准的认定方面，我们可以借鉴美国和韩国在土壤环境风险管控标准制度的相关经验。美国国家环境保护局（US EPA）将土壤风险管控标准分为保护生态和人体环境健康两项：《土壤生态筛选导则》和《土壤环境风险筛选值》。在适用领域方面，美国区分了住宅、商业、工业等不同用地方式，从而在符合成本效益分析方法的基础上有效控制了污染地块的开发风险。韩国采取了与美国类似的土壤污染风险管控制度体系，不同的是，韩国在土壤环境保护法案里规定了对土壤有害的 21 种污染物。对于这些污染物，其还规定了《土壤污染预警限值》（soil contamination warning limits），描述土壤污染可能破坏人类的健康、财产与动物和植物的生长、发育的程度。同时，其制定了《土壤污染对策限值》（soil contamination counterplan limits），当土壤污染超过警戒范围时，应及时采取措施保障人体健康并解决污染问题。根据土壤环境风险土壤可以划分为三类：第一类包括字段、稻田、果园等公众暴露最多的地区；第二类包

[1] 朱坦，王天天，高帅. 遵循生态文明理念以资源环境承载力定位经济社会发展 [J]. 环境保护，2015（16）：12-14.

括森林、建筑地段（非住宅）、仓库、河流、历史遗迹、体育网站等区域；第三类包括工厂、加油站用地、道路、停车场、军事设施等路段。综合来看，美国与韩国的土壤风险管控标准采用的是以污染风险为导向的管控型模式，而非一般环境标准的"一刀切"模式。那么，环境监测预警标准值的设定也应当在原有环境标准的限值型筛选值和管制值基础上，以对人体健康风险和生态安全风险为预警核心，采用人体致害系数和生态破坏系数等标准方式，应当考虑不同区域内环境的污染物浓度、人体可接触程度、生态环境稳定度等内容。其中人体致害系数应包括毒害物暴露指数、人体敏感程度、致癌风险系数及其他相关疾病的致害系数等内容；生态安全系数应包括资源压力指数、植被盖度指数、环境要素程度等内容。当然，上述所考虑的致害系数并非能够完全转化为指标数值，其在一定程度上需要专业技术人员的经验判断。当这种经验判断作为判定环境监测预警分级时，应当以书面形式呈现。

第二，完善制定环境监测预警标准的程序性规定。程序所带来的规则之治是法治的主要价值之一，正当程序是依法行政的主要目的。此前对于应急预案的完善已经部分解决了环境监测预警标准变更程序的合法性问题。针对其他程序性问题，一是要确立环境基准调查程序，确立环境要素权利人的调查义务及信息公开责任。以日本的土壤污染调查制度为例，负有土壤污染调查制度的主体是土地的所有权人、使用权人。因为上述主体相较于其他主体更熟悉土壤污染的基本情况，更有权接近地块本身，更容易获得相关信息。同时，土地所有权人和使用权人基于损害担责原则有义务对外披露土壤的基本信息。当然，调查机关的选定在日本是由法律明确规定的，必须由环境大臣指定。而指定机关必须具有相应的资质。中国环境监测预警标准在制定之前，可以现有环境要素的使用权人对环境要素的基本情况先行自查，并向有关政府部门报告，再由政府有关部门进行定向检查以保证自查报告的准确性和真实性。其他地区则由政府指定有关部门进行调查。同时，该项调查机制对于基础数据的广泛收集，使得标准在制定时掌握了基础的环境状况。二是确立监测预警标准的动态调整程序。环境监测预警标准的设定有着一定程度的主观价值取向，因而存在社会意识建构的方面。在科学技术发展和社会意识变更的情况下，作为判断环境风险等级的标准，其也应当随之变更。因此，我们应设置环境监测预警标准的动态调整程序，定期评估环境监测预警标准的时效性。

二、实施定期综合与动态单项相结合的信息发布模式

事实上，监测预警标准在理论与实际上的重叠既是产生现实问题的根源，也是预警信息发布模式完善的契机。资源环境承载能力监测预警标准之所以与其他类环境监测预警标准发生重叠，一是从自然科学的研究层面来看，资源环境承载能力是指各环境要素与人类活动之间的平衡，[1] 其所考量的范围包括人类整体活动之限度、个人健康及其生产要素的健康等。二是从预警管理和预警后的权利（权力）义务方面来看，国家发展和改革委员会主要负责全国范围内的资源环境承载能力监测预警工作，但由于治理能力的有限，其不能辐射国土的每一个区域。事实上，县级以上人民政府依旧是区域承载能力或是区域内单项承载力评价的主体。因此，不同类型的预警之间必然存在不同程度的职能重叠。而实际的治理效果也必然存在重叠。[2] 各种交错的现实情况，便引发了一种科学的制度构想，即形成一种综合与单项的整体性建构模式。[3] 因此，在解决环境监测预警信息发布模式的问题之前，需要首先解决环境监测预警制度内在结构之间的立法模式问题。

---

[1] 徐勇，张雪飞，周侃，等.资源环境承载能力预警的超载成因分析方法及应用 [J]. 地理科学进展，2017，36（3）：277-285.

[2] 例如，流域水生态承载能力预警期与流域水污染预警期都有可能采取项目限批、削减用水总量等措施。

[3] 应当指出的是，现行的环境监测预警制度立法呈现出一种"预设性立法"模式，即在科学工具、信息及专门知识尚未成熟时便通过立法确立及其推动。然而，从实践角度来看，"预设性立法"造成的后果便是：旧的制度尚未运行，新的制度已经提出，新旧制度重叠交叉。

由于前述环境监测预警标准的关系，有必要实行以综合引导为导向的制度模式，实行以资源环境承载能力监测预警制度为统领，单项要素环境风险监测预警为基础，自然灾害监测预警制度单行的立法模式。目前，政府以科研项目的方式对监测预警标准进行"预备立法"，这必然会产生标准的重复设定问题，同时存在引导专家判断的可能性。[1]其无法有效实现标准的体系性和统一性。而自然灾害监测预警需要考量对资源环境承载能力本身的影响，两者在一定范围存在关联。也就是说，当自然灾害发生之时，政府部门要同时对环境资源存在的风险进行监测预警。

那么，在此基础上，本书将进一步对我国的环境监测预警信息发布制度进行完善。

第一，逐步推进监测与预警的一体化。其实，在环境应急管理中，尤其是专业壁垒较大的资源环境承载能力监测预警制度，行政系统和专家系统是应急管理中不可分割的组成部分。他们不可分割但却相互制约。掌握着"智慧"技术的专家系统不能不计后果做出激进的预警判断，而使得政府成为呼喊"狼来了"的孩子。[2]政府在环境事件中一旦成为"狼来了"故事里面的孩子，其对社会稳定所造成的影响同样难以估量。但是，具有诸多政治顾虑的行政系统却容易因为保守和侥幸心理而影响专家系统的专业判断。因此，突发事件预警法律制度作为专家系统与行政系统的制度场域，监测与预警相分离的结构容易导致"智慧"被政治顾虑所"俘获"。那么可行的办法就是强化代表"智慧"主体的专家系统在环境监测预警法律制度中的作用。在技术条件相对成熟的前提下，我们可以通过将具有专业知识的监测主体与预警主体进行融合或者分级融合，在逐步推行"谁监测、谁预警"这一原则的基础上，采用区分预警级别的程度，由政府审核高预警级别分离

---

[1] Cary Coglianese, Gary E. Marchant. Shifting sands: the limits of science in setting risk standards[J]. University of Pennsylvania Law Review, 2003, 152（4）: 1255-1360.

[2] 齐晔，杜迪佳，董长贵，刘天乐. 新冠肺炎疫情早期科学研究对政府决策的影响 [J]. 治理研究，2020, 36（2）: 21-31.

模式，中低预警级别则适用原则性规定，从而实现监测制度与预警制度的深度融合与有效互动。

此时，在突发环境事件发生的早期，监测预警技术就能通过专家系统有效地发挥监测和预警功能。而作为维持社会稳定的行政系统，其可以依据专家系统的判断及发布的预警级别，根据预警级别的调整，依托"智慧应急"技术，实行精准有效的应急措施。例如，在技术条件相对成熟的领域，突发环境事件预警级别的发布主体应当是掌握"智慧应急"技术并代表专家系统的环境科学和生态学，即由环境科学共同体、环境法学共同体及生态学领域的共同体组成的社群组织。在国家建设的突发环境事件直报系统内，连接纵向和横向上的所有环境组织，并通过该系统收集到的监测信息，由既作为监测主体又作为预警主体的环境科学共同体统一做出环境监测预警等级的判断。

当然，"谁监测、谁预警"原则的确立需要一个最为基本的前提，即环境监测预警分级标准的完备性，监测预警技术先进性及监测预警信息的准确性。否则，基于社会稳定而确保预警信息真实客观，综合衡量环境信息社会影响的预警监测与预警发布相分离的模式还会继续存在。

第二，综合定期单项动态相结合的预警级别发布模式。首先，综合定期的预警级别发布模式主要针对的是区域内整体环境资源状况的变动，其直指资源环境承载能力监测预警制度。由于该项预警级别的发布涉及区域产业发展限制，其所辐射的范围已然超越了直接对应的行政相对人，受此间接影响的主体范围更为广泛。[1] 同时，资源环境承载能力的变化有其发展的规律性，一般不会在短时间内出现较为明显的变动。因此，对于区域内资源环境承载能力的变化，基于其所涉范围及自身属性，预警级别的发布自然较为谨慎。特别是承载能力所

---

[1] 黄锡生，韩英夫.环评区域限批制度的双阶构造及其立法完善 [J].西北政法大学学报，2016，34（6）：138-149.

考量的环境指标繁多，[1] 使得承载力监测预警不太可能采取实时动态的预警级别发布模式，而应当采取定期评价模式，一年或两年发布一次承载能力监测预警信息。在预警信息的发布主体上，省级以上范围的资源环境承载能力监测预警级别应当由国务院相关部门发布，省级以下的资源环境承载能力监测预警级别则由对应级别的政府及其有关部门发布。其次，单项动态的预警级别发布模式对应的是单项环境要素的预警级别变化。其定位为提升公众环境风险意识，充分利用公众自我规避环境风险的能力。同时，因为单项要素预警级别的变动容易在短时间内受到某种污染要素影响。所以，动态的预警级别发布模式适合于单项环境要素预警级别的发布。[2] 那么，在技术条件相对成熟的前提下，我们可以通过将具有专业知识的监测主体与预警主体进行融合或者分级融合，在逐步推行"谁监测、谁预警"这一原则的基础上，采用区分预警级别的程度，由政府审核采取分离模式的高预警级别，中低预警级别适用原则性规定，从而实现监测制度与预警制度的深度融合与有效互动。

三、设置开放明晰的会商与评估机制

现有民主协商合作模式是一种集多元主体的制度平台。[3] 在解决邻避问题上，理想化的协商模式将利益相关主体纳入环境决策的过程。[4] 讨论、辩论等方式是利益诉求表达的基本方式。[5] 民主思想的表

---

[1]　以海域资源环境承载能力指标为例，海域资源首先分为三类：海域空间资源、海洋环境及海洋生物资源。而上述三类又有两至三项评价标准，如海域开发强度和岸线开发强度、海洋生态灾害和环境风险状况、海洋功能区水质达标率、近海捕捞强度近海养殖强度等。最后得出综合承载能力指数，才能确立海域资源环境承载能力预警分级。参见：樊杰，王亚飞，汤青．全国资源环境承载能力监测预警（2014版）学术思路与总体技术流程 [J]. 地理科学，2015，35（1）：1–10.

[2]　以重污染天气预警为例，《中华人民共和国大气污染防治法》第九十三条至第九十五条规定，省、自治区、直辖市、设区的市人民政府会同气象主管部门依据重污染天气预报信息，进行综合研判，确定预警等级并及时发出预警。

[3]　现行民主协商路径都要求构建一种相互合作的模式，即搭建制度平台，使行政机关、利害关系人、普通公众与专家学者等主体的平等、开放的进行风险识别与交流。

[4]　在应对我国的邻避风险规制问题时，就有学者提出构建环境协商制度，将受环境资源因素决策结果影响的各方主体纳入环境资源决策过程，经过公开协商、权衡各方利益诉求，采取讨论、辩论的方式统合、妥协意见，进而做出环境资源决策。

[5]　杜建勋．论我国邻避风险规制的模式及制度框架 [J]. 现代法学，2016，38（6）：108–123.

达自然存在于此种模式中。但是，这些民主协商模式的实现依赖于公民高度的理性能力，这事实上高估了公民的美德。环境风险的多样性与复杂性决定了一部分类型的环境风险无需经过反复的价值讨论和认识博弈，而另一部分类型的环境风险则反之。例如，资源环境承载能力的技术风险性质决定了其无需经涉复杂的价值论与认识论的博弈。而突发环境事件预警则需要经涉人们对灾害曾经发生的某种认知，这种认知是基于专业知识或政府的灾害宣传。那么，传统的公众参与模式便无法有效嵌套在环境监测预警制度的运行结构中。

本书认为，要实现民主协商机制的嵌套，最适合中国国情的便是利益代表机制。它可以承载小部分集体意识，在理性的情况下就环境事项进行有效交流。[1] 利益代表机制是小部分民意的集合，是民主意识得以实现的路径。[2] 在环境监测预警制度中，若要平衡多方主体的利益，首要解决的问题便是影响利益决策的基本程序。其次是谁需要被代表，提供代表的具体方式有哪些。目前，环境监测预警制度能够对外产生法律效力的程序主要包括两个方面：一是标准的评估和制定；二是预警后风险规制措施的采取。

因此，第一，在现有环境监测预警制度会商平台基础上，为保证环境监测预警结果兼具科学性与合理性，应当对区域性环境监测预警标准的制定及预警状态下环境风险规制措施的设定与考量内置听证制度，其中听证的结果应当作为行政决策的主要依据。就所涉及的利益主体及代表而言，标准的实效评估与设定可以征求社会公众的意见，针对性地征求公益性环境组织和相关专家的意见。就所涉及的预警状态下环境风险规制性措施而言，其所影响的主体主要是企业和个人，其中企业与个人的利益取向有可能是一致的，也有可能是相反或相冲突的。当两者利益一致时，企业可以派出代表或以聘请相关专家学者的方式参与预警状态下环境风险规制措施的考量，个人则可以搭上企

---

[1] 伊丽莎白·费雪.风险规制与行政宪政主义 [M].沈岿，译.北京：法律出版社，2012：38.

[2] 卢梭.社会契约论 [M].何兆武，译.北京：商务印书馆，2003：71–86.

业的"便车"。当两者的利益相反或相冲突时,企业与个人可选取各自的代表参与协商,个人可以寻求公益性环保组织的帮助或自行选取代表出席。

第二,立法应当明确环境监测预警会商评估机制的内容,而不是以内部性操作规范为载体。那么,法律规范应载明的环境监测预警会商评估的内容主要包括:一是环境风险发生后的污染物状况,即可能引发环境风险的污染要素及累积速率;二是环境风险所涉区域的相关范围,即污染物累积可能影响的区域;三是所涉公众的生命健康与财产风险或者生态、环境风险;四是确立环境风险规制的基本目标和所应达到的治理效果,运用成本效益分析方法衡量预警状态下环境风险规制措施的采取可能产生不同后果。

四、建立动态协调的监督监管机制

在民主制国家中,代理与被代理的关系是立法者与公众之间的基本形式。当立法者通过法律表达民意,引导行政机关遵循民意时,其行为与民主就具有高度的一致性。但是,科技的进步、生产方式的多元、社会分工的细化、社会关系的多元、利益结构的复杂,加之法律的滞后性属性,使得基于民意的立法难以全面精细地调控所有的社会关系。因此,大量的原则性规定开始出现,这使得大量的法律概念需要被解释才可适应社会发展,在这个过程中引导行政机关的立法自然而然便获取了大量的裁量权空间。在现实生活中,行政机关的自我规则设定已经在事实层面成为"次级民意代表机构"。因此,建立动态协调的环境监测预警行为监督监管机制,关键还是建立有效的、动态的环境责任承担机制。故有学者提出"行政监管的政治应责"(accountability)这一概念,统筹了向人民及其代表应责与其向政党和上级应急的双维度。具体而言,政治应责有两种表现形式:一是事件问责,二是绩效考核。而应责主体是辖区内的管理者,应责的对象是辖区内的人民、代表、执政党、上级行政机关等。[1] 事件问责有效回应了他人所提出的问题和质疑，而绩效考核要接受管理行为不合理或不合法所引发的不利后果。由此可见，作为区域环境治理标杆的环境监测预警级别，其上下变动所引发的法律或是政治意义上的正向或反向后果，就是政治应责的启动条件之一。因此，有必要对基于环境监测预警级别的变化所引发的应急机制进行完善，确保管理行为的合法性与有效性。

首先，完善事件问责机制。一旦区域内出现单要素预警级别的变动，相关责任机关应当通过书面形式对级别变动进行解释，公布级别变动的原因和细节。对于"限制型"模式下监测预警级别的变动，其涉及区域内整体环境资源的变化，应当纳入人民代表大会的询问范围，受询问主体应当包括承载力变动涉及的所有负责人。"强制型"模式下监测预警级别的变动应当由相关负责人通过新闻发布会的形式直接答复社会公众的疑问。

其次，完善绩效考核标准。合理情况下的区域内环境监测预警级别的变动，应当被纳入政府绩效考核标准。其中主要包括预警级别发布的次数、原因及预警级别等。但对于区域环境质量本身较高，出现承载能力由"不超载"到"超载"的情况时，则应当对相关负责人进行"一票否决"。而对于环境承载能力恶化的区域，应当要求区域内的相关责任主体"限期恢复"。

同时，上文提议建构的一体化监测预警标准应配套一体化的管理体系。在技术发展成熟的前提下，中央与地方政府应建立以资源环境承载能力统领的预警模式，由国务院及其有关部门负责全国性资源环境承载能力监测预警工作，省级以上人民政府负责本区域内的资源环境承载能力监测预警、单项环境风险监测预警及突发环境事件监测预警工作，市县两级人民政府负责各类单项环境风险监测预警及突发环境事件监测预警工作，形成自上而下的资源环境承载能力监管体制。

[1] 沈岿. 行政监管的政治应责：人民在哪？如何回应？[J] 华东政法大学学报，2017，20（2）：5-21.

五、建立灵活有序的"扩权治理"机制

经过纵向到底的外部结构调整，预警状态与应急响应相互混淆、难以区分的问题已经被解决。那么，这一部分的重点任务就是如何解决环境监测预警制度公权力扩张结构单一的问题。

第一，一般而言，环境监测预警状态下的管制清单主要涉及大部分排放污染物的企业，单一权力扩张机制使得企业无法通过有效途径表达和交换意见，进一步使得民事主体的行为存在许多不确定性。因此，我们有必要设置正当程序，保证受管制企业表达意见的权利。预警状态下环境风险规制对象的确认，不应当单纯由预警级别的大小来确定，而应当设置受管制企业的行政复议程序。当企业被纳入预警状态下的环境管制清单时，企业可以提供其所排放污染物与环境预警状态之间无因果关系的证明文件。行政机关应当对企业提起的行政复议进行审核，并予以回复。也就是说，在环境监测预警制度"对应性架构"外，设置一个具有合法性和合理性的"去架构"程序，保证环境监测预警"扩权治理"机制的灵活性。

第二，环境监测预警"扩权治理"机制在刑事责任领域的适用则应当避免出现"一刀切"的社会效果。因此，在刑事责任领域建立有序的"扩权治理"机制是很有必要的。一是环境监测预警级别的分级应当以中央层面发布的预警级别为标准，而在地方发布的预警级别下实施污染环境行为的，不得认定为从重情节。二是对于较轻级别、较短时间内的预警状态下的污染环境行为，且预警状态下主要以宣传性和非强制性措施为主，不应当一概被认定为从重情节，应当以具体的社会危害性大小为标准。

六、拓展社会力量参与的路径和能力

社会力量参与是平衡政府环境风险监测预警单一力量的主要途

径，当然也是公众环境治理参与权的重要体现。在环境监测预警制度的运行过程中，社会力量的加入能够有效提升政府治理环境和提供服务的能力，降低环境监测预警制度的内外部成本。目前，世界上许多国家都已经将公众和社会组织纳入风险危机管理中。例如，日本要求如松下、富士通等企业建立相应的环境风险管控制度体系。[1]可见，社会力量参与环境监测预警制度是具有可行性的。

第一，加快环境风险预警监测的社会化进程。我国国土面积辽阔，环境风险形式复杂，单方面依靠政府规避环境风险较为困难。政府力量不足、效率低下必然导致风险监测内部成本的累积。因此，社会力量就获得了进入环境风险监测领域的必要性和合理性。在环境风险监测领域，应积极探索由政府向社会购买环境风险监测信息和环境标准的模式，加大重污染企业披露环境污染信息的义务。在保证监测结果客观、公正的前提下，推动环境风险监测的社会化，从而实现简政放权、提升政府公共服务的质量和效率的目的。

第二，提升公众和企业预防处理环境风险的能力。首先，要加强对环境有直接危害的重污染企业人员预防和应对环境风险的意识和能力。同时加强对公民的环境教育，借助各类网络媒体让社会公众了解面对各类环境污染风险应采取的措施，以提升公众参与环境应急管理的能力。其次，加强污染企业在环境污染风险面前的应变能力，如对相关工作人员进行应急能力培训等。同时，要求可能造成环境污染的企业制定环境污染风险管控预案，其中应当包括处理突发性环境污染的应急预案，并报所在地的生态环境主管部门备案。

---

[1] 陈成文，蒋勇，黄娟 . 应急管理国外模式及其启示 [J]. 甘肃社会科学，2010（5）：201–206.

第七章 中国环境监测预警制度的立法完善

从中国环境监测预警制度的整体结构来看，"控制型"模式与"限制型"模式基于不同的制度功能显然需要采取不同的法律表达。但两者均具有以预警标准为前提的"扩权结构"。这意味着中国环境监测预警制度能够在上位法的基础上达到结构上的一致性。同时，由于"扩权"之后行为模式的差异，在环境法律规范体系内的中国环境监测预警制度需要被分别建构。

第一节　法律规范结构分析：环境风险应对中的双重响应体系

应对突发环境事件中的双重响应体系是基于国家立法与应急实践而产生的一种阶段性应急管理体系，由预警响应体系和应急响应体系组成。其规范性描述见于《中华人民共和国突发事件应对法》及总体应急预案和各类专项应急预案。在此，本书选择以《中华人民共和国突发事件应对法》、《国家总体应急预案》，以及部分对外发布的国家专项应急预案、部分单行法作为考察对象，探究突发环境事件应对中双重响应体系的基本结构和运行逻辑。尽管这些对外发布的预案删去了许多涉密内容，如突发事件分级标准、突发事件预警分级标准等，但现有简本所呈现的基本内容依旧较为完整。

一、环境风险应对中双重响应体系的规范缕析

从规范层面来看，首先《中华人民共和国突发事件应对法》（2007）设置专章（第三章）规定了突发事件的监测与预警制度，且于第四十一条和第四十二条规定：国家要建立健全突发事件监测预警制度，并将预警级别分为"蓝黄橙红"四级。在特别法层面，自然灾害、环境污染事件等领域都有关于预警制度的专项立法。从突发环境事件应对的时间节点来看，这种依据预警级别而采取相应措施的模式便是突发事件应对的第一重响应体系，即预警响应体系。其次，根据《中华人民共和国突发事件应对法》(2007)第四十八条至第五十条的规定，突发事件发生后，政府及其有关部门应针对事件性质、特点和危害程度采取相应的应急措施。此处所指的事件性质、特点和危害程度所对应的是《中华人民共和国突发事件应对法》第三条第二款关于不同类型突发事件分级的规定，即不同类型和级别的突发事件对应不同种类和程度的应急措施。同时，在《国家突发公共事件总体应急预案》中，突发事件分级与应急措施启动这一结构采用了"应急响应"这一概念。那么，从时间节点来看，突发环境事件发生后，依据事件级别采取应急措施的模式便是突发环境事件应对的第二重响应体系，即应急响应体系。可见，由预警响应体系与应急响应体系构成的双重响应体系基本贯穿了突发环境事件动态应对—事前及事后—过程。当然，在应对不同类型的突发环境事件中应用的双重响应体系存在一定差异。由于应急预案在事实上创设了一系列重要的应急管理制度，并对某些法律上没有完整设定的权利义务做出了重要补充，离开这些补充性规定，大量的法律规范将无从实施。[1] 因此，本书拟从国家层面的专项预案入手，考察双重响应体系在规范层面适用的基本情况（见表7.1）。

---

[1] 林鸿潮.论应急预案的性质和效力：以国家和省级预案为考察对象 [J].法学家，2009（2）：22-30，156.

表 7.1　双重响应体系在各类环境专项预案中的基本情况

分类	预案名称[1]	数量
预警响应体系	突发环境事件（重污染天气）	1
应急响应体系	核应急、地震应急	2
双重响应体系	防汛抗旱、森林火灾、突发地质灾害、突发重大动物疫情、突发环境事件、自然灾害救助	6

从表 7.1 中可以看出，应对大多数突发环境事件的还是"预警响应在前，应急响应在后"的双重响应体系，只有少部分无法预警的突发环境事件单独适用了应急响应体系。严格来讲，在规范层面的国家专项预案中，尚无其他类型突发事件单独适用预警响应体系。这一方面是因为预警响应体系在应对法中明确定位于事件"即将发生或发生可能性增大"的时间节点，并且单独适用显然不符合事故发生的基本逻辑；另一方面是因为国家层面的专项预案是对某一类突发事件的总体性指导，无法针对更为细致的突发环境事件类型进行独立建构。当然，在应急基本法和国家专项应急预案下，还存在一种特别法规定的例外情形，即只适用预警响应体系的重污染天气应急。

重污染天气包含于突发环境事件，对其的应对显然适用于《国家突发环境事件应急预案》的一般性规则。但是，从《中华人民共和国大气污染防治法》（2018）和各地方重污染天气应急预案的相关规定来看，它们所采用的是预警分级对应应急措施的行为模式，[2]通过以预警分级统合事前预警等级和事后事故等级，将预警响应体系贯穿于重污染天气应对的全过程。也就是说，突发环境事件中重污染天气的应对是单独适用预警响应体系的特殊类型。

综上所述，在规范层面，由预警响应体系和应急响应体系构成的双重响应体系是突发环境事件应对的一般性架构，其适用于应对各类突发环境事件的全过程。

---

[1]　为了行文简便起见，表 1 中专项的预案名称表述较为简略，只称事件名称。

[2]　参见：《中华人民共和国大气污染防治法》（2018）第九十六条，《北京市空气重污染应急预案（2018年修订）》。

通过对现有文本规范的缕析可以看出，双重响应体系是突发环境事件应对中的关键性环节，在时间逻辑"嫁接"了行政机关处置突发事件的行为逻辑。因此，双重响应体系实现在理论上的有效衔接与协调意味着行政机关能够依法有效应对突发环境事件。当然，行政机关如何应对突发事件并不在于是否遵循了双重响应体系预设的行为轨迹，而在于是否执行了双重响应体系中对于公权力配置的基本要求。此时，公权力成为衡量突发事件应对过程中公民基本权利的度量尺。在稳定的政治体制和良好的法治状况下，基本权利之间一般都存在被立法所确定的清晰的分界线。那么，在应对突发环境事件过程中，双重响应体系便承担着"划线"与"衡量"的功能。

二、阶段性还是异质性：双重响应体系的实践逻辑及其解释

与上述规范结构相关的是，具有相同权力扩张结构的预警响应体系与应急响应体系是一种层层递进的"阶段性"关系，也是具有各自实践功能的"异质性"关系。所谓"阶段性"是指预警响应体系与应急响应体系在时间维度上具有明确的先后顺序以及行为递进关系，即预警响应体系的运行优先于应急响应体系的运行，并且应急响应发生与否、响应的等级都会受到预警响应体系运行效果的影响，一旦进入应急响应便意味着预警响应程序的终结。"异质性"是指，虽然预警响应体系与应急响应体系在时间节点上存在着一定的先后顺序，但在实践功能上却有明显区别，两者在突发环境事件应对过程中的程序完结并不以彼此为直接因果关系，而是由事件客观变化对照规范意义上的评价标准所决定的。

（一）"阶段性"——双重响应体系的规范预设与实践逻辑

目前，学界对于预警响应体系与应急响应体系间相互关系的认知较为统一。从宏观层面的应急管理体制来看，《中华人民共和国突发

事件应对法》规定的是一种"循环型"应急管理体制，即依据突发环境事件生命发展周期来配置各类应急主体的职责和职权。[1] 在运行机制层面，这种立法确定的预防与准备、监测与预警、处置与救援、恢复与重建是一种次序先后的关系，而双重响应体系正是处于整个循环结构的中间环节——监测与预警、处置与救援，同样遵循预警响应在前、应急响应在后的次序关系。那么，根据突发事件生命发展周期而运转的循环结构必然是一种层层递进、环环相扣、周而复始的规范程序，前后程序间具有直接的因果关联。所以，预警响应体系与应急响应体系之间显然是一种层层递进的"阶段性"关系。

然而，由于不同类型突发事件的发生机理与生命周期不甚相同。所以在实践层面，双重响应体系在各类突发环境事件应对中的适用情况也存在差异。

第一，预警响应体系的主动适用模式。预警响应体系的主动适用是指，某类突发环境事件的应对并未遵循应对法中设定的双重响应体系，而单独适用了以预警等级对应应急措施的预警响应体系。这一类型的适用模式一般都由特别法授权，常见于重污染天气应对过程中。《中华人民共和国大气污染防治法》第九十六条赋予了行政机关依据预警级别采取应对措施的权力，同时明确了应急措施的基本类型，主要包括建设施工管制、机动车限行禁行管制、企业限产停产停业管制、禁止燃放烟花爆竹管制和露烧烤管制等。因此，法律规定范围内的各类应急措施都属于重污染天气预警状态下行政权力的合法扩张。也就是说，政府通过预警状态下法律授予的行政权力，以适当扩权来形成"类紧急行政权"或"紧急行政权"，快速回应公民对良好环境的诉求。[2]目前，由于立法层面的宽泛授权，地方政府普遍通过制定重污染天气应急预案的方式，结合当地经济发展和环境治理的基本情况，确定预

[1] 戚建刚.《突发事件应对法》对我国行政应急管理体制之创新 [J]. 中国行政管理，2007（12）：12-15.
[2] 黄锡生，张真源.论中国环境预警制度的法治化: 以行政权力的规制为核心 [J]. 中国人口·资源与环境，2020，30（2）：158-167.

警等级的启动标准及相应应急措施。

第二，应急响应体系的被动适用模式。应急响应体系的被动适用是指在突发环境事件应对过程中本应依时间顺序适用阶段性的双重响应体系，但由于主观或客观原因绕过了预警响应体系而直接适用了应急响应体系。这一类型的适用模式在突发事件应对过程中较为普遍。由于我国突发事件应对过程存在不均衡的问题，即救援与处置"绝对优先"，善后恢复在个别情况下得到重视，预防准备、监测预警发展则相对不足。[1] 因此，在大多数突发事件应对过程中，预警响应体系往往被忽视或省略，即便是事件发生后能够预警的衍生灾害往往都被应急响应所覆盖。上述问题在实践领域则更为明显。例如，在"8·12天津滨海新区爆炸事故""江苏响水 3·21 特别重大爆炸事故""11·4福建泉港碳九泄漏事故"等安全生产事故中，均存在事故引发的环境污染问题，但是在应对这些事件时我们并未启动预警响应体系的相关程序，而是直接启动应急响应体系。

第三，双重响应体系的偏重适用模式。双重响应体系的偏重适用是指在突发环境事件应对过程中虽然适用了双重响应体系，但并没真正发挥预警响应体系中的扩权结构，而是偏重于适用应急响应体系中的扩权结构。这一类型适用模式主要见于洪水灾害和地震灾害的应对中。例如，2020 年 6—7 月，我国长江流域的各大城市受持续降雨的影响进入了防汛期。江西省水文局在发布洪水预警当日，省防办即启动了防汛一级响应。江苏省在将长江南京段洪水预警升级为红色预警后，南京市便启动全市防汛一级响应。在地震灾害应急中，地震预警时间较为紧促，难以区分预警等级，因此地震灾害预警的目的就是通过预警信息的公示方式，使得人们能够及时自我规避地震灾害风险。而在地震灾害应对过程中发挥扩权治理功能的是应急响应体系。2020年 7 月 12 日河北唐山发生了 5.1 级地震，许多居民在观看电视时收到

---

[1] 张海波. 应急管理的全过程均衡：一个新议题 [J]. 中国行政管理，2020（3）：123-130.

了地震预警信息，地震发生后河北省人民政府立即启动了三级应急响应，开展相关抗震救灾工作。可见，各地无论是在防汛还是在抗震救灾中，均发布了预警信息并立即启动了应急响应体系。而在这些突发环境事件应对中，预警响应体系仅仅起到的是信息公示的功能，真正发挥扩权治理功能的则是参照事件标准进行分级的应急响应体系。

（二）"异质性"——双重响应体系实践逻辑的理论反思

显然，"阶段性"预设的双重响应体系并未在突发环境事件应对的实践中被有效应用。并且，双重响应体系构成要素的单项适用与偏重适用也并未在突发环境事件应对中遇到"水土不服"的问题，反而在实践理性的基础上表现出顽强的制度生命力以及功能辐射性。所以，这是否意味着我们对双重响应体系"阶段性"认知存在着某种偏差，使得形态各异的实践逻辑与规范理性的制度建构间出现了一定落差。

从整体结构而言，突发事件应对的全过程又可以称为应急管理全过程，其在理论层面存在多种阶段性的循环架构。美国州长协会较早提出了将应急管理的全过程分为"减缓—准备—响应—恢复"四个阶段。而在"9·11事件"后，美国国土安全部将应急管理的四阶段修改为"准备—预防—保护—响应—恢复"五阶段论。为了强调应急管理全过程的均衡，有学者在前者基础上提出了应急管理的"6+1"模型，包括准备、预防、减缓、响应、恢复、学习6项分阶段机制和监测1项跨阶段机制，同时特别强调预警就是响应且是响应的第一个程序。[1]可见，无论是四阶段论、五阶段论还是"6+1"模型，"响应"都被认为是循环结构中的一环，预警则在一定程度上被认为是响应程序的启动机制。在理论层面，整个突发事件应对的循环结构并未对预警响应和应急响应做出明确的程序区别和功能界分。但我国应对法却将两者作为循环结构上的单独环节予以区分。因此，正是双重响应体

---

[1] 张海波.应急管理的全过程均衡：一个新议题[J].中国行政管理，2020（3）：123-130.

系的"阶段性"定位，使得其在突发环境事件应对实践中表现出一种未遵循规范预设或脱离应急基本法既定轨道，却基于客观效果做出较好选择的状况。

就内部扩权结构而言，突发环境事件应对中行政权扩张的一个重要原因是，行政权在处理紧急问题时效率要远远高于其他类型的权力。[1] 规范化的权力扩张机制可以使行政系统对突发事件的处理基于稳定的社会共识的基础上，从而具备合法化和法治化的前提。显然，双重响应体系中的预警响应体系与应急响应体系都存在法治化的扩权结构，并且这两种结构有着极大的相似性——一个是由预警级别"嫁接"应急措施的扩权结构，一个是由事件级别"嫁接"应急措施的扩权结构。而实践逻辑中，可以预警的突发事件中预警级别与事件级别往往存在对等性关系，无论适用何种扩权结构，其都能够为行政机关提供合法化的权力来源，都能够提供高效应对突发事件所需要的行政权力。对于预警期和事件发生期的衔接阶段发生时间较短的突发事件，两种扩权结构的选择性适用只不过是概念名称上的区别，其实质均是以事件等级为标准进行适用的扩权结构。于是，在以保障公民基本生命和健康权利，以尽快结束紧急状态作为突发环境事件应对的最大合法性目的的基础上，双重响应体系中扩权结构的选择与适用标准还是以符合突发事件自身属性、发展规律以及事件应对的实践效果为要旨，而不是以符合规范意义上双重响应体系的"阶段性"预设为要旨。

综上，"阶段性"预设的双重响应体系显然无法有效契合突发环境事件应对的实践理性，时常出现的脱离或部分脱离于法律规范外的扩权治理路径，使得应急法治化的目标始终无法与紧急状态下对公民生命健康权保障的目标实现融合。那么，一项理论之所以存在价值，实际在于其具有构造社会生活、塑造人们的思想行动以及解释现实世

---

[1] 丁晓东.法律能规制紧急状态吗？：美国行政权扩张与自由主义法学的病理 [J]. 华东政法大学学报，2014（3）：51–62.

界的能力。[1] 因此，突发环境事件应对中双重响应体系的理论预设应根据其实践理性而进行不同的解释。本书认为，既然双重响应体系"阶段性"的预设不具有指导和解释现实世界的能力。鉴于预警响应体系与应急响应体系均具有扩权结构的独立性功能，同时在实践层面形态各异。那么，双重响应体系中的预警响应体系与应急响应体系就应当解释为一种具有各自实践功能的"异质性"关系，其根本旨趣在于使突发环境事件应对的实践在不脱离规范的基础上，择优适用不同类型的扩权结构。

三、功能调和与理论概化：基于风险递进效应的分析

在文本上厘清双重响应体系的规范结构并在法理上证立其属性，只是解决这一规范体系问题的基础和前提。双重响应体系的"异质性"新解突破了现有规范对预警响应和应急响应在时间结构上的严格设计，以及在程序衔接上的直接因果关系。那么，在实现对双重响应体系的规范重构之前，我们需要进一步明确其在突发环境事件应对过程中的功能界分与定位。

无论是预警响应体系还是应急响应体系，响应标准都是其权力扩张的唯一参照物。响应标准的确立代表应急状态下"社会共识"凝聚的结果，这种"社会共识"承载着全体公民对应急状态下公权力可接受程度的共同取向。也正是基于这种共同的社会取向，双重响应体系中的"扩权治理"行为才获得了合法性（或称为可接受性）的来源。那么，《中华人民共和国突发事件应对法》对于双重响应体系的响应标准都已经做了原则性规定：一是按照"社会危害程度、影响范围等因素"划分事件等级；二是按照"紧急程度、发展态势和可能造成的危害程度"划分预警等级。显然，预警等级是对事件发展的一种预判，它预判性地包含了对事件等级的划分标准。两种响应标准的规范表达

---

[1] 戚建刚. 紧急权力的自由模式之演进 [J]. 中国法学，2005（4）：25-40.

依旧遵循的是"阶段性"预设的表达方式。那么，在"异质性"解释的发展道路上，上述两种响应标准的规范表达便无法对预警响应体系与应急响应体系进行功能界分与定位。因此，在新的解释路径下探讨双重响应体系的功能界分，便需要回归至理论层面对规制的"元对象"——风险——进行分析。

从风险的总体性来看，当人们在面对现代文明和应对风险全球化的过程时，虽然在某些生活领域，现代性降低了风险的总量，但也不免导入一些前所未有却又全然无知的新型风险。[1] 可见，现代风险与社会发展是相互并存、相互共生且相互促进和成就的。"风险""（灾害）突发事件""危机"是中国灾害管理研究的三大核心概念，而风险累积所形成的递进效应是构成三者之间逻辑关联的关键因素，那么中国问题的灾害管理分析框架便是建立在这这些概念结构和逻辑关联的基础上的。

从剩余概念的定位上来看，被立法采用的突发事件在一定程度上替代并扩充了灾害的概念及内涵，取代了"灾害"一词被纳入法律和政治术语中，并将关于灾害的各种分类都用"突发的各类事件"进行替代。"危机"作为社会事务的情境，其长时间、高危险的特性已然成为人类生活世界的一部分。"风险"则由于可预见性不足，无法单独精准的对应相关管理措施，但其作为风险社会的基础性概念和要素，已经上升至一般范畴，无处不在地渗透于社会事务的方方面面。

从核心概念的相互关系上看，"风险"在"（灾害）突发事件"和"危机"之间存在着依次递增的逻辑关系。就风险和危机之间的逻辑关系来看，风险应处于危机之前，两者存在着潜在的因果关系，引发危机的根本原因是风险累积。那么，在此基础上，童星教授就"风险"在"（灾害）突发事件"和"危机"的相互关系做出界定：一是风险与危机之间有着潜在的因果关系，只有通过突发事件，这种隐性因果关

---

[1] 吉登斯. 现代性与自我认同 [M]. 赵旭东，方文，译. 北京：生活·读书·新知三联书店，1998：16-23.

系才能转为显性因果关系；二是风险是引发危机的根本因素，危机也是风险真正的后果，而非突发事件；三是风险累积的程度决定了突发事件和危机严重的程度；四是风险属性决定了突发事件的属性，突发事件本身是一种风险的消减，其由风险向危机过渡时期起了"减震器"的作用；四是在突发事件中对风险的规制决定风险累积后的走向。[1]

可见，风险潜藏了发生损害的不确定，其本质上是一种未能发生或即将发生的可能性，这种可能性的概率在一定程度上是可以计算的。突发事件（灾害）的属性则受制于风险的属性，是风险累积于一定程度的外化表现，其所表现的是社会秩序的偶然性例外，并不会根本性颠覆社会的基本秩序。但风险的不断累积，又未经突发事件所外化，此时某一社会领域的危机就会出现，会在一定程度上引发社会秩序的重塑与变更。在某种意义上，突发事件的发生是消解风险向危机转化的重要节点。[2]"风险"作为"突发事件"和"危机"的逻辑起点，因具备不确定性的可计算性，其具有了可量化、可磋商以及社会性等多种特征。

那么，作为双重响应体系元规制对象的"风险"，其累积的方式、速率、程度都是构成响应标准的基础要素。因此，"运动"状态下的"风险"也是不同响应体系功能界分的参照物。

第一，预警响应体系的目的是有效预防和避免突发事件的发生或发展。[3]"预警监测—信息评估—预警发布—预警响应"则是预警响应体系的基本运行结构。预警监测的内容主要有两个方面：一是风险累积的程度，二是风险累积的速率。风险累积的程度大概率决定了突发环境事件发生后的危害性，而风险累积的速率则大概率决定了突发事件发展的速度。那么，两者结合为标准所区分的等级就代表着预警

---

[1] 童星，张海波.基于中国问题的灾害管理分析框架 [J]. 中国社会科学，2010（1）：132-146，223-224.

[2] 童星，张海波.基于中国问题的灾害管理分析框架 [J]. 中国社会科学，2010（1）：132-146，223-224.

[3] 戚建刚，杨小敏."松花江水污染"事件凸显我国环境应急机制的六大弊端 [J]. 法学，2006（1）：25-29，110.

响应的等级。正如《中华人民共和国突发事件应对法》所描述的确立预警标准的依据，即"紧急程度、发展势态和可能造成的危害程度"，这种可能的程度与发展的态势恰好契合了作为突发事件或是危机诱因风险的属性及其运动的方式。同时，风险概率的可计算性理论使其具备了作为预警标准、预警评估和预警分级对象的基本条件。也就是说，不同种类和层次的预警响应等级意味着不同类型的风险累积程度和速率，依据不同等级采取的预警响应措施应当能够有效消减或减缓风险的累积。这也就意味着预警响应体系中权力运行的张力和轨迹与风险正负递进之间存在着此消彼长的关系。可见，无论风险累积是否通过突发环境事件或环境危机的形式出现，或是已经出现了突发环境事件或环境危机，作为基础构成要素和诱因的风险，其积累量的消除或积累率的降低都是预警响应体系规制的主要功能。

第二，"事件分级—应急响应"是应急响应体系的基本运行结构。基于事实和损害所确立的响应标准，决定了应急响应体系直接面对的是既定现状，目的在于消除和控制事态。[1]从风险递进效应来看，突发环境事件的产生是风险累积向危机转化的"报警器"和"缓震器"。但以既定事实为标准的应急响应体系却并不以风险消解为要旨，很难从根本上解决"风险—危机"的转化问题。因此，由于突发环境事件本身所引发的社会安全性危机和政治合法性危机才是应急响应体系建构的直接动因。那么，应急响应体系的功能定位就在于减缓或消除突发环境事件本身所具有的危害性，而非风险累积所带来的危害可能性。

由此得出的以下结论：

其一，双重响应体系的功能调和。在实践层面，突发环境事件本身兼具潜在风险与现实危险的双重特性，而潜在风险与现实危险之间往往存在时间落差。此时，双重响应体系便具有功能调和的余地——即预警响应开始适用于某突发环境事件潜在风险的累积阶段，随着现

---

[1] 童星，张海波.基于中国问题的灾害管理分析框架[J].中国社会科学，2010（1）：132-146+223-224.

实危险的出现预警响应的扩权职能便逐渐缩减，直至其让渡于应急响应，但预警响应仍旧可以为监测风险保留其信息公示的基本职能。

其二，双重响应体系适用场景的理论概化。对于那些风险累积程度较低、速率较慢，并且不存在其他衍生性风险的突发环境事件，预警响应体系的信息公示意义大于扩权性功能意义，应当适用应急响应体系。例如：大多数非人为的自然灾害直接适用应急响应体系的效果较好，2008 年南方冻雨雪灾、汶川大地震的应急效果可以很好的证明这一点。对于风险累积程度较深、速率较快的突发环境事件，应同时适用预警响应体系和应急响应体系，并且越早适用预警响应体系效果越好。例如：在公共卫生事件当中，如果能够对潜在风险源进行监测并预警，风险累积的程度和速率都能够得到有效的减缓，从而减少突发公共卫生事件甚或是防止危机的产生。对于风险累积的程度和速率基本等同于突发环境事件发生等级的情况，应直接适用预警响应体系。例如：在我国重污染天气应对中，借助于气象灾害领域成熟的监测预警技术，政府能够准确预测未来可能发生的重污染天气状况，所以可直接依据预警级别采取相应措施。

第二节 法治化建构：中国环境监测预警制度的法律表达

在现代社会的不确定性突发事件日益增多的情况下，紧急状态的常态化已经成为现实。尤其是新冠肺炎疫情在全球蔓延，各类社会风险的不确定性进一步加剧了对"紧急状态"常态化应对的需求。整体法律秩序的运行随时都有可能切换为以应急为中心的新法律秩序。那么，基于双重响应体系的扩权治理便构成了社会治理一般模式，公权力"缩放"间的弹性和张力进一步加快加强。当然，遵循法治社会基本原理的突发事件应对方针，既是保障双重响应体系回归实践理性有效指导应急实践的法制基础，也是防止公权力常态化扩张从而侵犯私权的法治保障。

一、双重响应体系的一般法表达

《中华人民共和国突发事件应对法》作为应急管理制度体系的初始性和基础性法律规范，其应当是双重响应体系规范表达的一般法载体。目前，该法以立足于公权力的快速施行以及合法有效应对突发事件为宗旨，其所采用的是一种基于政府效能的单项思维逻辑——当遭遇突发事件时，政府应当如何才能快速有效化解危机、减少危害。[1]而其中所确立的预警响应体系和应急响应体系正是公权力快速施行的双重通道，即通过等级划分的形式实现对政府行政行为的赋能。因此，规范层面有必要以双重响应体系的"异质性"关系为引导，以功能调和以及场景化的理论概化为依循，对突发环境事件的一般性立法的相关条款进行完善。具体修法意见如下：

第一，"应急预案"相关条款的修改。法律是一种抽象性的普适性规则，难以对具体场景下的行为规则进行详细设定。应急预案作为一种处置突发事件的工作方法，[2]在实践中成了弥补立法局限性的另一规范性文件，具体化了突发事件应对过程中的行为规则。那么，明确应急预案中预警响应与应急响应的双重结构，是双重响应体系从规范走向实践的首要前提。目前，《中华人民共和国突发事件应对法》第十八条明确了应急预案的基本内容，即组织指挥体系与职责、预防与预警机制、处置程序、应急保障措施以及事后恢复与重建。在既有规范表达中很难看出在事实层面存在的双重响应体系。因此，建议将预防和预警机制修改为"预警响应"，将处置程序和应急保障措施修改为"应急响应"。理由如下：首先，无论是双重响应体系"异质性"关系的设定，还是功能调和与理论概化的落地，均需要在场景化的应急预案中实现规范化表达和制度化空间；其次，预警响应与应急响应是行为体系的简略性表述，其包含了制度运行的全过程要素，即预警

[1] 张帆.论紧急状态下限权原则的建构思路与价值基础：以我国《突发事件应对法》为分析对象 [J]. 政治与法律，2020（1）：116-127.

[2] 林鸿潮.《突发事件应对法》修订研究［M］.北京：中国法制出版社，2021：93.

响应包括突发事件预防预警机制的全流程，应急响应则包括了突发事件发生后应急处置、应急保障等过程；最后，有必要在基本法层面明确双重响应体系的规范表达，并与国家层面的应急预案达成用语的一致性，同时包含了实践层面双重响应体系的行为逻辑。

第二，"预警响应"相关条款的修改。《中华人民共和国突发事件应对法》第四十四条和第四十五条规定了不同级别预警后县级以上人民政府应当采取的响应措施，大致分为三级、四级警报和一级、二级警报两种类型。从目前的法律条文来看，预警后的响应措施基本上要表达的是一种预警状态下的政府职责，并未涉及公权力对私权利的某种强制措施。而实践层面预警响应扩权则来源于应急预案对公权力的创设。也就是说，第四十四条规定了"启动应急预案"，使得预警响应的因果链条呈现出"预警级别—应急预案启动—权力扩张"的实践表象，但在立法层面并无直接的合法性来源。这也就意味着在突发事件应对的基本法层面，预警响应的扩权结构无法在具体场景下实现对应急响应扩权结构的替代或衔接，进而导致突发事件应对的实践逻辑完全脱离了基本法的规范预设。因此，本书建议将第四十四条规定的"启动应急预案"修改为"启动预警响应"，以对接应急预案中预警响应的相关规定。同时，在立法中明确："县级以上人民政府应根据突发事件的预警等级，根据应急需要采取法律、行政法规和国务院规定的强制性措施。"由此为预警响应中有关限制私权利措施的相关规定预留立法空间。

第三，"应急响应"相关条款的修改。《中华人民共和国突发事件应对法》第四十八条规定，政府依照有关法律、法规、规章的规定采取应急处置措施。事实上，应急响应体系下的扩权治理职能很大程度来源于应急预案的授权。但应急预案从性质上来看不属于法律、法规、规章的类型，显然无法对应急响应下的公权扩张和私权克减提供合法性的保护。因此，本书建议将"国务院规定"纳入应急响应状态下政府可依照的规范性文件，以补足应急预案中应急响应措施合法性的缺位。同时，建议在《中华人民共和国突发事件应对法》第四十九条和第五十条关于政府可以采取的应急处置措施条款中，增加"启动应急响应"的表述。一方面在基本法层面形成明确的双重响应体系；另一方面能够与应急预案中应急响应措施进行有效对接。

突发环境事件应对中的应急响应体系是环境监测预警制度无法绕过的基本要素。那么，对于双重响应体系的实践总结与理论分析便成为环境监测预警制度立法完善的基本前提。由此，作为环境监测预警载体的应急预案就是主导双重响应体系实践的规范性文本。一般法有必要对之与双重响应体系之间的关系予以法律确认。而双重响应体系分立式建构则有效迎合和环境风险应对的实践需求，进而为环境监测预警制度创造了更为开放合理的立法空间。总而言之，"紧急状态之下的合法性环境由应急法律制度所主导和支配"。[1]突发环境事件应对中的双重响应体系正是紧急状态下公权力合法实施的制度场域。实践逻辑表明，规范预设的"阶段性"关系无法为突发环境事件应对中的政府扩权治理行为提供有效的合法性保护。那么，符合实践要求的"异质性"关系，以及由之形成的双重响应体系的功能调和与适用场景的理论概化，则为双重响应体系实践理性的回归奠定了基础。在此之上，立法完善所要达成的便是实现关系与创造条件，进而在当政府把应急作为第一职能，社会成员把服从政府应急管理作为第一法律义务之时，双重响应体系能够有效服务于这一法律秩序的转换或是新法律秩序的实行。

二、环境监测预警制度的法典化表达

环境监测预警制度的形成一方面得益于技术的发展与成熟，另一方面则得益于"预防为主"的环境保护理念的形成。当下的中国社会已经进入了生态文明时代，环境监测预警制度作为"预防为主"原

---

[1] 郑玉双 . 紧急状态下的法治与社会正义 [J]. 中国法学，2021（2）：107–126.

则最为直观的制度表现形式以及生态文明建设较为高效的环境治理形式，必然在既有的法律规范体系当中有所呈现。其中包括作为应急基本法的《中华人民共和国突发事件应对法》（2007），作为环境保护基本法的《中华人民共和国环境保护法》（2014），作为环境保护单行法的《中华人民共和国大气污染防治法》（2018）、《中华人民共和国水污染防治法》（2017）、《中华人民共和国森林法》（2020）等，作为国家层面专项预案的《国家突发环境事件应急预案》（2014）。上述规范性文件构成了传统形式上环境监测预警制度的法律表达。

生态文明时代的中国也可以说是一种不断走向现代化治理国家的中国。中国用了仅仅几十年的时间，便走完了西方国家数百年的现代化路程。这种被称为"压缩现代化"的发展历程，不仅包含了经济社会维度的物质膨胀，同样推动了国家治理维度规范化需求的增长。由此，经济社会维度的多元分化与法律文本的数量之间形成了一种同等增长的趋势。回看环境治理领域，应对经济社会发展负外部效应——环境风险——的环境法律规范，以"加法时代"和"减法时代"[1]构成了现代化进程中环境治理法律规范的时代缩影。作为"减法时代"高阶形态的法典化目前已是"箭在弦上"。因此，在即将到来的环境法法典化时代，环境监测预警制度的法典化表达应对如何，是本部分需要回应的重要问题。

（一）环境法法典化及其基本特征

2021年全国人大常委会立法工作计划明确指出，研究启动环境法典、教育法典、行政基本法典等条件成熟的行政立法领域的法典编撰工作。[2]民法典的颁布使得环境法典也被提上全国人大常委会的立法

[1] 所谓"环境加法时代"，是指在中国环境问题形成和爆发之处，为因应纷繁复杂、规模浩大的环境问题，权力机关通过制度学习、制度继受和制度创制等方式，不断地在环境法律制度上做"加法"的时代，表现为环境法律的"批量产出"。所谓"环境减法时代"是指在我国环境法律体系形成之后，为消除制度龃龉、减少制度性交易成本，权力机关通过制度提炼、制度统合和制度扬弃等方式，在环境法律制度上做"减法"的时代，表现为初阶层面的制度清理、进阶层面的制度统合以及高级层面的法典化。参见：何江.为什么环境法需要法典化——基于法律复杂化理论的证成 [J].法制与社会发展，2019，25（5）：54-72.
[2] 参见：《全国人大常委会2021年度立法工作计划》。

议程。环境法的法典化主要是为了应对我国环境立法缺乏统一立法思路，生态环境保护法并未形成有效的法律体系，各法律制度之间具有明显的碎片化、重叠性甚至相互矛盾以及诸多疏漏的问题。[1] 由此，以环境法典的体系性优势来填补现有环境立法的诸多缺陷成了重要的建构路径。作为面向实践的环境法，其制度要素构成了环境法的基本单元。那么，从另一个侧面来看，环境法典的体系化代表着环境法律制度的体系化。由此呈现出环境法律制度体系外观上的体系性，制度机制的流畅运转及其制度体系的灵活性与自我调适。[2] 本部分在探讨环境监测预警制度在环境法典中的建构路径之时，需要对环境法典的基本特征予以明确。

第一，环境法典编撰的基本结构与内容。基于对其他国家环境法典文本编撰体例的研究，采取"总－分"的体例结构被认为是较为通行的做法，即从内容上看法典应具有总则部分和分则部分。[3] 这一结构安排在学界和实务界已经达成一定共识，同时契合了我国民法典编撰的基本体例。[4] 而在编撰方法上，对当前环境法律体系进行一定程度的法典化，[5] 通过整合各环境法律规范的基本价值、共性原则，形成具有基础涵盖力以及综合协调力的框架体系型环境法典——适度法典化。[6] 在此基础上，中国环境法典框架体系已初见雏形。其一，环境法典总则编。"环境法典总则编的功能在于确立环境保护的基本原则和一般性规定，统领环境法典分编内容并指导环境单行法律的立法和适用"。[7] 其中将环境保护中具有共通性的行为模式和规则作为总则基本制度的

---

[1] 吕忠梅. 环境法典编撰：实践需求与理论供给 [J]. 甘肃社会科学，2020（1）：1–7.

[2] 张忠民，赵珂. 环境法典的制度体系逻辑与表达 [J]. 湖南师范大学社会科学学报，2020，49（6）：27–33.

[3] 竺效. 环境法典编纂结构模式之比较研究 [J]. 当代法学，2021，35（6）：31–44.

[4] 汪劲. 论中国环境法典框架体系的构建和创新：以中国民法典框架体系为鉴 [J]. 当代法学，2021，35（6）：18–30.

[5] 张梓太. 论我国环境法法典化的基本路径与模式 [J]. 现代法学，2008（4）：27–35.

[6] 吕忠梅，窦海阳. 民法典"绿色化"与环境法典的调适 [J]. 中外法学，2018，30（4）：862–882.

[7] 汪劲. 论中国环境法典框架体系的构建和创新：以中国民法典框架体系为鉴 [J]. 当代法学，2021，35（6）：18–30.

主要内容。[1]其二，"污染防治编""自然保护编""绿色低碳发展编""生态环境责任编"分别构成了环境法典分编的基本内容。[2]可见，我国环境法法典化已经初步形成了"1 总 +4 分"的形式结构。

第二，环境法典制度体系化的基本要求。环境法典制度体系的建构并非立法创造的过程，而是一种继承、扬弃与适度创新的过程。因此，在制度体系的总体结构上，追求稳定性与内在逻辑上的一致性是法典化的基本面向；而寻求一定程度的开放性又是关照环境法科学技术性特征的必然要求。具体而言，其一，环境法典总则编中的基本制度，是上承总则编一般规定和生态环境治理体系部分，下启分则各编具体制度，外接其他部门法制度的"桥梁"。[3]它需要对分编各种制度和行为规范进行规律性总结，从而提取制度的公因式；又需要对各编无法涵盖的重要制度进行兜底。

（二）环境法典中环境监测预警制度的建构路径

环境监测预警制度在理论层面的控制型与限制型分野，决定了其在立法层面存在不同的制度表达方式。环境法典总则部分的立法建议如下：

首先，就"控制型"模式下的环境监测预警制度而言，以《中华人民共和国环境保护法》（2014）中的资源环境承载能力监测预警制度作为原型，从而实现在法典中的制度平移。2013 年 11 月，十八届三中全会公报首次在划定生态保护红线里面提及：建立资源环境承载能力监测预警机制，对水土资源、环境容量和海洋资源超载区域实行限制性措施。2014 年修订通过的《中华人民共和国环境保护法》第十八条规定："省级以上人民政府应当组织有关部门或者委托专业机

---

[1] 汪劲 . 论中国环境法典框架体系的构建和创新：以中国民法典框架体系为鉴 [J]. 当代法学，2021，35（6）：13.

[2] 汪劲 . 论中国环境法典框架体系的构建和创新：以中国民法典框架体系为鉴 [J]. 当代法学，2021，35（6）：13.

[3] 周骁然 . 论环境法典总则编基本制度的构建理路 [J]. 苏州大学学报（法学版），2021，8（4）：42–54.

构，对环境状况进行调查、评价，建立环境资源承载能力监测预警机
制。"2015 年 9 月，国务院印发的《生态文明体制改革总体方案》规定，
创新市县空间规划编制方法，并将资源环境承载能力评价结果作为规
划的基本依据；要求研究资源环境承载能力监测预警的指标体系和技
术方法，数据库和信息技术平台，定期编制资源环境承载能力监测预
警报告，实行预警提醒和限制性措施。2015 年 9 月 6 日，由国家发展
改革委牵头就"全国资源环境承载能力监测预警（2015 年版）"开展
技术方法论证会。其主要内容被国家发改委与国土、环保、林业等 12
部委（局）共同采纳，并报请国务院同意后联合印发了《建立资源环
境承载能力监测预警机制的总体构想和工作方案》。2015 年 10 月 16
日，国土资源部（现自然资源部）审议通过了《国土资源环境承载力
评价和监测预警机制建设工作方案》。2016 年 9 月发改委联合十二部
委下发了《资源环境承载能力监测预警技术方法（试行）》，基本明
确了资源环境承载能力监测预警的技术要点。经过前期的探索和努力，
终于在 2017 年 9 月 20 日，国务院印发了《关于建立资源环境承载能
力监测预警长效机制的若干意见》。其中详细规定了该项制度的总体
要求、基本原则、管控机制、管理机制及保障措施。由此可见，资源
环境承载能力监测预警制度近几年的迅猛发展，势必成为中国环境治
理之重器。

　　首先应对资源环境承载能力监测预警制度之功能做出合理、准确的
定位。《关于建立资源环境承载能力监测预警长效机制的若干意见》之
开篇即要求以规范化、常态化、制度化的监测预警模式，引导和约束各
地严格按照资源环境承载能力谋划经济社会发展，并且在指导思想中明
确了其目的在于规范开发秩序，合理控制开发强度，将各类开发活动限
制在资源环境承载能力之内，构建高效协调可持续的国土空间开发格局。
根据上述规定来看，资源环境承载能力监测预警之最重要功能即在于经
济社会的协调可持续发展。资源环境承载能力本身已涵盖了资源使用率
和环境自净率之限值，实为可持续发展之表现形式。故如何保障经济社
会的协调发展方为该项制度的最为直接的"显性"功能。

从《关于建立资源环境承载能力监测预警长效机制的若干意见》的具体规定来看，资源环境承载能力预警级别分为"三层五级"，每一次层级的变动都是衡量政府资源环境风险规制责任的标准，具有了强制性的法律效力。一方面，通过对红色预警区或区域预警级别恶化等情况实施最为严格的区域限批及管控制度——其中包括水资源管控、土地资源管控、环境管控、生态管控及其海域管控等——以限制区域内的资源使用速率和污染物排放量。另一方面，对于区域预警级别转好等情况，实施生态保护补偿、发展权补偿、鼓励适宜产业发展、加大绿色金融倾斜力度等措施，以鼓励区域经济转型，经济发展向生态环境保护倾斜。正反两面的相互作用，让区域的发展既不会超越资源承载能力之上限，也不会突破环境质量之底线，还能保证区域经济向上发展，从而实现资源环境与经济复合系统的协调发展。

从正效应来看，预警级别由深及浅的变动或是重新定位区域的产业发展面向，或是获得生态补偿、发展权补偿及其金融、税收制度倾斜，但其背后却是对区域内既有产业的限制与转型；从负效应来看，预警级别由浅到深的变动，随之而来的是区域限批、限制生产、责令停产停业、建设用地减量化、资源环境风险管控等一系列限制措施。这其中涉及各分编中的制度甚多。

综上所述，资源环境承载能力监测预警制度在平移至环境法典总则部分后，还应当基于《关于建立资源环境承载能力监测预警长效机制的若干意见》的相关内容，对该项制度的法律规定予以补充。其一，关于责任主体的相关规定，应当平移环境保护法的规定，确立省级以上人民政府作为资源环境承载能力监测预警制度的责任主体。[1]其二，明确资源环境承载能力监测预警级别的分类标准，即资源环境承载能力分为超载、临界超载、不超载三个等级，根据资源环境耗损加剧与趋缓程度，进一步将超载等级分为红色和橙色两个预警等级、临界超载等级分为黄色和蓝色两个预警等级、不超载等级确定为绿色无警等

---

[1] 理由：明确资源环境承载能力监测预警机制的责任主体是资源环境承载能力监测预警制度的基本前提，即明确了该项制度"谁来启动、谁来实施、谁来监管"的问题。参见：《中华人民共和国环境保护法》第十八条：省级以上人民政府应当组织有关部门或者委托专业机构，对环境状况进行调查、评价，建立环境资源承载能力监测预警机制。

级，预警等级从高到低依次为红色、橙色、黄色、蓝色、绿色。同时，以委任性规则的方式将标准制定的职能赋予国家发展和改革委员会。[1] 其三，不同的预警级别涉及不同的管控措施，因此在管控措施方面，省级以上人民政府应当依据资源环境承载能力预警等级上升的程度，依照法律法规的规定启动管控措施，同时，应当依据资源环境承载能力预警级别下降的程度，依照法律法规的规定实施不同程度的奖励性措施。[2] 其四，明确资源环境承载能力监测预警制度的管理机制，包含建设监测预警数据库和信息技术平台、一体化监测预警评价机制、监测预警评价结论统筹应用机制以及社会协同监督机制。[3]

---

[1] 理由：资源环境承载能力监测预警的制度价值在于，通过预警级别的变动来确立相关主体的权利、义务和法律责任。而监测预警的标准体系则是衡量权利、义务和法律责任大小的度量尺。因此，明确资源环境承载能力预警级别尤为重要。例如，中共中央办公厅、国务院办公厅印发《关于建立资源环境承载能力监测预警长效机制的若干意见》：（三）综合配套措施。资源环境承载能力分为超载、临界超载、不超载三个等级，根据资源环境耗损加剧与趋缓程度，进一步将超载等级分为红色和橙色两个预警等级、临界超载等级分为黄色和蓝色两个预警等级、不超载等级确定为绿色无警等级，预警级别从高到低依次为红色、橙色、黄色、蓝色、绿色。参见：中共中央办公厅、国务院办公厅印发《关于建立资源环境承载能力监测预警长效机制的若干意见》。

[2] 理由：从功能主义视角来看，每一项制度都有其特定的功能，而评判一项制度设计成功与否的关键就在于该制度的功能是否实现及其在多大程度上实现。为此，首先应对资源环境承载能力监测预警制度之功能做出合理、准确的定位。该意见之开篇即要求以规范化、常态化、制度化的监测预警模式，引导和约束各地严格按照资源环境承载能力谋划经济社会发展，并且在指导思想中明确了其目的在于规范开发秩序，合理控制开发强度，使各类开发活动限制在资源环境承载能力之内，构建高效协调可持续的国土空间开发格局。根据上述规定来看，资源环境承载能力监测预警之最重要功能即在于经济社会的协调可持续发展。资源环境承载能力本身已涵盖了资源使用率和环境自净率之内涵，实为可持续发展之表现形式。故如何保障经济社会的协调发展方为该项制度的最为直接的"显性"功能。从该意见的规定来看：资源环境承载能力预警级别分为"三层五级"，每一次级别的变动都是衡量政府资源环境风险规制责任的标准，具有了强制性的法律效力。一方面，通过对红色预警区或区域预警级别恶化等情况实施最为严格的区域限批及其管控制度——其中包括水资源管控、土地资源管控、环境管控、生态管控及其海域管控等——以限制区域内的资源使用速率和污染物排放量。另一方面，对于区域预警级别转好等情况，实施生态保护补偿、发展权补偿、鼓励适宜产业发展、加大绿色金融倾斜力度等措施，以及获得生态补偿、发展权补偿及其金融、税收等的制度倾斜，但其背后却是对区域内既有产业的限制与转型；从负效应来看，预警级别的由浅到深的变动，随之而来的是区域限批、限制生产、责令停产停业、建设用地减量化、资源环境风险管控等一系列限制措施。这其中涉及各分编中的制度甚多。参见：中共中央办公厅、国务院办公厅印发《关于建立资源环境承载能力监测预警长效机制的若干意见》。

[3] 理由：监测预警数据库和信息技术平台的建设是为了加强薄弱环节和县级监测网点布设，实现资源环境承载能力监测网络全国全覆盖。规范监测、调查、普查、统计等分类和技术方法，建立分布式数据信息协同服务体系，加强历史数据规范化加工和实时数据标准化采集，健全资源环境承载能力监测数据采集、存储与共享服务体制机制。一体化监测预警评价机制的建设是为了运用资源环境承载能力监测预警信息技术平台，结合国土普查与5年同步组织开展一次全国性资源环境承载能力评价，每年对临界超载地区开展评价，实时对超载地区开展评价，动态了解和监测预警资源环境承载能力变化情况。监测预警评价结论统筹应用机制的建设是为了编制实施经济社会发展总体规划、专项规划和区域规划，要依据不同区域的资源环境承载能力监测预警评价结论，科学确定规划目标任务和政策措施，合理调整优化产业规模和布局，引导各类市场主体按照资源环境承载能力谋划发展。编制空间规划，要先行开展资源环境承载能力监测预警评价，根据预警评价结论，科学划定空间格局、设定空间开发目标任务、设计空间管控措施，并注重开发强度管控和用途管制。将资源环境承载能力纳入自然资源及其产品价格形成机制，构建反映市场供求和资源稀缺状况的价格决策程序。将资源环境承载能力监测预警评价结论纳入领导干部绩效考核体系，将资源环境承载能力变化状况纳入领导干部自然资源资产离任审计范围。政府与社会协同监督机制的建设是为了对超载地区、临界超载地区进行预警提醒，督促相关区域转变发展方式，降低资源环境承载压力。超载地区要根据超载状况和责任成因，因地制宜制定治理规划，明确资源环境达标任务的时间表和路线图。开展超载地区限制性措施落实情况监督检查和责任追究，对限制性措施落实不力、资源环境持续恶化地区的政府和企业等，建立信用记录，纳入全国信用信息共享平台，依法依规严肃追责。开展资源环境承载能力监测预警、超载地区资源环境治理等，要主动接受社会监督，发挥媒体、公益组织和志愿者的作用，鼓励公众举报资源环境破坏行为。加大资源环境承载能力监测预警的宣传教育和科学普及力度，保障公众知情权、参与权、监督权。参见：中共中央办公厅、国务院办公厅印发《关于建立资源环境承载能力监测预警长效机制的若干意见》。

其次，就"限制型"模式下的环境监测预警制度而言，监测预警制度作为环境应急管理过程中的一环，不宜将其抽离于整个应急管理体系予以单独规定，而应纳入环境应急管理的基本结构。其一，组织体系与保障体系是环境应急管理制度首要明确的基本问题，其主要是根据预警级别或是应急响应级别设定国家层面、地方层面的现场指挥体系，以及不同程度的应急保障体系。因此，环境法典中关于环境应急管理组织保障体系应明确做好突发环境事件的风险预防、应急准备、监测预警、应急处置和事后恢复等工作。其二，编制应急预案并基于应急预案做出相应准备是环境应急管理制度的预防和准备阶段。其主要包括哪些主体应当编制应急预案，哪些主体提倡编制应急预案，以及应急预案的功能和具体内容。其中在具体内容上，突发环境事件应急预案的编制应当坚持科学有效、合理高效的基本原则，应当重点细化政府各部门和企业事业单位在组织指挥体系、信息报告、应急预警、应急响应、应急处置、应急保障等方面的职能。其三，需要进一步强调的是，这里的环境应急管理制度中所提及的监测预警仅包括突发环境事件监测预警或是环境保护法中的环境污染公共监测预警，而不涉及环保法中环境资源承载能力监测预警。后两者性质不同，不应纳入环境应急管理制度。其四，应急预警与应急响应之间并非必然的先后关系，需要根据环境事故的性质在实践层面予以灵活适用。应急响应是根据事件发生后的严重程度所采取的措施，带有即时性和预防性的双重功能。因此，应明确县级以上人民政府应当建立突发环境事件监测预警机制，组织制定预警方案；环境受到污染，可能影响公众健康和环境安全时，依法及时公布预警信息，启动应急措施。其六，应急预警和应急响应之间均存在着公权力扩张架构，即级别与权力之间的对应性架构。从动态的权力运行过程来看，双重响应体系中的公权力呈现出一种由小及大的转换过程，即扩权推动治理。这种行政权力的扩张机制一般而言并非法治环境应有的常态，它是一种对事物迫切寻求改变的特殊方式。从静态的结构布局来看，响应等级的发布是权力扩张的启动机制，响应等级与应急措施的范围和强度是一一对应的，不同的等级对应着具有不同类型和强制性效力的应急措施。这其实是环境应急管理制度的实质，因为所有关于政府权力扩张和公民权利克减、政府应急义务和公民安全保障行为的相关内容都可以纳入两个应急响应体系之下。

环境法典总则部分关于环境监测预警制度的类型化以及对制度公因式的提取，完成了对两种不同扩权型制度的建构。这些制度的抽象性规则可以普遍适用到具体的生态和环境治理领域。但环境法典分则的各编同样存在着一些需要特别适用的具体规则。因此，根据环境法典各编的具体情况，即污染防治编、自然生态保护编、绿色低碳发展编、生态环境责任编，应从以下几个方面对环境监测预警制度的分支予以完善。

在污染防治编中：其一，农业污染源监测预警制度应从环境保护法中平移至污染防治编。在一般规定的农业污染防治制度中予以明确。其二，重污染天气监测预警制度已在实践层面取得了较好的效果，而大气污染防治法的此项规定较为完善，也应平移至污染防治编。

在自然生态保护中：其一，生物多样性监测预警制度与外来物种入侵调查评估监测制度应当在自然生态保护编中予以明确规定，且明确其属于"控制型"模式的基本法律属性。其二，森林与草原资源调查监测预警制度应当在自然生态保护编中予以明确，即对森林和草原的面积、等级、植被构成、生产能力、自然灾害、生物灾害等草原基本状况实行动态监测预警。

在绿色低碳发展编中，应当建立对能源供求变化、能源价格波动以及能源安全风险状况等进行预测预警的监测预警制度。

第三节 面向未来：中国环境监测预警制度的体系化构建

2019 年 10 月，十九届四中全会审议通过了《关于完善中国特色社会主义制度、推进国家治理体系和治理能力现代化若干问题的决定》。该决定在关于完善政府治理体系的论述中指出，要建立健全运用互联网、大数据、人工智能等技术手段进行行政管理的制度规则。这一表述可以说是肯定了人工智能在我国行政管理当中的重要价值。其实，早在 2017 年 7 月，我国面对世界人工智能发展的浪潮，为了抓住人工智能发展的重大战略机遇，国务院便出台了《关于印发新一代人工智能发展规划的通知》，全面论述了我国人工智能发展的要求、部署、任务和保障措施等问题。规划特别强调了利用人工智能提升公共安全保障能力，要求促进人工智能在公共安全领域的深度应用，推动构建公共安全智能化监测预警与控制体制。[1] 可见，作为在行政管理体系中具有重要社会稳定价值的公共安全应急管理，已经开始向全新的"人工智能时代"迈进。

一、未来已来：应急技术在环境应急管理中的应用与发展

随着全球突发事件类型、频次和强度的不断增加，在技术发展和自反社会性的交涉影响之下，事故灾害的系统性和复杂性愈发突出，给突发事件风险防范与减灾救灾带来了更多的挑战。人工智能是工业文明发展的产物。从广义的"模仿、延伸和扩张人类某些智能思维"[2]这一人工智能的概念来看，人工智能技术早已应用于现代社会的应急管理过程当中。在早期的洪水灾害应急管理中，防汛预防工作主要依赖于防汛值班人员的观察、通报、信息更新。特别在汛期，水位变化频繁，观测频率较高，同时对准确性的要求严苛，此时，防汛工作人

---

[1] 规划中所提及的公共安全领域主要包括环境保护领域、社会综合治理、犯罪侦查和反恐、食品安全、自然灾害等、公共卫生等领域。参见：国务院关于印发新一代人工智能发展规划的通知。

[2] 董立人．人工智能发展与政府治理创新研究 [J]．天津行政学院学报，2018，20（3）：3-10.

员任务繁重。随着人工智能与防汛工作的结合，大数据信息平台能够迅速整合气象灾害预报预警信息，同时通过结合今年和往年的降雨量进行分析，准确预报预警险情。[1] 大数据平台的信息收集和分析功能取代了人工的观测、更新和通报，不仅提高了突发事件应急管理的工作效率，而且确保了预报预警工作的及时性和准确性。目前，人工智能技术在突发事件管理过程中的不同阶段都有所体现：

第一，在预防和应急准备过程中，"人工智能灾害模拟技术"能够在研究地区地理信息数据、三维建模数据、风险影响因子、城市应急设施等数据基础上，通过应用三维 GIS 理论和技术对可能发生的灾害进行风险评估，并在三维场景中模拟出灾害的影响范围、受灾主体、受灾设施和灾害损失等。[2] 即通过 GIS 智能型防灾减灾系统，实现灾害信息的可视化管理。例如，意大利曾利用这一灾害模拟技术，对其中部某小流域盆地的地形地貌信息进行提取后，评估了该区域山体滑坡风险的系数。[3] 该项技术的应用能够有效提升对灾害危险源、危险区域的调查、登记与评估，为灾害预防和应急准备工作提供科学性的支撑，同时有利于提升灾害应急预案编制的可操作性。

第二，在监测与预警过程中，在数据的收集方面，人工智能视觉技术的发展使得无人机、无人船等自主航行的智能机器人被应用于如环境监测、监察、巡查等领域的数据收集过程中。[4] 而具有强大分析能力和情境感知功能的混合人工神经网络技术，能够用于分析大气污染复杂的系统问题，形成准确的大气质量评价和预报预警。[5] 同时，现代通信技术、互联网技术借助人工智能与大数据技术的混合，及时高效地将灾害监测预警信息进行共享和传播，并且可以区别不同受众，

[1] 郭宏彬. 人工智能助升应急管理水平 [J]. 人民论坛，2019（24）：164-165.

[2] 薛丰昌，黄敏敏，唐步兴，等. 三维 GIS 的城市暴雨积涝灾害模拟 [J]. 测绘科学，2017,42（2）：53-58，64.

[3] 谢韬，何政伟，黄民奇，等. RS 与 GIS 技术在库区地质灾害调查中的应用研究 [J]. 测绘科学，2007（1）：130-131，134，165.

[4] 金小天. 智能机器人在环境监察执法中的应用 [J]. 中国环境监察，2016（9）：15-20.

[5] 宋晖，薛云，胡晓晖，等. 基于人工神经网络的大气质量智能评价预警系统的设计与应用 [J]. 现代计算机（专业版），2011（8）：68-70.

获取不同类型和程度的数据和信息。

第三，在应急处置和救援过程中，智能机器人的示范学习能力，能够自行操作、记录及其标志灾害发生的位置和信息。[1]微型机器人流动系统在灾害自动搜索和救援领域被广泛运用，它是一种基于机器人平台的灾害决策工具，对灾害救援和应急管理产生了重要影响。[2]特别在一些极端危险与高度多变的灾难情况下，人机协同管理成了人工智能应用的关键。机器自主与人工远程控制，一方面使灾害救援中的机器人具有一定程度的自主权能，例如，通过计算灾害救援车辆的行驶路线，为救援队伍提供最佳救援方案。另一方面依赖于人类远程操作系统的协同响应，提升了人类应对灾害的能力。

第四，在灾后恢复和重建过程中，人工智能所具有虚拟化和科学性特征是灾后恢复的最佳技术。例如，通过使用无人机、无人驾驶车辆为人力所难以到达的危险区域提供医疗用品，救助受灾人员。人工智能对巨量数据的抓取和分析能够有效提升灾后损失评估的准确性，也能够针对性地提供灾后重建的策略和提高重建效率。[3]人工智能还能够对受灾群众的心理状态、精神状态和自我意识进行预测，为灾民心理健康重建提供有效帮助。

世界各国积极应用人工智能技术解决突发环境事件应对中的诸多问题，大大提升了事前管理、事前预防、事中应急和事后重建的效率。事实上，上述人工智能技术给突发环境应对中带来的是如同"马车向汽车转变"的工具性变革。它并没有自我意识，在涉及权威决策的场合只能够起到相应的辅助功能，无法取代人类做出自动化决策。可见，目前人工智能技术在突发环境事件应对中的应用属于"弱人工智能"。

[1] WEEL B, Haasdijk E, Eiben A E. The emergence of multi-cellular robot organisms through on-line on-board evolution[C]//European Conference on the Applications of Evolutionary Computation. Springer, Berlin, Heidelberg, 2012: 124-134.

[2] 周利敏. 面向人工智能时代的灾害治理：基于多案例的研究 [J]. 中国行政管理, 2019（8）：66-74.

[3] 周利敏, 刘和健. 人工智能时代的社交媒体与灾后治理：兼论国际案例 [J]. 理论探讨, 2019（6）：175-181.

弱人工智能本身并没有取代人类的行为，[1] 即作为法律所调整的人类行为并未发生根本性改变。人工智能只是作为代替人类直接行为的工具，正如"锄草机"代替了"镰刀"。当然，技术日益智能化必然引发人类行为的简约化，进而引发行为规范的调整与适用。然而，正是因为人类相互行为的本质并未发生根本性变化，法律所调整的依旧是基于人类行为交互形成的社会关系，法律责任承担的主体依旧是人类，所以作为调整紧急状态下人类行为的环境应急法制，其体系 [2] 并不会产生根本性变革。

2019 年 10 月 24 日，《自然》杂志刊登了《使用可编程超导处理器的量子优势》一文，正式宣告谷歌"实现了量子霸权"。谷歌官方更是高调的宣称，目前世界最快计算机花一万年才能完成的计算，这个 54 比特量子计算机 "sycamore" 只需 200 秒。[3] 华为创始人任正非更是直言，数字货币在量子计算面前一钱不值。[4] 无论谷歌公司或任正非是否存在夸大的嫌疑，量子计算的发展所带来的"算力革命"，将为"弱人工智能"实现向"强人工智能"的跨越打下了坚实的基础。

在"强人工智能时代"，合成智能与人造劳动者是这一时代的两大领域。合成智能是机器学习、神经网络、大数据、认知系统、演进算法等要素的综合应用。[5] 机器学习的不可控与自动化决策能力使合成智能机器突破了"编程目的"的局限。那么，人工智能所创造的结果将是人类所无法预测和无法控制的。也正是合成智能的运用，人造劳动者不仅可以执行设定的各项任务，还能够在遇到困难时自我决策以形成应对方案。对于无法预测和无法监督的强化学习而言，它将人工智能行为带入了人类行为的交互模式，形成了"人与人、人与机器、

---

[1] 舒跃育. 人工智能发展处于弱人工智能阶段 [N]. 中国社会科学报, 2017-04-25.

[2] 一个规范体系如果是法体系，那它必然是全面且至高无上的，这是法律在概念上的要求。应急法制体系具有调整紧急状态下任何类型行为之权威。行为工具的变化并不会使应急法制体系发生根本变革。参见：陈景辉. 人工智能的法律挑战：应该从哪里开始 [J]. 比较法研究, 2018（5）：136-148.

[3] 梁辰. 谷歌开启量子计算新征程 万年计算只需两百秒 [N]. 新京报, 2019-10-24.

[4] 参见：任正非. 数字货币在量子计算面前一钱不值.

[5] 郑戈. 人工智能与法律的未来 [J]. 探索与争鸣, 2017（10）：78-84.

人与机器与人"的全新社会关系网络。在突发环境事件应对方面，一旦强人工智能的应用进入"降价普及"的阶段，合成智能决策者与人造劳动者之间的相互配合所达到的"工具理性"与人类决策所考量的"价值理性"，将会糅合成为主导灾害应急管理的关键性要素。[1]此时，基于行为关系网络之上的法律便将面临着根本性的变革。

二、审视未来：环境监测预警制度的体系化挑战

2003年SARS事件以后，中国发展出了以"应急预案—应急体制—应急机制—应急法制"为核心的公共安全应急管理体系，简称"一案三制"。其实，在2007年《中华人民共和国突发事件应对法》出台以前，我国并未真正形成严格意义上的"一案三制"综合应急管理体系。"立法滞后、预案先行"的模式在应急体制和应急机制层面取得了较大的进步。依托于应急预案的设立，应急机制层面发展出了应对突发事件的策略和方法及相应的综合协调机制，应急体制层面设立了运行这些策略和方法的组织载体。[2]作为应急机制和体制核心内容法律化表现形式的应急法制却并未在全国范围内出台，此时的"一案三制"其实缺少了应急法制的"一案两制"。随着2007年《中华人民共和国突发事件应对法》的生效，中国"一案三制"的综合应急管理体系便正式形成。"一案三制"是一个彼此关联、互相依托的关系。[3]应急法制是应对突发事件应急的宏观指导和核心制度建构，如果其脱离了应急体制中的应急组织体制和行为系统，脱离了应急机制中的策略、方法和综合协调机制，脱离了应急预案中对应急法律制度的具体落实，将难以单独在突发事件应急准备、监测预警、救助和保障系统中发挥

---

[1] 陈昌凤，石泽.技术与价值的理性交往：人工智能时代信息传播：算法推荐中工具理性与价值理性的思考[J].新闻战线，2017（17）：71-74.

[2] 林鸿潮.论公共应急管理机制的法治化：兼辨"一案三制"[J].社会主义研究，2009（5）：108-112

[3] 张海波.中国应急预案体系：结构与功能[J].公共管理学报，2013，10（2）：1-13，137.

作用。这便意味着应急法制体系的功能发挥将受制于这一外部结构。

一直以来，监测预警都被作为整个突发环境事件应急管理的第一阶段。[1] 但是从前文的分析可以看到，我国环境应急法制体系在内部运行结构上出现了断裂，信息对外的监测预警制度与信息对内的应急响应机制之间缺乏实质意义上的关联。也就是说，应急响应机制的启动是由突发环境事件发生之后所认定的具体等级而确定，而其与预警级别之间的因果关联却出现了断裂。在现实生活中，政府往往将事件等级与预警级别混淆，甚或是忽视对突发环境事件的预警工作。例如，2018 年 11 月，福建省泉州码头发生碳九泄漏事故，69.1 吨碳九产品漏入近海，造成了严重的水体污染和大气污染。当地政府在处置这个突发环境事件的过程中，不断以"通知"的形式对外发布事故的各项信息，并在事件发生后根据具体情况对环境进行处理和修复。[2] 但从整个事件的处理过程可以看见的是，政府基于该事件对大气或水体所造成的污染并未发布任务预警信息，所有的应急响应处置行为都是以"指示批示"和"舆论解释"为前提。对于事件中环境污染状况的变化，其并未进行监测预警。这一现象并非个例，而是我国应急管理工作的普遍现象。这便意味着，环境应急法制体系的功能选择还受制于制度体系之间的内部结构关联。目前，中国环境应急法制体系的主要问题是忽视风险预防和监测预警能力建设，由于监测预警技术水平不发达或是成本过高，实际的突发环境事件很难在预警阶段就得到消除和缓解，往往需要等到事件发生之后采取相应的应急响应措施。这更导致了应急基本法所规定的预警后应急措施很难贯彻执行。

一般认为，监测和预警是整个突发事件处置的首要环节，其目的在于有效预防和避免突发事件的发生和发展。[3] 环境监测预警主要包括监测预警标准、预警监测、预警评估、预警信息发布和风险规制等

[1] 韩大元，莫于川. 应急法制论：突发事件应对机制的法律问题研究 [M]. 北京：法律出版社，2005: 9–10.

[2] 参见：福建泉州通报"碳九泄露事件"处置情况。

[3] 戚建刚，杨小敏."松花江水污染"事件凸显我国环境应急机制的六大弊端 [J]. 法学，2006（1）：25–29, 110.

过程。监测预警制度在突发环境事件应急管理中的运用较为广泛，例如，火灾警报、气象灾害预警、环境污染预警等。监测预警制度是环境应急管理预防原则的主要制度场域，也是环境应急管理过程中"投入产出比"最大的阶段。预警基于其所独有的强制性、紧迫性和公开性特征，结合人们"趋利避害"之本性，很大程度上发挥了减少突发环境事件中人财物损失的作用。然而，由于预警监测能力有限，危险信号识别能力不足，预警标准级别不稳定、难统一等，我们往往没有能力对许多突发环境事件进行预警，或是出现基于预警准确性不够导致公权力介入不足和过度。

"人造劳动者"的发展与应用也将大大提升环境预警监测的能力，同时配合人工智能的数据抓取和自主学习能力能够在突发环境事件发生前进行有效的风险识别。那么，我们便可以通过智能分析和计算综合衡量突发环境事件的影响因子，制定出精准的环境监测预警标准。在标准确定的前提下，基于混合人工神经网络技术及其三维 GIS 理论和技术，通过对环境和风险因子综合分析与模拟，能够及时准确且全方位地计算出突发环境事件预警的级别。

然而，应急技术的发展同样会为既有的环境监测预警制度带来一些体系性的难题。

其一，应急技术可能导致环境监测预警中应急权责结构的不稳定。应急技术提升了应急预案编制的科学性和可操作性，这种科学性和可操作性体现于体制方面应急组织的相互协调与权责分明，体现于机制方面应急策略和方法的有序运转与高效协同，体现于法制方面应急法制目标的落实与总体应急框架的具体化。可见，在人工智能时代，我国环境应急法制体系的外部结构约束可能通过人工智能的技术化手段得以缓解。人工智能从曾经需要通过将知识或认知进行符号化处理才能进行规则的算法化工作，[1] 到如今已经实现了机器学习的去符号化。这意味着规则的算法化将实现自我的学习和进化。应急预案的算法化将通过互联网和大数据实现真正意义上的工具理性。人工智能技术在应急预案编制中的运用已经代表了工具理性的最优化结果。那么，基于工具理性生成的应急预案一旦在实践中出现问题，由于应急法制只规定政府部门间权力配置的基本框架，应急预案则要落实权力在制度运行体系中的具体作用，责任将自然而然地归咎技术发展的局限性，应急预案便会成为政府部门的脱责工具。一旦应急预案成为脱责工具，应急法制所设定的权责体系将会被"横向到边，纵向到底"的应急预案体系层层消解，从而引发政府部门间应急权责结构的不稳定。

其二，应急技术可能会导致环境监测预警制度与环境应急响应的不协同。环境应急管理体系的有效运行依赖于基本制度架构节点的相互衔接和配合。环境监测预警制度与环境应急响应制度都存在类似的扩权架构，即随着预警级别的提升公权力将依法逐步扩大。应急技术的发展提高了环境监测预警的时效性和准确性，能够有效改善环境应急法制体系中忽视风险预防和监测预警能力建设的现象，从而稳固"预警级别－管控措施"之间的"对应性架构"。与此同时，应急技术的发展在迅速提升灾害损失评估的全面性和精准度，基于损失大小所确定的突发环境事件等级能够迅速激活相应的应急响应措施。从突发环境事件发生的机理来看，事件的发生往往与预警信号和响应措施同步进行，而以往监测预警技术和能力的不足，部分政府往往在事故发生之后直接根据损害程度采取相应的应急响应措施。人工智能时代的来临，预警后管制措施与事件分级后的应急响应措施将在同一起突发环境事件中同时运行。但是，由于我国环境应急法制体系在内部运行结构上出现了断裂，信息对外的监测预警制度与信息对内的应急响应机

---

[1] 符号化处理包括：一是对规范性概念及其与行动、意图和因果关系等常识性概念之间的相互关系进行符号化表述；二是需要通过例子和／或样本来界定开放结构的概念，并且用如此界定的知识来推理；三是用模型来表示对抗式的论辩过程以及这一过程支持决策的方式。参见：郑戈 . 算法的法律与法律的算法 [J]. 中国法律评论，2018（2）：66—85.

制之间缺乏实质意义上的关联，这就可能使得被人工智能技术强化了的预警措施和应急响应措施之间，因为运行架构及其应急手段和策略之间的相似性，出现"非此即彼"的现象，难以有效发挥相互协同的作用。

三、直面未来：环境监测预警制度的体系化因应

人工智能时代的技术发展是改变环境应急法制体系的关键性影响因子，使得结构模式化所累积的内在张力和矛盾产生了反向功能的效果。那么，对环境监测预警制度进行体系化完善是抑制技术发展反功能生成的绝佳路径。

从"立法滞后"到"法制现行"。自我国开始推行以"一案三制"为核心的综合应急管理体系之后，由于应急法制体系迟迟未能建立，而应急预案则率先适用于突发事件的应急管理过程中，在应急基本法出台之前，我国的应急预案总数已达 135 万件，[1] 从而形成了"立法滞后、预案先行"的外部结构。虽然，在 2007 年出台了《中华人民共和国突发事件应对法》，但长期以来，应急预案依旧是主导政府应急管理的规范场域。这是人工智能时代应急预案编制产生反功能的主要原因。因此，要抑制这一反功能的产生，就必须回到"依法编制"的原则中来。"人必须是算法的立法者和控制者，法律的算法与算法的法律不应成为一个闭环，它们中间必须有人作为起点和终点。"[2] 毕竟，"人工智能研究关心的还只是'符号'，而非形成意义"。[3] 那么，人工智能时代应急预案的编制首要面对的是"算法法律"的约束，即应急预案的算法编制应当在法律的边界范围内进行。"一案三制"相互关系应当以应急法制为优先顺位。在环境应急法制体系的编排上，

---

[1] 参见：2006 年我国突发公共事件应对情况 [J]. 中国应急管理，2007（7）：5-9.

[2] 郑戈．算法的法律与法律的算法 [J]. 中国法律评论，2018（2）：66-85.

[3] NIKLAS L. Theory of Society[M].Stanford University Press，translated by Rhodes Barrett，2012：315.

作为应急基本法的《中华人民共和国突发事件应对法》为整体上的应急体制和应急机制提供法律保障。其他环境安全领域的单行立法则应确定更具针对性的法律制度和应急体制机制，从而将法制的统领延伸至公共安全的各个领域。同时，收缩应急预案创设机构和职能的具体权力，将其转向为对应急法制原则性和抽象性条款做更为细化的规定，面向应急管理行为的科学性和可操作性。这种转向正好契合了人工智能时代应急预案编制的特征。在"法制先行"的基础上，由于人工智能技术是面向某一环境安全领域的专项技术应用。因此，应急预案的编制应以总体预案和专项预案的编制模式为主，在国家层面各领域总体预案指导下编制地方各领域的专项应急预案。从而将仅仅针对单个部门内部职能的部门预案，向编制以配置政府部门间公权力结构的专项预案转变。

从"法制先行"到"规范留白"。科学性与技术性是大部分环境法律制度的基本特性。与传统法律规范形成即代表社会的基础性共识所不同的是，技术性环境法律制度的形成并不完全以技术的绝对成熟为基本前提。无论是生态红线制度、国土空间规划制度、自然资源用途管制制度等，制度的规范设定与实践都并行不悖。而具有更强科学技术性的环境监测预警制度更是如此。规范设定的目标如同政策一般，旨在推动制度在环境治理过程中的实践优化。那么，在"喧嚣尘上"的环境法法典化之当下，追求稳定性和系统性的环境法律制度势必寻求一种保留环境法前瞻性特质而又要实现环境法律制度系统性的价值衡平。同时，现代科技的飞速发展——尤其以人工智能技术为代表——使得环境监测预警制度时刻需要为新兴技术的发展与新兴标准概念的产生留存制度解释的空间。目前，环境法典编撰的基本理念很大程度上决定了未来环境监测预警制度的规范形态。有学者认为，环境法典制度体系在既有规范层面的剔除逻辑应采用如下标准：一是完整性不足，仍然在试点阶段的制度；二是特定情况下或是针对特定对象适用的制度；三是目前在学术或实践中存在较大争议的制度。[1] 如若照此标准，环境监测预警制度体系下的诸多子制度将会被剔除。例如，资源环境承载能力监测预警制度是建立在资源环境承载能力这一标准概念体系之上的，而该项制度目前正处于试点阶段，尤其是这一标准概念在科学领域的指标化并不明确。但是，法制先行是面向未来技术的首要前提，环境法诸多技术若不通过立法予以推进便很难在实践层面获得显著的环境治理实效。因此，环境监测预警制度在以环境法法典化为契机的当下，虽然不宜在制度层面设定过多的行为模式，但在面向环境要素治理的需求层面可以考虑对实现环境监测预警制度的嵌入式设计。因此，一方面要在环境法律制度体系层面全面强化"预防为主"的基本理念，另一方面则为环境监测预警技术的未来发展留下充分的制度运行空间。

---

[1] 张忠民，赵珂. 环境法典的制度体系逻辑与表达 [J]. 湖南师范大学社会科学学报，2020，49（6）:27–33.

参考文献

（一）著作类

[1] W.C. 丹皮尔 . 科学史及其与哲学和宗教的关系（上册）[M]. 李珩，译 . 北京：商务印书馆，1975.

[2] Eugene P. Odum，Gary W. Barrett. 生态学基础 [M].5 版 . 陆健健，王伟，王天慧，何文珊，李秀珍，译 . 北京：高等教育出版社，2009.

[3] 孙儒泳，李庆芬，牛翠娟，等 . 基础生态学 [M]. 北京：高等教育出版社，2002.

[4] 中国大百科全书总编辑委员会《环境科学》编辑委员会中国大百科全书出版社编辑部 . 中国大百科全书：环境科学 [M]. 北京：中国大百科全书出版社，1983.

[5] 周珂 . 环境法 [M]. 北京：中国人民大学出版社，2013.

[6] 富兰克·H. 奈特 . 风险、不确定性和利润 [M]. 王宇，王文玉，译 . 北京：中国人民大学出版社，2005.

[7] 乌尔里希·贝克 . 风险社会 [M]. 何博闻，译 . 江苏：译林出版社，2003.

[8] 吉登斯 . 现代性与自我认同 [M]. 赵旭东，方文，译 . 北京：生活·读书·新知三联书店，1998.

[9] 张梓太 . 环境与资源保护法学 [M]. 北京：北京大学出版社，2007.

[10] 乌尔里希·贝克，安东尼·吉登斯，斯科特·拉什 . 自反性现代化 [M]. 赵文书，译 . 北京：商务出版社，2001.

[11] 俞可平 . 治理与善治 [M]. 北京：社会科学文献出版社，2000.

[12] 弗雷德里希·奥古斯特·哈耶克 . 自由宪章 [M]. 杨玉生，冯兴元，陈茅，等译 . 北京：中国社会科学出版社，2012.

[13] 亚历山大·基斯 . 国际环境法 [M]. 张若思，译 . 北京：法律出版社，2000.

[14] 马尔萨斯 . 人口原理 [M]. 朱泱，胡企林、朱和中，译，北京：商务印书馆，

1996.

　　〔15〕蕾切尔·卡逊.寂静的春天[M].吕瑞兰，李长生，译.吉林：吉林人民出版社，1997.

　　〔16〕丹尼斯·米都思,等.增长的极限——罗马俱乐部关于人类困境报告[M].李宝恒，译.吉林：吉林人民出版社，1997.

　　〔17〕爱德华·帕斯托尔.人类处在转折点——罗马俱乐部研究报告[M].刘长义，李永平，孙晓光，译.北京：中国和平出版社，1987.

　　〔18〕奥雷利奥·佩西.未来的一百页——罗马俱乐部总裁的报告[M].汪帼君，译.北京：中国展望出版社，1984.

　　〔19〕世界环境与发展委员会.我们共同的未来[M].王之佳，柯金良，等译，吉林：吉林人民出版社，1997.

　　〔20〕施雅风，曲耀光，等.乌鲁木齐河流域水资源承载力及其合理利用[M].北京：科学出版社，1992.

　　〔21〕戴维·H.罗森布鲁姆，罗伯特·S.卡拉夫丘克.公共行政学：管理、政治与法律的途径[M].5版.张成福，译，北京：中国人民大学出版社，2012.

　　〔22〕陈德敏.资源法原理专论[M].北京：法律出版社，2011.

　　〔23〕吕忠梅.环境法新视野[M].北京：中国政法大学出版社，2000.

　　〔24〕孙斯坦.风险与理性——安全、法律与环境[M].师帅，译.北京：中国政法大学出版社，2005.

　　〔25〕约翰·汉尼根.环境社会学[M].3版.洪大用，等译.北京：中国人民大学出版社，2009.

　　〔26〕章剑生.现代行政法基本理论[M].北京：法律出版社，2008.

　　〔27〕尤尔根·哈贝马斯.合法化危机[M].刘北成，曹卫东，译.上海：上海世纪出版社，2019.

　　〔28〕哈特穆特·毛雷尔.行政法学总论[M].高家伟，译.北京：法律出版社，2000.

　　〔29〕徐高，莫纪宏.外国紧急状态法律制度[M].北京：法律出版社，1994.

　　〔30〕罗伯特·K.默顿.社会理论和社会结构[M].唐少杰，齐心，等译.江苏：译林出版社，2015.

　　〔31〕彼得·什托姆普卡.默顿学术思想评传[M].林聚任，等译.北京：北京大学出版社，2009.

　　〔32〕韩大元，莫于川.应急法制论——突发事件应对机制的法律问题研究[M].北京：法律出版社，2005.

　　〔33〕理查德·B.斯图尔特.美国行政法的重构[M].沈岿，译.北京：商务印书馆，2011.

　　〔34〕史蒂芬·布雷耶.打破恶性循环——政府如何有效规制风险[M].宋华琳，译.北京：法律出版社，2009.

［35］卢代富.企业社会责任的经济学与法学分析 [M].北京：法律出版社，2002.

［36］罗伯特·金·默顿.论理论社会学 [M].何凡兴，李卫红，王丽娟，译.北京：华夏出版社，1990.

［37］陈新民.德国公法学基础理论 [M].济南：山东人民出版社，2001.

［38］梁上上.利益衡量论 [M].2 版.北京：法律出版社，2016.

［39］甘文.行政与法律的一般原理 [M].北京：中国法制出版社，2002.

［40］章剑生.现代行政法总论 [M].北京：法律出版社，2014.

［41］伊丽莎白·费雪.风险规制与行政宪政主义 [M].沈岿，译.北京：法律出版社，2012.

［42］卢梭.社会契约论 [M].何兆武，译.北京：商务印书馆，2003.

［43］林鸿潮.《突发事件应对法》修订研究 [M].北京：中国法制出版社，2021.

（二）论文类

［1］鲁克俭.超越传统主客二分——对马克思实践概念的一种解读 [J].中国社会科学，2015（3）：22-38.

［2］蔡守秋，吴贤静.从"主、客二分"到"主、客一体" [J].现代法学，2010，32（6）：3-19.

［3］蔡昉.理解中国经济发展的过去、现在和将来——基于一个贯通的增长理论框架 [J].经济研究，2013（11）：4-16，55.

［4］中国经济增长前沿课题组.中国经济转型的结构性特征、风险与效率提升路径 [J].经济研究，2013，48（10）：4-17，28.

［5］陈国阶.对环境预警的探讨 [J].重庆环境科学，1996，18（5）：1-5.

［6］田华，刘启.建立环境预警监测体系的探讨 [J].中国环境管理干部学院学报，2008，18（2）：77-78，91.

［7］苏维词，李久林.乌江流域生态环境预警评价初探 [J].贵州科学，1997（3）：207-214.

［8］郝东恒，谢军安.关于构建河北省生态安全预警系统的思考 [J].当代经济管理，2005，27（1）：59-62.

［9］吕忠梅.寻找长江流域立法的新法理——以方法论为视角 [J].政法论丛，2018（6）：67-80.

［10］王如松.生态环境内涵的回顾与思考 [J].科技术语研究，2005，7（2）：28-31.

［11］徐嵩龄.关于"生态环境建设"提法的再评论（第一部分）[J].中国科技术语，2007，9（4）：47-52.

［12］钱正英，沈国舫，刘昌明.建议逐步改正"生态环境建设"一词的提法 [J].

科技术语研究，2005，7（2）：20-21.

［13］竺效.论环境侵权原因行为的立法拓展 [J]. 中国法学，2015（2）：248-265.

［14］吕忠梅."生态环境损害赔偿"的法律辨析 [J].法学论坛，2017，32（3）：5-13.

［15］王灿发.论生态文明建设法律保障体系的构建[J].中国法学,2014,（3）:34-53.

［16］王树义.论生态文明建设与环境司法改革 [J]. 中国法学，2014（3）：54-71.

［17］吕忠梅.生态文明建设的法治思考 [J].法学杂志，2014（5）：10-21.

［18］卜风贤.中国农业灾害史研究综论 [J].中国史研究动态，2001（2）：2-9.

［19］郑戈.算法的法律与法律的算法 [J].中国法律评论，2018（2）：66-85..

［20］童星，张海波.基于中国问题的灾害管理分析框架 [J].中国社会科学，2010（1）：132-146.

［21］陈业新.深化灾害史研究 [J].上海交通大学学报（哲学社会科学版），2015，23（1）：86-93.

［22］杨程，解全才，刘全，等.日本地震预警系统发展历程 [J].地震地磁观测与研究，2018，39（4）：126-134.

［23］胡倩.美国应急管理组织间网络研究评述 [J].公共管理与政策评论，2019，8（1）：31-39.

［24］舒旻.环境监测制度构建的重点与难点 [J].环境保护，2011，39（8）：41-43.

［25］陈国阶，何锦峰.生态环境预警的理论和方法探讨 [J].重庆环境科学，1999，21（4）：8-11.

［26］付朝阳，金勤献，孙鹏程.区域环境监测预警体系建设框架研究 [J].环境科学，2008（7）：2077-2080.

［27］潘红磊，李巨峰，杜卫东，等.环境预警系统的类型和构成 [J].油气田环境保护，2009（1）：33-36，61-62.

［28］姚国章.日本自然灾害预警运行体系管窥 [J].中国应急管理，2008（2）：51-54.

［29］周雪光.制度是如何思维的？ [J].读书，2001（4）：10-18.

［30］黄玉平，苏贤.论环境监测数据的法律地位 [J].环境监测管理和技术，1995，7（5）：8-9.

［31］秦承刚，朱大成，周广东，等.现行监测方法标准与监测技术规范中存在的问题与改进 [J].中国环境监测，2016，32（5）：95-99.

［32］李俊红，刘树枫，袁海林.浅谈环境预警指标体系的建立 [J].西安建筑

科技大学学报（自然科学版），2000，32（1）：78-81.

［33］颜卫忠．环境预警指标体系研究[J].长沙电力学院学报（自然科学版），2002，17（3）：87-90.

［34］周启星，罗义，祝凌燕．环境基准值的科学研究与我国环境标准的修订[J].农业环境科学报，2007，26（1）：1-5.

［35］胥树凡．建立先进的环境监测预警体系的探讨[J].环境经济，2006（8）：42-45.

［36］杜辉．论制度逻辑框架下环境治理模式之转换[J].法商研究，2013，30（1）：69-76.

［37］张真源，黄锡生．资源环境承载能力监测预警的制度功能与完善[J].北京理工大学学报（社会科学版），2019，21（1）：162-170.

［38］莫于川．行政指导救济制度研究[J].法学家，2004（5）：130-136.

［39］桂林．主导与协同——日本环境应急管理及其启示[J].环境保护，2011，39（8）：67-69.

［40］周游，曹国志．韩国环境应急制度及其启示[J].环境保护科学，2015，41（4）：10-14.

［41］罗楠，何珺，张丽萍，等．俄罗斯环境应急管理体系介绍[J].世界环境，2017（6）：80-82.

［42］吴忠民．社会矛盾倒逼改革发展的机制分析[J].中国社会科学，2015（5）：4-20，203.

［43］顾自安．制度发生学探源：制度是如何形成的[J].当代经济管理，2006，28（4）：12-17.

［44］张海波，童星．中国应急管理结构变化及其理论概化[J].中国社会科学，2015（3）：58-84.

［45］崔键，马友华，赵艳萍，等．农业面源污染的特性及防治政策[J].农业资源与环境科学，2006，22（1）：335-340.

［46］祝洪芬．论如何加强对农业污染源的监测预警[J].中国农业信息，2015（5）：113-114.

［47］余晓洁，顾瑞珍．加强对农业污染源的监测预警[J].农村.农业.农民（A版），2013（11）：6.

［48］张林波，李文华，刘孝富，等．承载力理论的起源、发展与展望[J].生态学报，2009（2）：878-888.

［49］刘文政，朱瑾．资源环境承载力研究进展：基于地理学综合研究的视角[J].中国人口·资源与环境，2017，27（6）：75-86.

［50］彭松建，朱利安·西蒙的人口经济理论[J].北京大学学报（哲学社会科学版），1985（1）：114-121.

［51］樊杰，王亚飞，汤清，等．全国资源环境承载能力监测预警（2014版）

学术思路与总体技术流程 [J]. 地理科学，2015（1）：1-10.

［52］竺可桢. 论我国气候的几个特点及其与粮食作物生成的关系 [J]. 地理学报，1964（1）：1-10.

［53］[62] 许联芳，杨勋林，王克林，等. 生态承载力研究进展 [J]. 生态环境，2006，15（5）：1111-1116.

［54］邓水平. 环境污染公共监测预警机制探析 [J]. 环境保护，2015（11）：58-60.

［55］刘彤，闫天池. 我国的主要气象灾害及其经济损失 [J]. 自然灾害学报，2011，20（2）：90-95.

［56］刘超. 环境风险行政规制的断裂与统合 [J]. 法学评论，2003，31（3）：75-82.

［57］刘胜芬，刘斐. 资源环境与社会经济协调发展探析 [J]. 地域研究与开发，2002，21（1）：78-80.

［58］王小鲁，樊纲，刘鹏. 中国经济增长方式转换和增长可持续性 [J]. 经济研究，2009，44（1）：4-16.

［59］温晓琼，周亚雄. 我国资源枯竭型城市经济发展的制约因素 [J]. 城市问题，2013（1）：40-44.

［60］王凯，张婷婷，高宇，等. 莱茵河流域综合管理和生态修复模式及其启示 [J]. 长江流域资源与环境，2018，27（1）：215-224.

［61］李忠魁，宋如华，杨茂瑞. 流域治理效益的环境经济学分析方法 [J]. 中国水土保持科学，2003（3）：56-62.

［62］赵建芳. 环境监测预警在重污染天气应对中的作用与启示 [J]. 节能，2019，38（2）：120-121.

［63］中华人民共和国环境保护部.2017 年 3 月和第一季度全国和京津冀、长三角、珠三角区域及直辖市、省会城市、计划单列市空气质量状况 [J]. 节能与环保，2017（5）：14.

［64］张翔. 环境宪法的新发展及其规范阐释 [J]. 法学家，2018（3）：90-97，193-194.

［65］杜辉. 挫折与修正：风险预防之下环境规制改革的进路选择 [J]. 现代法学，2015，37（1）：90-101.

［66］曹正汉. 中国上下分治的治理体制及其稳定机制 [J]. 社会学研究，2011，25（1）：1-40，243.

［67］沈岿. 因开放、反思而合法——探索中国公法变迁的规范性基础 [J]. 中国社会科学，2004（4）：102-114，208.

［68］邓海峰. 生态法治的整体主义自新进路 [J]. 清华法学，2014，8（4）：169-176.

［69］邓海峰. 环境法与自然资源法关系新探 [J]. 清华法学，2018，12（5）：

51-60.

［70］周义程. 从分权制衡到社会制约：西方权力制约思想的范式转换 [J]. 社会主义研究，2011（4）：82-87.

［71］徐信贵. 论行政法原则在政府公共警告中的映射 [J]. 广西社会科学，2014（8）：92-96.

［72］朱春华，罗鹏. 公共警告的现代兴起及其法治化研究 [J]. 政治与法律，2008（4）：83-89.

［73］戚建刚. 紧急权力的自由模式之演进 [J]. 中国法学，2005（4）：25-40.

［74］孟涛. 紧急权力法及其理论的演变 [J]. 法学研究，2012，34（1）：108-125.

［75］吴昱江. 紧急状态下的法治与行政特权——康德、施米特与洛克的理论局限 [J]. 政法论坛，2017，35（2）：118-127.

［76］江必新. 紧急状态与行政法治 [J]. 法学研究，2004，26（2）：3-16.

［77］陈海嵩. 雾霾应急的中国实践与环境法理 [J]. 法学研究，2016，38（4）：152-169.

［78］周雪光. 从"官吏分途"到"层级分流"帝国逻辑下的中国官僚人事制度 [J]. 社会，2016，36（1）：1-33.

［79］周黎安. 行政发包制 [J] 社会，2014，34（6）：1-38.

［80］周雪光. 项目制：一个"控制权"理论视角 [J]. 开放时代，2015（2）：82-102，5.

［81］刘飞，谭达宗. 内部行为的外部化及其判断标准 [J]. 行政法学研究，2017（2）：102-121.

［82］黄锡生，韩英夫. 环评区域限批制度的双阶构造及其立法完善 [J]. 法律科学（西北政法大学学报），2016，34（6）：138-149.

［83］邓海峰. 环境容量的准物权化及其权利构成 [J]. 中国法学，2005（4）：59-66.

［84］钱宁峰. 通过政府内部权力法治化塑造法治政府的新形态 [J]. 学海，2015（3）：22-26.

［85］周怡. 社会结构：由"形构"到"解构"——结构功能主义、结构主义和后结构主义理论之走向 [J]. 社会学研究，2000，15（3）：55-66.

［86］王翔林. 结构功能主义的历史追溯 [J]. 四川大学学报（哲学社会科学版），1993（1）：37-42.

［87］陈泉生. 论环境法的基本原则 [J]. 中国法学，1998（4）：116-121.

［88］金承东. 公开的价值及行政机关自身的使命——《透明与行政公开令》及其启示 [J]. 行政法学研究，2018（1）：127-135.

［89］黄锡生，张真源. 论环境监测预警制度体系的内在逻辑与结构优化——

以"结构—功能"分析方法为进路 [J]. 中国特色社会主义研究，2018（6）：50-58.

［90］关保英 . 给付行政的精神解读 [J]. 社会科学辑刊，2017（4）：35-41.

［91］张海波 . 中国应急预案体系：结构与功能 [J]. 公共管理学报，2013，10（2）：1-13，137.

［92］于安 . 制定《突发事件应对法》的理论框架 [J]. 法学杂志，2006（4）：28-31.

［93］黄锡生，张真源 . 中国突发环境事件预警法律制度的困境与出路 [J]. 甘肃政法学院学报，2017（2）：27-33.

［94］国家发改委、国家海洋局等 13 部委 . 国家发改委、国家海洋局等 13 部委联合印发《资源环境承载能力监测预警技术方法（试行）》[J]. 中国环境管理，2016，8（5）：7.

［95］梁上上 . 异质利益衡量的公度性难题及其求解——以法律适用为场域展开 [J]. 政法论坛（中国政法大学学报），2014，32（4）：3-19.

［96］施志源 . 环境标准的法律属性与制度构成——对新《环境保护法》相关规定的解读与展开 [J]. 重庆大学学报（社会科学版），2016，22（1）：159-163.

［97］樊杰，周侃，王亚飞 . 全国环境资源承载能力预警（2016 版）的基点和技术方法进展 [J]. 地理学科进展 2017，36（3）：266-276.

［98］林鸿潮 . 论应急预案的性质和效力——以国家和省级预案为考察对象 [J]. 法学家，2009（2）：22-30，156.

［99］张真源 . 我国突发环境事件预警制度的立法完善 [J]. 齐齐哈尔大学学报（哲学社会科学版），2017（3）：86-88.

［100］戚建刚 . 风险规制过程合法性之证成——以公众和专家的风险知识运用为视角 [J]. 法商研究，2009，26（5）：49-59.

［101］苏力 . 法律与科技问题的法理学重构 [J]. 中国社会科学，1999（5）：57-71，205.

［102］戚建刚 . 我国行政决策风险评估制度之反思 [J]. 法学，2014（10）：92-98.

［103］吕忠梅 . 论公民环境权 [J]. 法学研究，1995（6）：60-67.

［104］蔡守秋 . 从环境权到国家环境保护义务和环境公益诉讼 [J]. 现代法学，2013，35（6）：3-21.

［105］徐祥民 . 环境质量目标主义：关于环境法直接规制目标的思考 [J]. 中国法学，2015（6）：116-135.

［106］傅铿 . 默顿的社会学中层理论 [J]. 社会，1984（6）：56-58.

［107］陈海嵩 . 国家环境保护义务的溯源与展开 [J]. 法学研究，2014，36（3）：62-81.

［108］陈成文，蒋勇，黄娟．应急管理国外模式及其启示 [J]．甘肃社会科学，2010（5）：201-206.

［109］杜建勋．论我国邻避风险规制的模式及制度框架 [J]．现代法学，2016，38（6）：108-123.

［110］龚向和．国家义务是公民权利的根本保障——国家与公民关系新视角 [J]．法律科学（西北政法大学学报），2010，28（4）：3-7.

［111］李震山．基本权利之冲突 [J]．月旦法学，1995（5）:60-61.

［112］李永超．揭穿内部行政行为之面纱——基于司法实践中"外化"之表达的一种解释框架 [J]．行政法学研究，2012（4）：95-100.

［113］戚建刚，杨小敏．"松花江水污染"事件凸显我国环境应急机制的六大弊端 [J]．法学杂志，2006（1）：25-29，110.

［114］齐亚彬．资源环境承载力研究进展及其主要问题剖析 [J]．生态经济，2005（5）：7-11，46.

［115］封志明，杨艳昭，江东，等．自然资源资产负债表编制与资源环境承载力评价 [J]．生态学报，2016，36（22）：7140-7145.

［116］邓禾，韩卫平．法学利益谱系中生态利益的识别与定位 [J]．法学评论，2013，31（5）：109-115.

［117］刘卫先．环境法学中的环境利益:识别、本质及其意义 [J]．法学评论，2016，34（3）:153-162.

［118］包振虎，刘涛，骆继花，等．我国环境空气质量时空分布特征分析 [J]．地理信息世界，2014，21（6）：17-21.

［119］崔卓兰，刘福元．行政自制——探索行政法理论视野之拓展 [J]．法制与社会发展，2008，14（3）：98-107.

［120］章剑生．行政机关上下级之间层级监督行为的可诉性——崔永超诉山东省济南市人民政府不履行法定职责案评析 [J]．政治与法律，2017（12）：69-76.

［121］朱垣，王天天，高帅．遵循生态文明理念以资源环境承载力定位经济社会发展 [J]．环境保护，2015（16）：12-14.

［122］徐勇，张雪飞，周侃，等．资源环境承载能力预警的超载成因分析方法及应用 [J]．地理科学进展，2017，36（3）：277-285.

［123］沈岿．行政监管的政治应责：人民在哪？如何回应？ [J] 华东政法大学学报，2017，20（2）：5-21.

［124］戚建刚．《突发事件应对法》对我国行政应急管理体制之创新 [J]．中国行政管理，2007（12）：12-15.

［125］黄锡生，张真源．论中国环境预警制度的法治化——以行政权力的规制为核心 [J]．中国人口·资源与环境，2020，30（2）：158-167.

［126］张海波．应急管理的全过程均衡：一个新议题 [J]．中国行政管理，

2020（3）：123–130.

[127] 丁晓东 . 法律能规制紧急状态吗？——美国行政权扩张与自由主义法学的 \\ 病理 [J]. 华东政法大学学报，2014（3）：51–62.

[128] 张帆 . 论紧急状态下限权原则的建构思路与价值基础——以《中华人民共和国突发事件应对法》为分析对象 [J]. 政治与法律，2020（1）：116–127.

[129] 郑玉双 . 紧急状态下的法治与社会正义 [J]. 中国法学，2021（2）：107–126.

[130] 吕忠梅 . 环境法典编纂：实践需求与理论供给 [J]. 甘肃社会科学，2020（1）：1–7.

[131] 张忠民，赵珂 . 环境法典的制度体系逻辑与表达 [J]. 湖南师范大学社会科学学报，2020，49（6）：27–33.

[132] 竺效 . 环境法典编纂结构模式之比较研究 [J]. 当代法学，2021，35（6）：31–44.

[133] 汪劲 . 论中国环境法典框架体系的构建和创新——以中国民法典框架体系为鉴 [J]. 当代法学，2021，35（6）：18–30.

[134] 张梓太 . 论我国环境法法典化的基本路径与模式 [J]. 现代法学，2008，30（4）：27–35.

[135] 吕忠梅，窦海阳 . 民法典"绿色化"与环境法典的调适 [J]. 中外法学，2018，30（4）：862–882.

[136] 周骁然 . 论环境法典总则编基本制度的构建理路 [J]. 苏州大学学报（法学版），2021，8（4）：42–54.

[137] 董立人 . 人工智能发展与政府治理创新研究 [J]. 天津行政学院学报，2018，20（3）：3–10.

[138] 郭宏彬 . 人工智能助升应急管理水平 [J]. 人民论坛，2019（24）：164–165.

[139] 周利敏，刘和健 . 人工智能时代的社交媒体与灾害治理——兼论国际案例 [J]. 理论探讨，2019（6）：175–181.

[140] 陈景辉 . 人工智能的法律挑战：应该从哪里开始？ [J]. 比较法研究，2018（5）：136–148.

[141] 郑戈 . 人工智能与法律的未来 [J]. 探索与争鸣，2017（10）：78–84.

[142] 陈昌凤，石泽 . 技术与价值的理性交往：人工智能时代信息传播——算法推荐中工具理性与价值理性的思考 [J]. 新闻战线，2017（17）：71–74.

[143] 林鸿潮 . 论公共应急管理机制的法治化——兼辨"一案三制" [J]. 社会主义研究，2009（5）：108–112.

[144] 国务院应急管理办公室 .2006 年我国突发公共事件应对情况 [J]. 中国应急管理，2007（7）：5–9.

[145] 尉馨元 . 古代治灾"闭环意识"及其对现代"危机终止"的启示 [D]. 长春：

吉林大学，2018.

[146] 石欣 . 海洋环境监测法研究 [D]. 青岛：中国海洋大学，2010.

[147] 张真源 . 土壤污染预警法律制度研究 [D]. 重庆：重庆大学，2017.

[148] 邓小云 . 农业面源污染防治法律制度研究 [D]. 青岛：中国海洋大学，2012.

[149] 夏凌燕 . 自然灾害监测预警系统科技成果转化模式研究 [D]. 大连：大连海大学，2012.

[150] 杜辉 . 环境治理的制度逻辑与模式转化 [D]. 重庆：重庆大学，2012.

[151] 钟世坚 . 区域资源环境与经济协调发展研究——以珠海市为例 [D]. 长春：吉林大学，2013.

（三）外文类

[1] Gary M. Lovett，Douglas A. Burns，Charles T. Driscoll，et al. Who needs environmental monitoring?[J]. Frontiers in Ecology and the Environment，2007，5（5）：253-260.

[2] W. Wang，K. Freemark. The use of plants for environmental monitoring and assessment[J]. Ecotoxicology and Environmental Safety，1995，30（3）：289-301.

[3] Freeland H.J.，Cummins P. F. Argo: A new tool for environmental monitoring and assessment of the world's oceans, an example from the N.E. Pacific[J]. Progress in Oceanography，2005，64（1）：31-44.

[4] Parry M. L.，Carter T. R. An assessment of the effects of climatic change on agriculture[J]. Climatic Change，1989，15（1-2）：95-116.

[5] Alina Rivero Valencia，Paulo Lazaro Ortiz Bulto，Antonio Perez Rodriguez. Assessment of human health vulnerability to climate variability and change in Cuba[J]. Environmental Health Perspectives，2006，114（12）：1942-1949.

[6] Libor Janskya，Nevelina I. Pachovaa，Masahiro Murakamib. The danube: A case study of sharing international waters[J]. Global Environmental Change，2004（14）：39-49.

[7] Norgaard Richard B. Economic indicators of resource scarcity: a critical essay[J]. Journal of Environmental Economics and Management，1990，19（1）：19-25.

[8] Robert Costanza，Ralph d'Arge，Rudolf de Groot，Stephen Farber，et al. The value of the world's ecosystem services and natural capital[J]. Nature，1997，387（6630）：253-260.

[9] Cary Coglianese，Gary E. Marchant. Shifting sands: the limits of science in setting risk standards[J]. University of Pennsylvania Law Review，2003，152（4）：1255-1360.

［10］Spencer H. The principle of sociology[M]. New York：D. Appleton and Company，1925.

［11］ Robert K. Merton. Social research and the practicing professions[M]. Cambridge: Abt Books，1982.

［12］Robert K. Merton. Sociological ambivalence and other essays[M]. New York: Free Press，1976.

［13］Robert K. Merton. Social theory and social structure[M]. New York: Free Press，1968.

［14］Comte A. System of positive pofity[M]. London: Longmans Green，1975.

［15］Niklas Luhmann. Theory of society[M].translated by Rhodes Barrett.Palo Alto：Stanford University Press，2012.

（四）其他类

［1］ 生态环境部行政体制与人事司 . 生态环境保护综合执法的职责调整 [N]. 中国环境报，2019-03-14.

［2］李宝 . 山东将建农业污染源监测预警体系 [N]. 农资导报，2019-01-08.

［3］周荔华 . 中国加紧推进《长江保护法》立法 [N]. 中国日报，2018-08-05.

［4］赵力文 . 河南首建污染天气信息管理系统，对 1.2 万家涉气企业进行管控 [N]. 河南日报，2017-11-20.

［5］周雁凌，季英德，王学鹏，等 . 山东停限产不打折扣，逐家督导企业 [N]. 中国环境报，2016-12-19.

［6］陈妍凌 . 中央第四环保督察组向江西省反馈"回头看"及专项督察情况 [N]. 中国环境报，2018-10-17.

［7］王道勇 . 风险分配中的政府责任 [N]. 学习时报，2010-4-12.

［8］舒跃育，汪李玲 . 人工智能发展处于弱人工智能阶段 [N]. 中国社会科学报，2017-04-25.

［9］梁辰 . 谷歌开启量子计算新征程 万年计算只需两百秒 [N]. 新京报，2019-10-24.